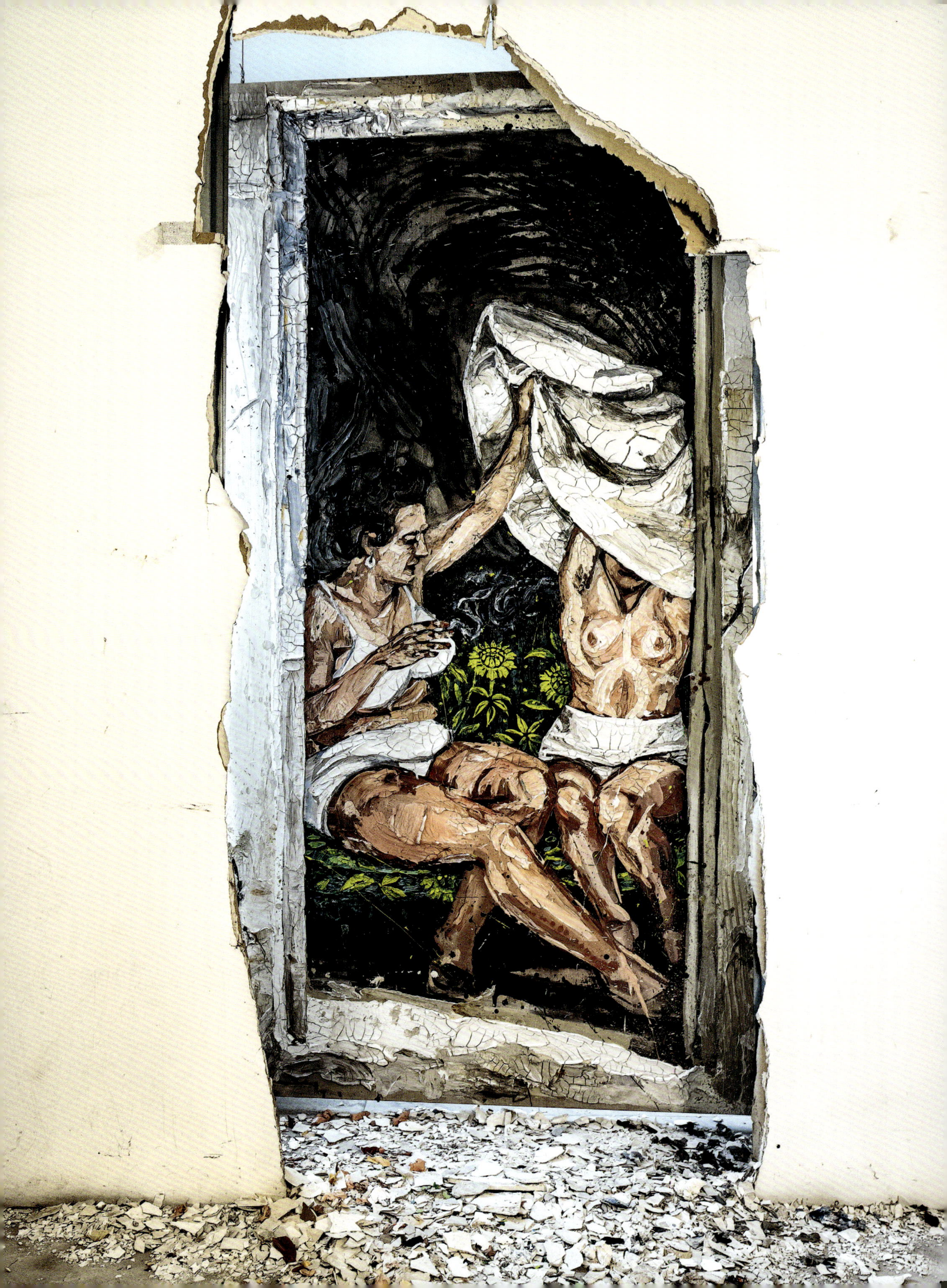

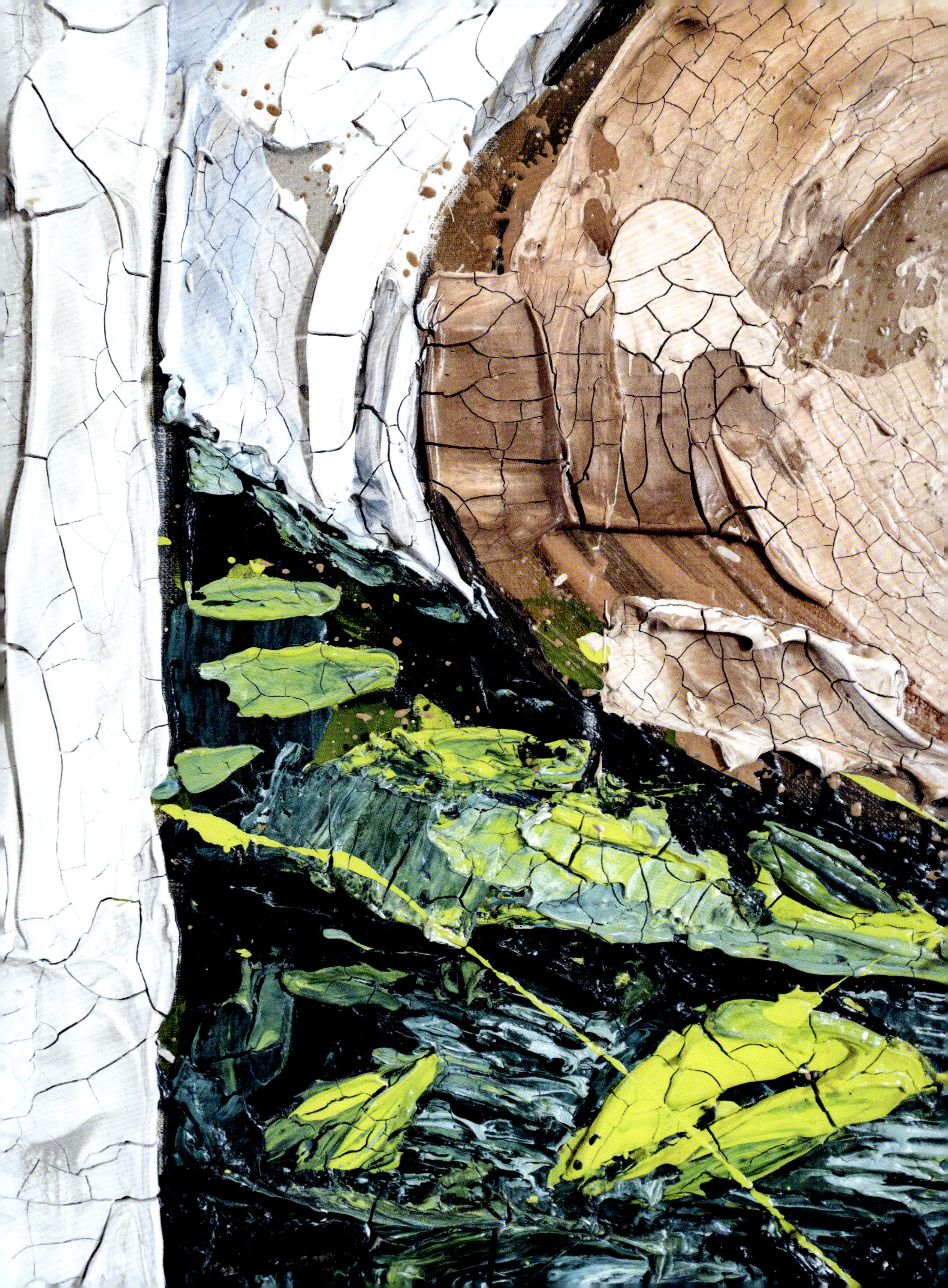

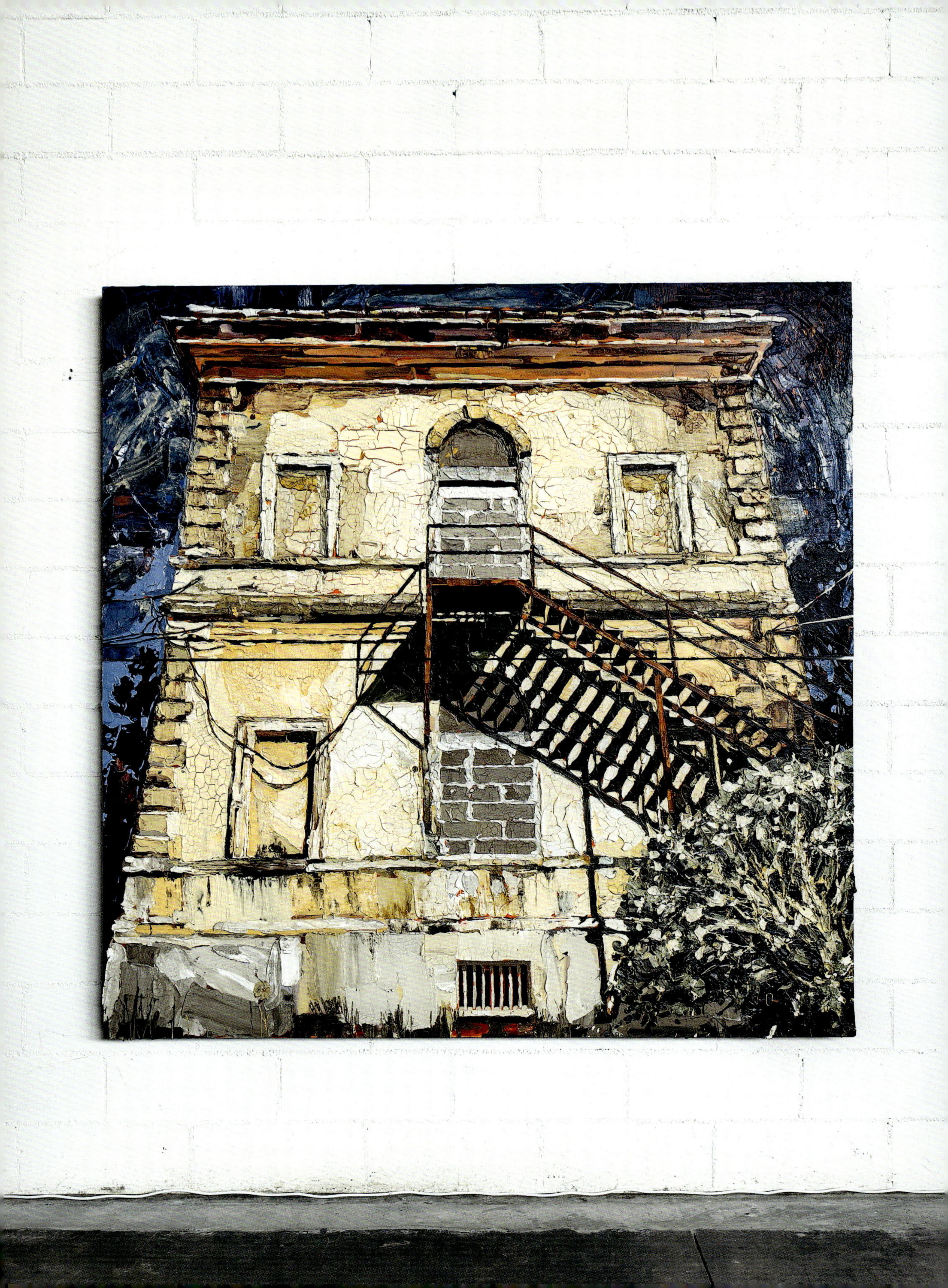

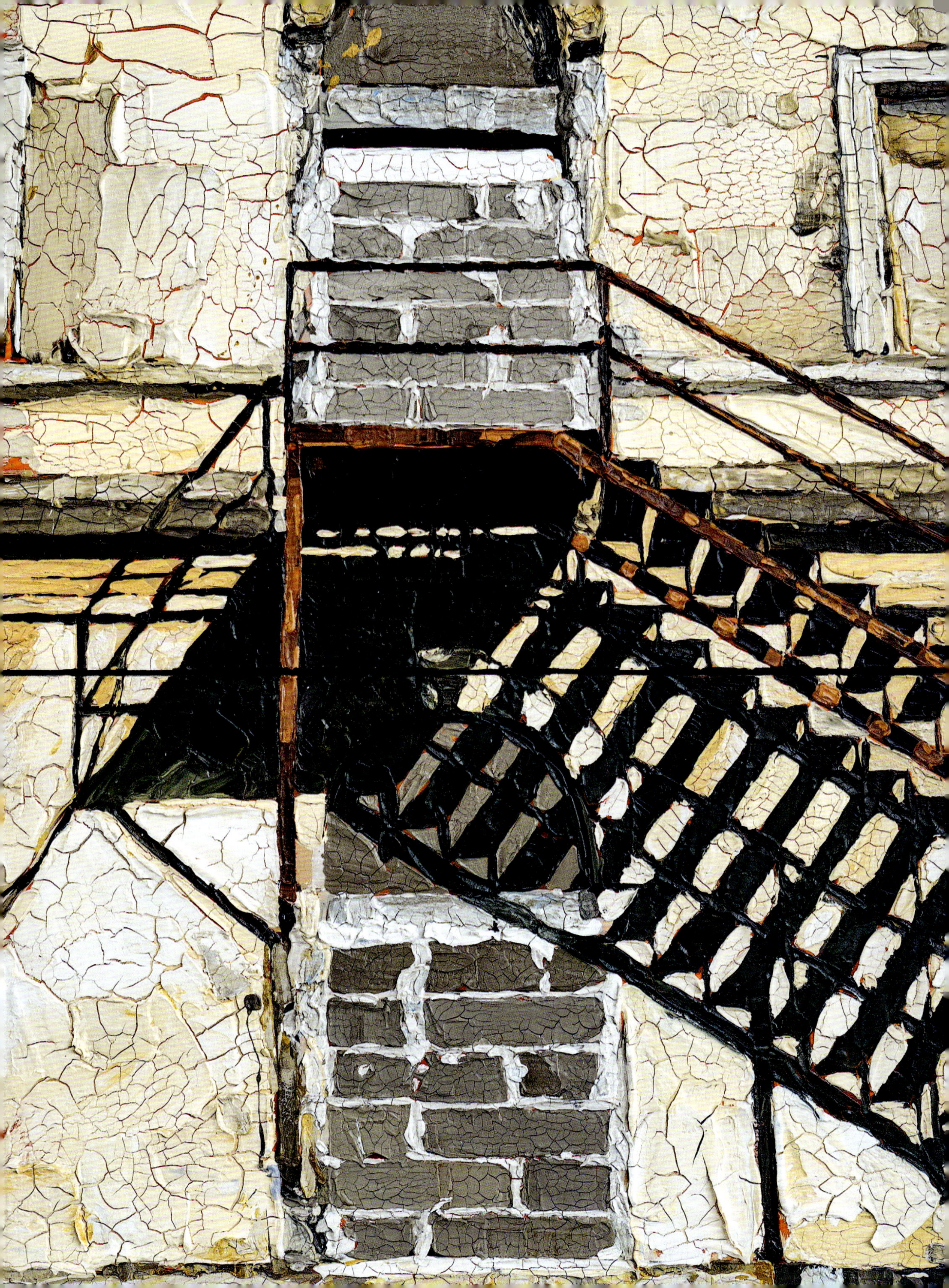

Monica Lundy

edited by / a cura di

Giuliana Benassi

SilvanaEditoriale

prevoius pages / pagine precedenti

Two Prostitutes of Mandrione
whole and detail / intero e particolare
2021

Padiglione IV (Santa Maria della Pietà, Rome)
whole and detail / intero e particolare
2021

To / Per Hung

Sommario / Contents

The Longer Road

Giuliana Benassi

Il giro più lungo

Leafing through this book, one cannot fail to encounter people's glances, human attitudes, glimpses of times gone, fragments of everyday life, memories of time travels. This visual excursus includes a significant part of Monica Lundy's works, collected here to put together the pieces of the artist's journey between America and Italy —a continuous coming and going that echoes the last steamship cruise in Gabriel García Márquez's *Love in the Time of Cholera*, not by chance mentioned in a year (that of the production of this book) marked by the pandemic. Against all odds, the current historical moment has laid the foundations for the book's conception as a structured, crystallized summary of a part of Lundy's journey so far, taking place in a sort of space/time bubble in which movement has undergone an inevitable slowdown.

Lundy's seems to be a more winding path, it appears that the artist has chosen the "longer road": this definition was coined by the American anthropologist Clyde Kluckhohn, who wrote that for the anthropologist, the way back home is the longest one, meaning that we must embrace the diversity of others to understand better and more deeply who we are. Metaphorically, Lundy's path is marked by many digressions. The process behind her works forces the artist to extend the journey and stop at many thresholds to tell the stories, often uncomfortable or ill-fated, of humans from the past. Her method is clear, clean-cut, and makes no concessions: she works between the archive and the atelier. In this sense, Lundy is a nonconforming creative who, as an archivist, carries out thorough anthropological research by unearthing photographic documentation, testimonies of human beings who lived in different past eras, confined in life in the limbo of diversity and after death in the obscurity of oblivion. The diversity that Lundy takes on is certainly distant from that explored by the American anthropologist, as it is inherent to society. This operation of reactivating marginalized human stories belongs to the artist as much as her stepping into their semblances through the act of painting, a veritable "transfiguration" expressed and completed through the gaze and the pictorial gesture. Lundy makes an aesthetic translation of the subjects represented, establishing a face-to-face, silent dialogue with the human beings she portrays.

Starting from the human being as such, the artist then explored the places and items linked to the depicted

Sfogliando questo libro non si può sfuggire all'incontro diretto con sguardi, atteggiamenti umani, scorci di altre epoche, situazioni tratte da stralci di vita, memorie di viaggi temporali. L'*excursus* visivo contempla una parte significativa delle opere di Monica Lundy, qui raccolte per cucire un percorso che l'artista ha compiuto dall'America all'Italia, in un andirivieni continuo che assomiglia all'ultimo viaggio della barca di Gabriel García Márquez ne *L'amore ai tempi del colera*, non a caso citato in un anno (quello della costruzione di questo libro) segnato dall'evento pandemico. Il momento storico attuale ha, nonostante tutto, gettato le basi per una progettazione del libro come sommario di cristallizzazione di una parte del percorso compiuto da Lundy sin qui, in una parentesi temporale e spaziale in cui il movimento ha subito un inevitabile rallentamento.

Quello di Lundy sembra essere un viaggio più arzigogolato, sembra che l'artista abbia scelto un "giro più lungo" del normale. Rubando l'espressione all'antropologo statunitense Clyde Kluckhohn, il quale scriveva che per l'antropologo la via per ritornare a casa è il giro più lungo, intendendo che bisogna passare attraverso la diversità degli altri per comprendere meglio e più a fondo chi siamo. Metaforicamente il percorso di Lundy è segnato da tante digressioni. Il processo che sta dietro alle sue opere la costringe ad allungare la strada di casa e a soffermarsi sulla soglia di tante storie umane del passato, spesso scomode o condannate. Il suo metodo è chiaro, netto, non fa sconti: si muove tra l'archivio e l'atelier. In questo senso Lundy è un essere ambiguo che in veste di archivista si immerge nella ricerca antropologica più profonda andando a scovare documentazioni fotografiche, testimonianze di esseri umani vissuti in epoche diverse, nel passato, confinati in vita nel limbo della diversità e dopo la morte nell'oscurità della dimenticanza. La diversità di cui si fa carico Lundy è di certo distante da quella dell'antropologo americano, in quanto interna alla società. Questa operazione di riattivazione di storie umane subalterne appartiene all'artista tanto quanto il suo calarsi nelle loro sembianze attraverso l'atto pittorico, un vero e proprio gesto di "trasfigurazione" che trova il suo compimento dallo sguardo al gesto pittorico. Lundy compie una traduzione estetica dei soggetti rappresentati, ponendosi a tu per tu nel dialogo silenzioso con gli esseri umani che ritrae.

subjects, identifying the context as a visual and visible sign of a more universal and symbolic narrative. In some cases, from place as subject Lundy has moved on to conceive the work of art as specifically connected to the exhibition space, within a site-specific formal and technical experimentation. Here, the works merge with their surroundings to the point of generating a short circuit of meaning, in that the paintings and subjects portrayed put the place in front of the mirror of its own history.

Let us start with one of her latest works, *Two Prostitutes of Mandrione* (p. 2), created in Rome in 2021 on the occasion of the project "There Is No Place Like Home," a large group exhibition set up in the warehouse of the former Chinotto Neri factory and boxing gym in Via del Mandrione. This historic Roman street is also known as the setting for many of Pier Paolo Pasolini's films and as a favorite location, as it was the site of prostitution rings and brothels in the 1960s. Lundy has therefore started from this historical fact to exhume from the archives an image depicting two prostitutes in their everyday clothes —or rather, almost naked. A large-scale pictorial work has thus become the natural backdrop of the exhibition space, exploiting all its cracks to display its decadence.

We call these works "pictorial" by convention, but indeed they are hybrids between painting and sculpture: in the prostitutes work, the use of liquid porcelain endows the paint film with three-dimensional and tactile qualities, so that we can look beyond the pictorial surface.

This stylistic approach and its dramatic result mingle: the painted figures are unitary but at the same time fragmented, as if made up of a series of wounds, pictorially embodying their deeper meaning.

The same happens in another modus operandi of the artist, where painting incorporates the act of burning the pictorial surface. During several Italian trips, Lundy visited the archives of the former Sant'Antonio Abate psychiatric hospital in Teramo, then Santa Maria della Pietà in Rome. Exploring such a history, that of European asylums characterized by the watershed of the Basaglia Law, Lundy has made a remote history re-emerge through her works by displaying the faces of many female figures suffering as prisoners of psychiatric hospitals.

Her portraits on paper, such as *Giuditta* and *Donatella* (pp.16–17) or *Allegra* (p. 21), are the result of a progressive subtraction of material through the burning of the paper itself. As the porcelain cracks, these perforations on the

---

Dall'essere umano in quanto tale, l'artista ha poi esplorato i luoghi e gli oggetti legati ai soggetti ritratti, individuando nel contesto un segno visivo e visibile di una narrazione più universale e simbolica. In alcuni casi, dal luogo come soggetto Lundy è passata a concepire le opere come specificamente connesse allo spazio espositivo, spingendosi all'interno di una sperimentazione formale e tecnica *site-specific*. In questi contesti i lavori si fondono con l'ambiente circostante fino a creare un cortocircuito di significato, poiché le pitture e i soggetti ivi ritratti mettono il luogo davanti allo specchio della sua stessa storia.

Partiamo dunque da uno degli ultimi lavori dell'artista, *Two Prostitutes of Mandrione* (p. 2), realizzato a Roma nel 2021 in occasione del progetto "There Is No Place Like Home", una grande collettiva nel magazzino della ex fabbrica del Chinotto Neri, già palestra di pugilato, situata in via del Mandrione. La storica strada romana è anche nota perché spazio scenico di molte pellicole di Pier Paolo Pasolini e luogo prediletto, in quanto negli anni sessanta era sede di giri di prostituzione e bordelli. Lundy è dunque partita da questo fatto storico per riesumare dagli archivi un'immagine che ritrae due prostitute in vesti quotidiane, o meglio senza vesti. Un'opera pittorica di grandi dimensioni si è perciò calata nello spazio come quinta naturale, sfruttando le spaccature del luogo espositivo in tutta la sua decadenza.

Parliamo di opere pittoriche per convenzione, in quanto il lavoro di Lundy si spinge verso la scultura: nel dipinto delle prostitute l'impiego di porcellana liquida conferisce alla pellicola pittorica una tridimensionalità e un aspetto tattile che portano lo sguardo oltre la superficie.

Questo approccio stilistico si fonde con la drammaticità del risultato; le figure dipinte sono unitarie, ma allo stesso tempo frammentate e come costituite da una serie di ferite, incarnando pittoricamente il loro significato più profondo.

Lo stesso accade in un altro *modus operandi* dell'artista in cui la pittura compie proprio anche l'atto di bruciare il supporto pittorico. Durante alcuni viaggi italiani Lundy ha visitato l'Archivio dell'ex ospedale psichiatrico Sant'Antonio Abate di Teramo e successivamente quello del Santa Maria della Pietà a Roma. Immettendosi in una storia, quella dei manicomi europei caratterizzati dallo spartiacque della legge Basaglia, Lundy ha fatto riemergere attraverso le sue opere una storia remota, restituendo i volti a molte figure femminili sofferenti, recluse negli ospedali psichiatrici.

paper surface are not only a representational device but abysses in which the eye feels lost in the depths of the human being; they are unwept tears, pierced holes through which to observe history from new viewpoints.

On the other hand, in the terracotta pieces on walls such as *Department of Mental Hygiene (1943)* (pp. 26–27) or *Stockton Asylum* (pp. 22–23), the art becomes ephemeral. The precariousness of the material merges with the fragility of the subjects portrayed, giving the work a constant metamorphic nature—they are destined to perish, visually depicting the decay of memory. Those piles of crumbled terracotta that form under the artworks are nothing other than the pulverization of the portrayed subjects that symbolically make their exit from universal historical memory.

Instead, the place as a symbol and tangible trace of certain past events powerfully emerges in the painting *Padiglione IV (Santa Maria della Pietà, Roma)* (p. 4), which depicts one of the pavilions of the former psychiatric hospital Santa Maria della Pietà. Here, the architecture stands out between the veins of liquid porcelain and the dark color palette, becoming a portrait of the "asylum monster." In this place, now turned into healthcare facilities, there is also a pavilion housing the Museo Laboratorio della Mente, where Lundy presented her solo exhibition *La Perdita del Futuro. Vite nel Santa Maria della Pietà* (Loss of the Future: Lives Within Santa Maria della Pietà), a series of works resulting from research carried out in the institute's archives. A group of cows, *Beast (Santa Maria della Pietà)* (pp. 94–95), a group of nuns, *Le Novizie (Santa Maria della Pietà)* (pp. 96–97), are large works in the form of polyptychs that somewhat invade the space and enter into dialogue with the museum's preexisting rooms. Here, human events are seen through the eyes of those who lived in or around the asylum, enlivening the place with glimpses of the past and symbolically including human beings and animals.

Thus, in her journey between Italy and America, Lundy does not forget about the past: her "longer road" moves seamlessly through time and space.

I ritratti su carta – come *Giuditta* e *Donatella* (pp.16-17) o *Allegra* (p. 21) – sono il risultato di un'operazione di sottrazione di materiale condotta attraverso la bruciatura della carta stessa. Come le crepe della porcellana, queste perforazioni della superficie non sono solo un modo rappresentativo ma diventano abissi in cui l'occhio si perde nella profondità propria dell'essere umano, lacrime sottratte, feritoie da cui osservare la storia da punti di vista nuovi.

Gli interventi in terracotta su parete – come *Department of Mental Hygiene (1943)* (pp. 26-27) o *Stockton Asylum* (pp. 22-23) – sono invece operazioni di carattere effimero. La precarietà del materiale si rispecchia nella fragilità dei soggetti ritratti e innesca nelle opere un processo di metamorfosi costante che le porta a perire, figurando visivamente il degrado della memoria. Quei cumuli di terracotta sgretolata che si formano alla base degli interventi a parete non sono altro che la polverizzazione dei soggetti ritratti, che in questo modo simbolicamente fanno la loro uscita dalla memoria storica universale.

Il luogo come simbolo e traccia tangibile di alcune pagine di storia passata emerge invece in tutta la sua potenza nella pittura *Padiglione IV (Santa Maria della Pietà, Roma)* (p. 4) che raffigura uno dei padiglioni dell'ex ospedale psichiatrico Santa Maria della Pietà. Qui l'architettura si staglia fra le venature della porcellana liquida e la gamma cromatica notturna, facendosi ritratto del mostro manicomiale. In questi ambienti, ormai convertiti ad altre destinazioni d'uso come strutture sanitarie, c'è anche un padiglione che ospita il Museo Laboratorio della Mente, dove Lundy ha presentato in occasione della mostra personale "La Perdita del Futuro. Vite nel Santa Maria della Pietà" una serie di opere derivanti dalla ricerca condotta negli archivi della struttura. Un gruppo di mucche, *Beast (Santa Maria della Pietà)* (pp. 94-95), un gruppo di suore, *Le Novizie (Santa Maria della Pietà)* (pp. 96-97), sono grandi lavori che si sviluppano in forma di polittico per invadere lo spazio e mettersi in dialogo con gli ambienti preesistenti. Le vicende umane rappresentate in queste opere sono viste qui dagli occhi delle presenze che orbitavano attorno alla vita del manicomio, animando il luogo di sguardi del passato, simbolicamente includendo esseri umani e animali.

Nel suo viaggio tra l'Italia e l'America, dunque, Lundy non risparmia quello nel passato, il suo giro più lungo. Si muove nel tempo e nello spazio, senza soluzione di continuità.

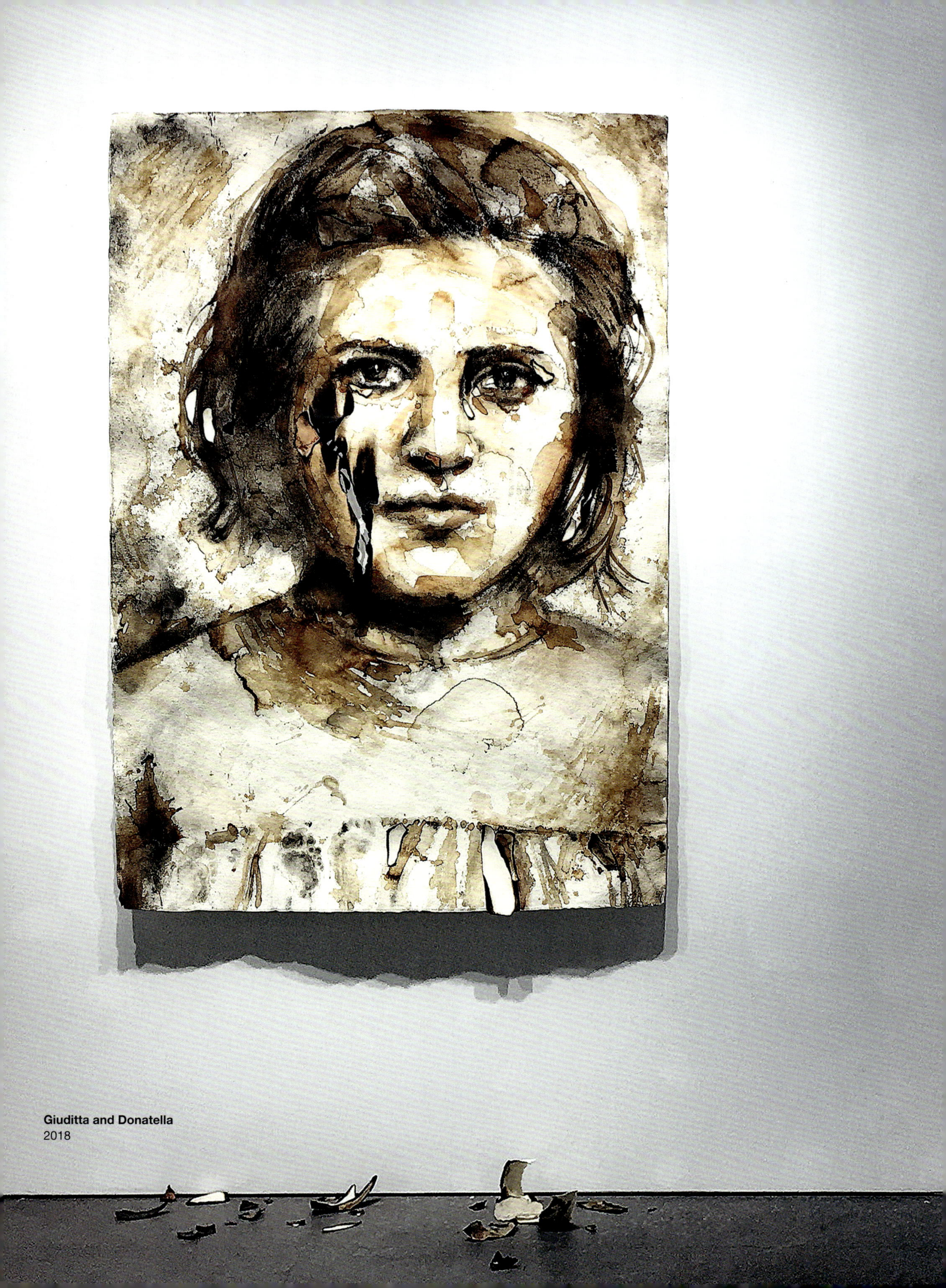

Giuditta and Donatella
2018

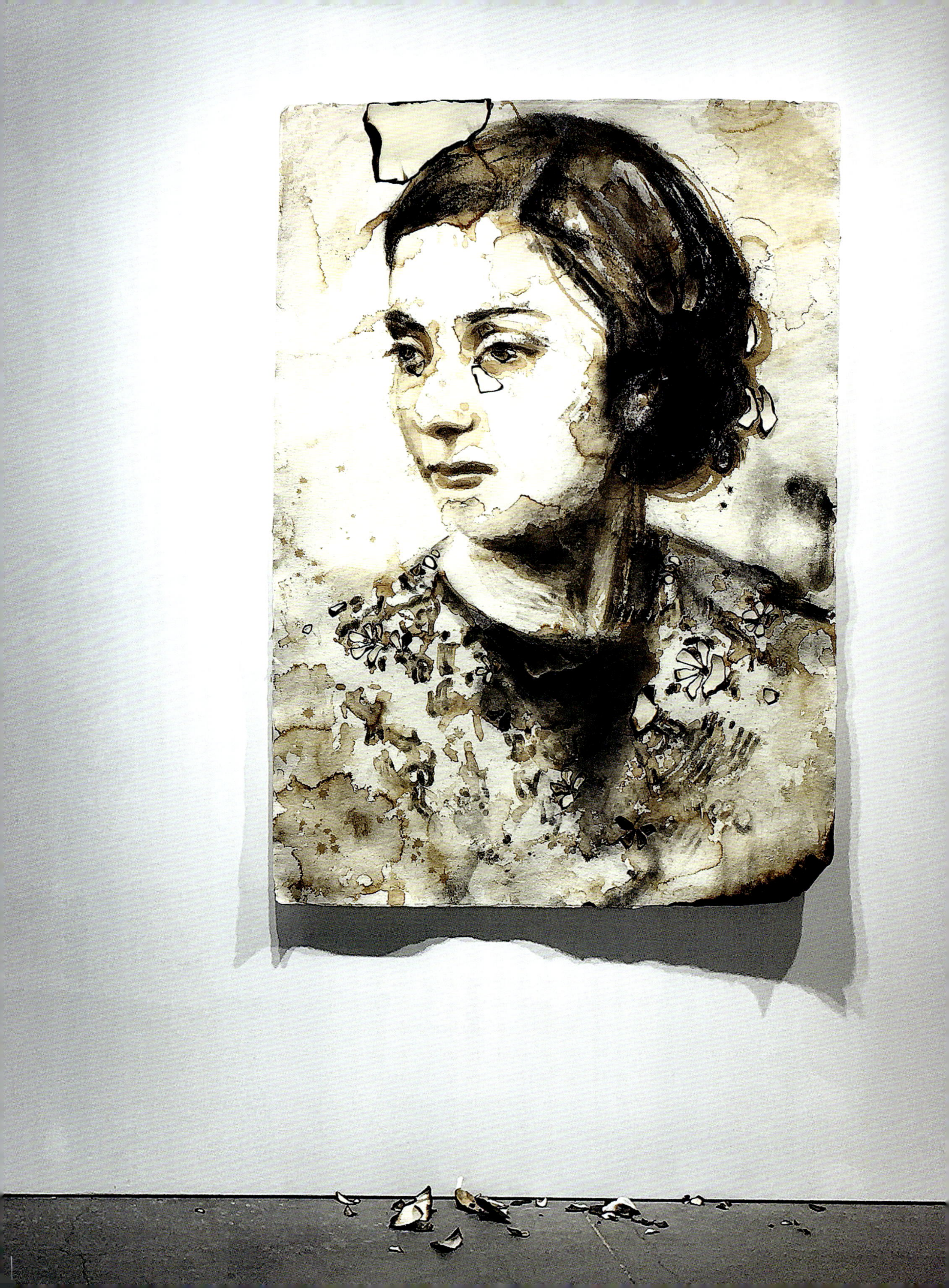

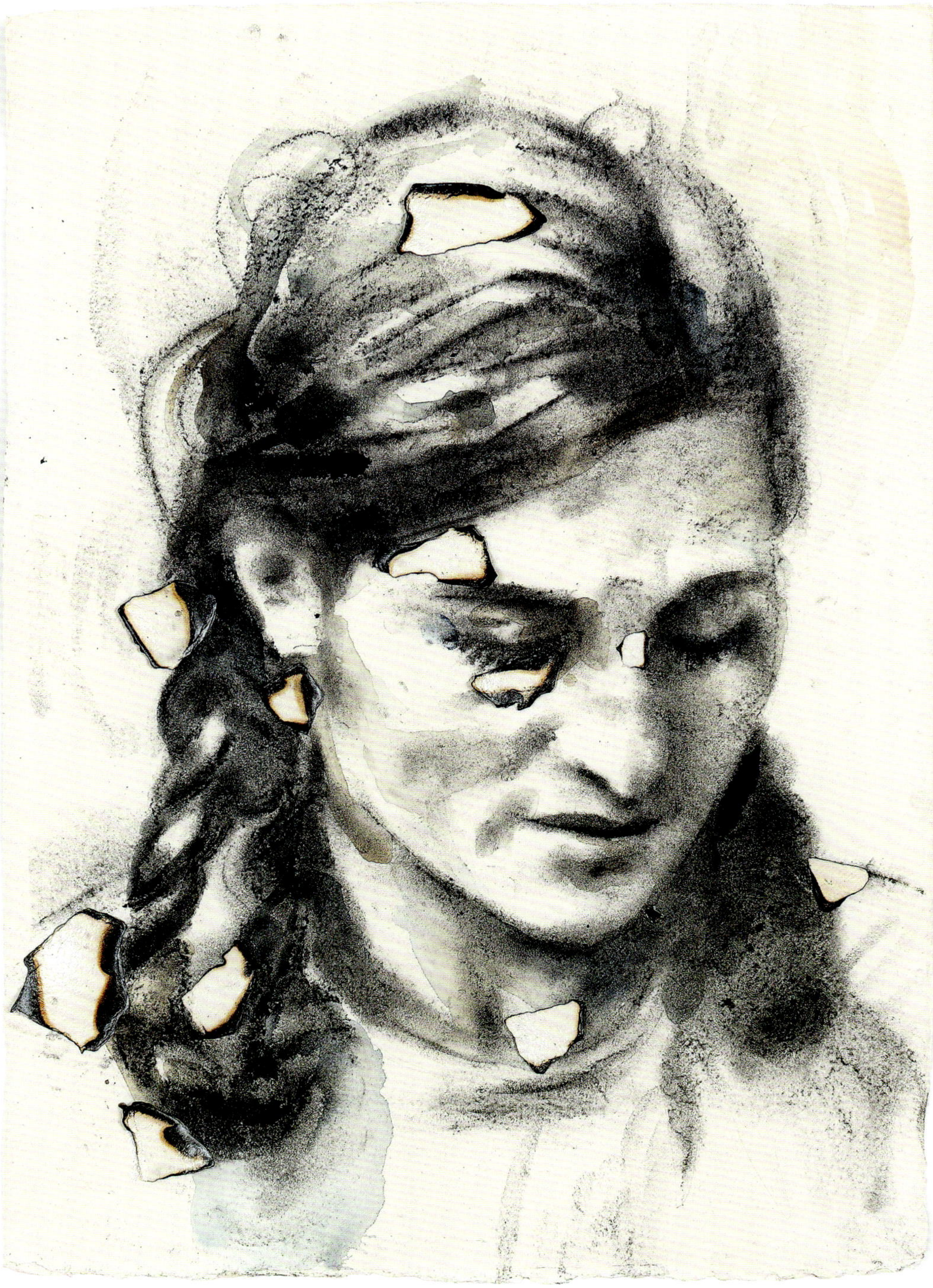

Assunta
2017

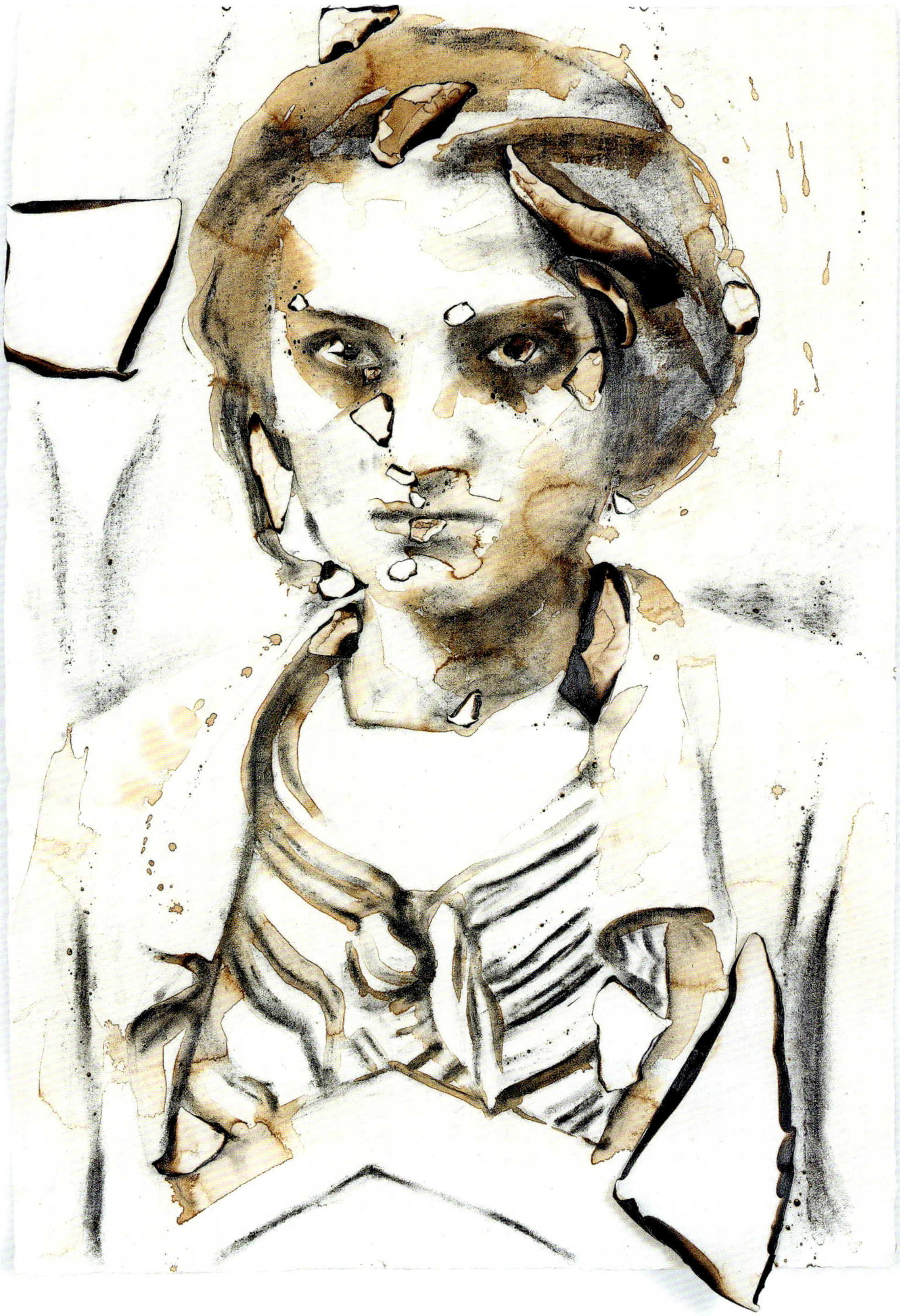

Aurora
2017

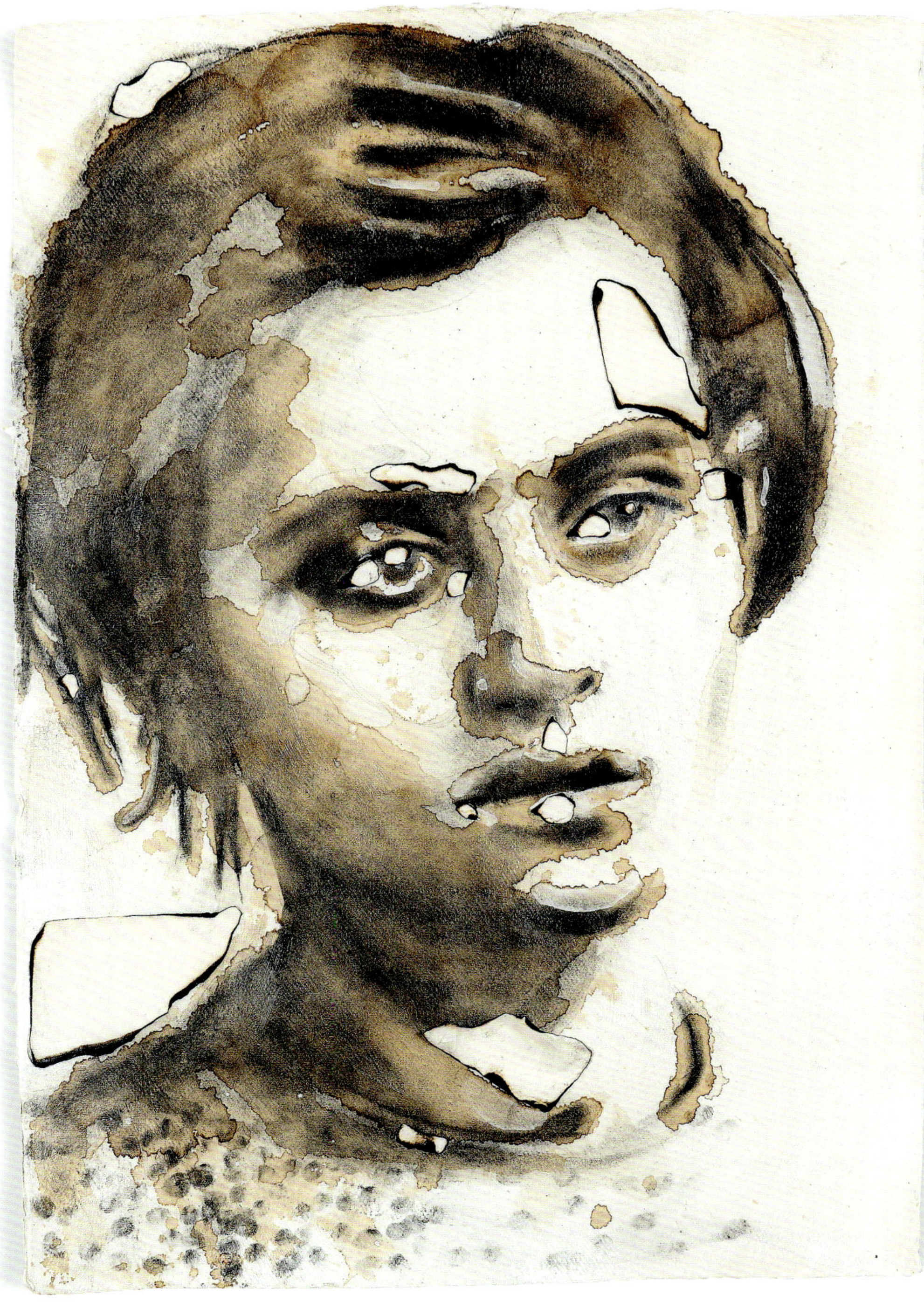

Anonymous Girl
2017

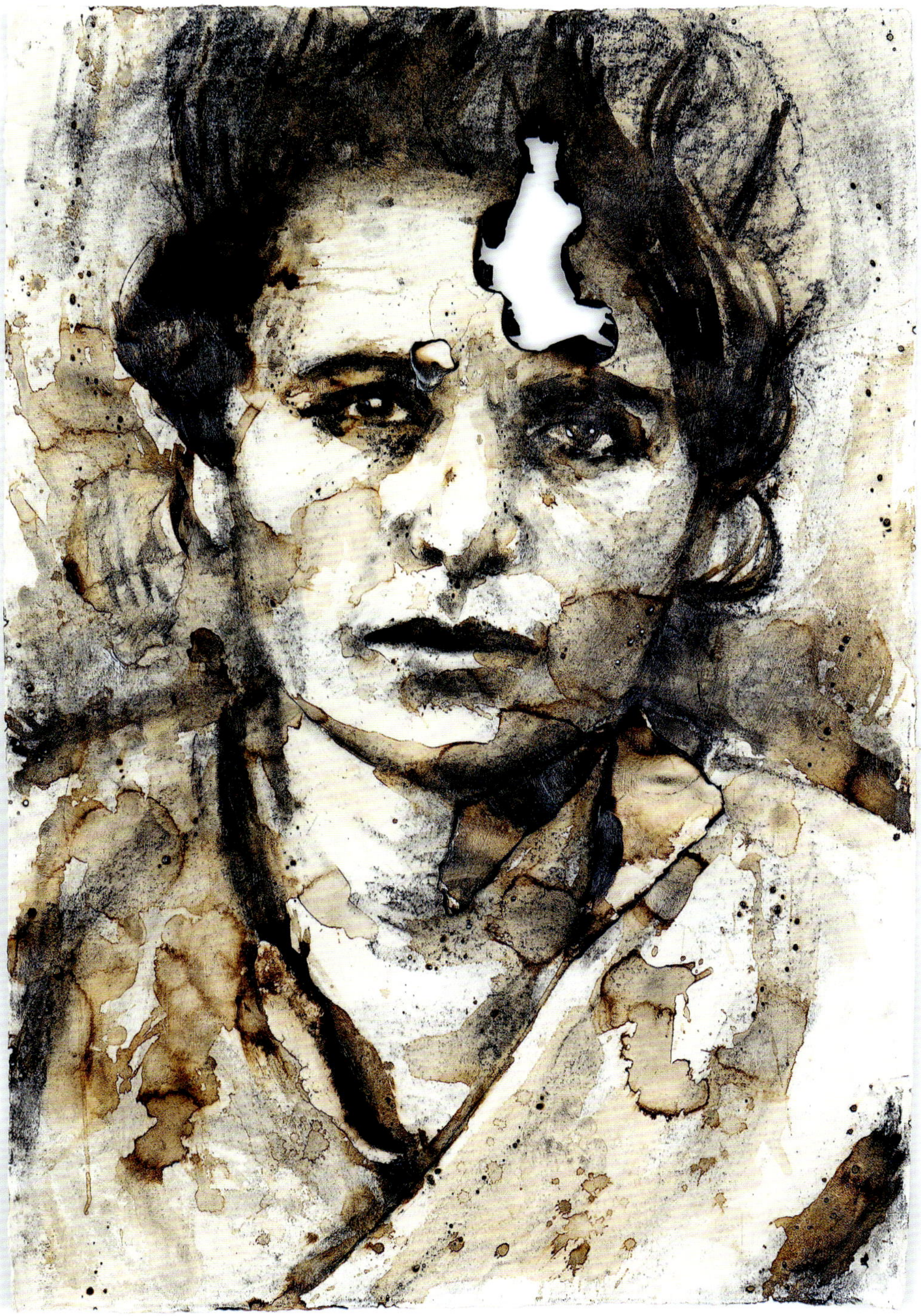

Allegra
2017

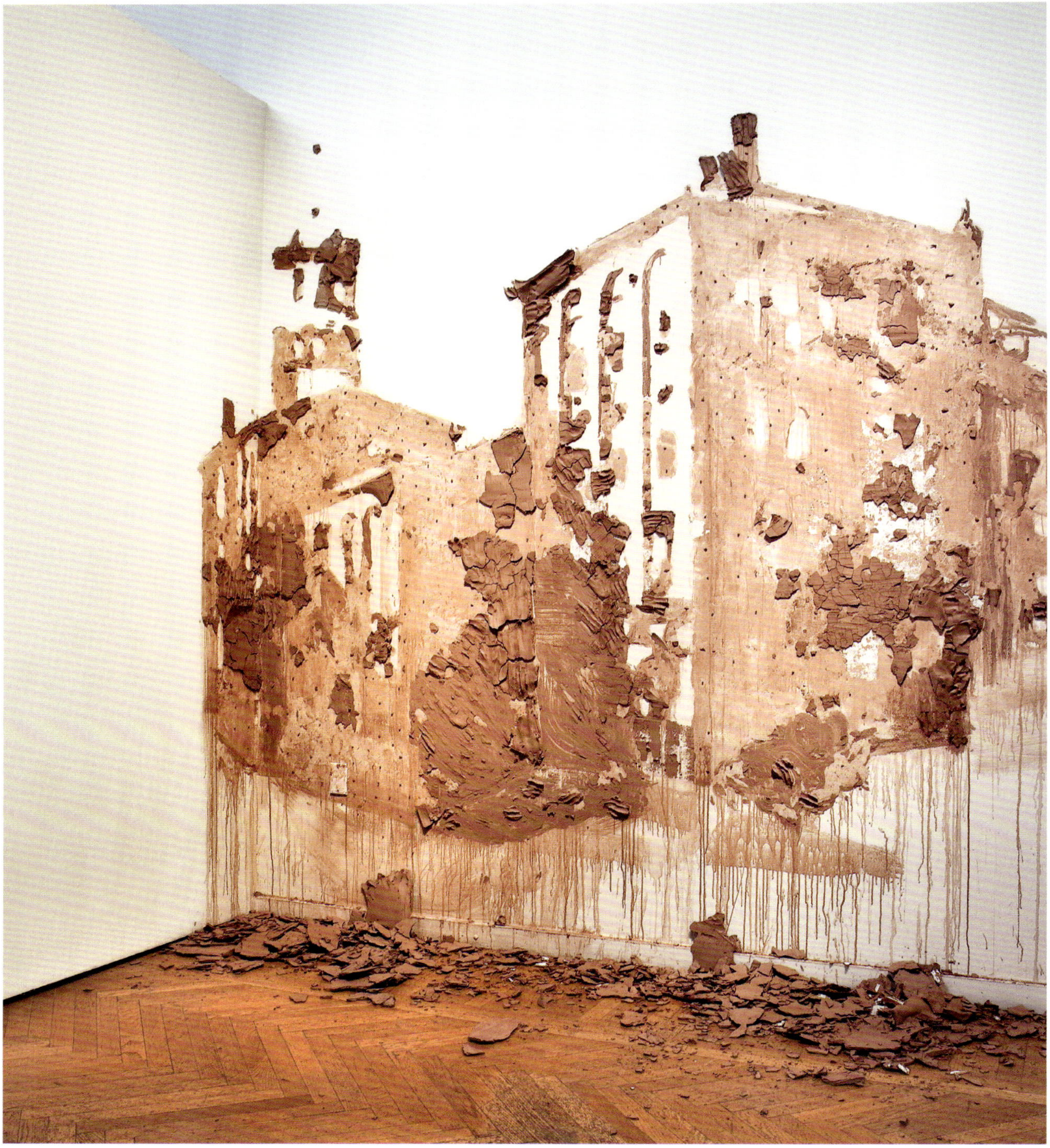

Stockton Asylum
2010

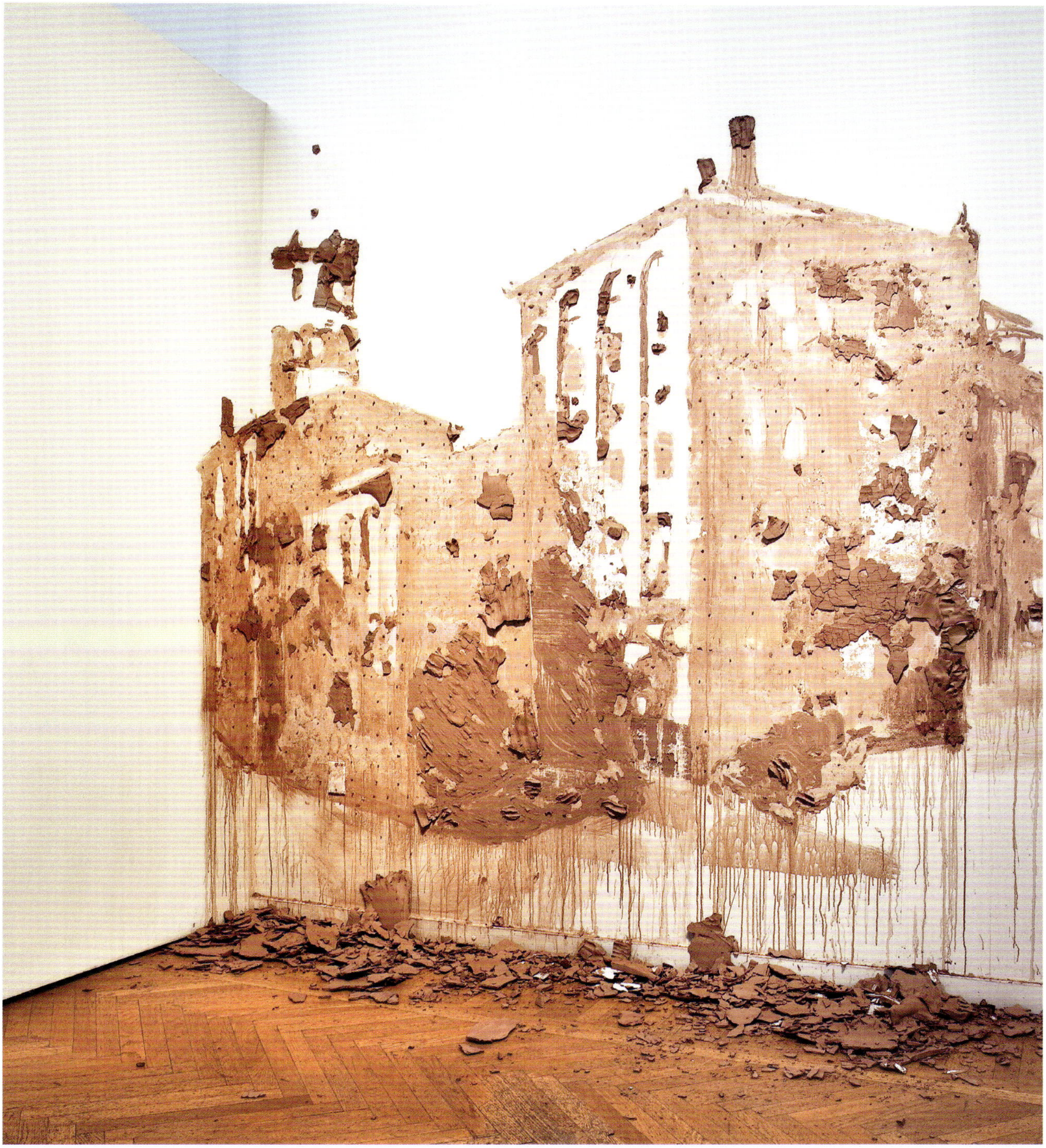

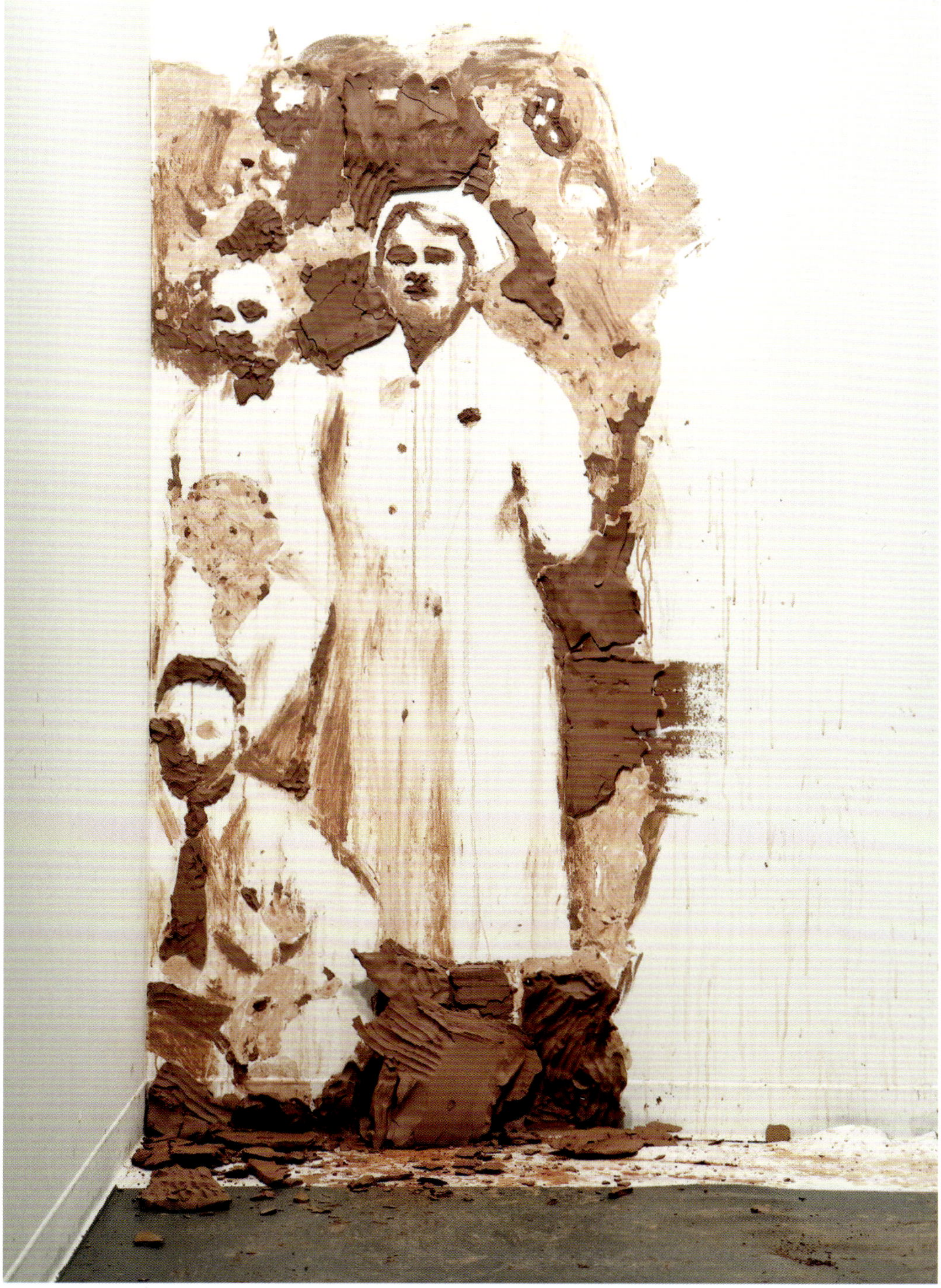

Asylum Nurse
2009

Stockton Asylum
detail / particolare
2010

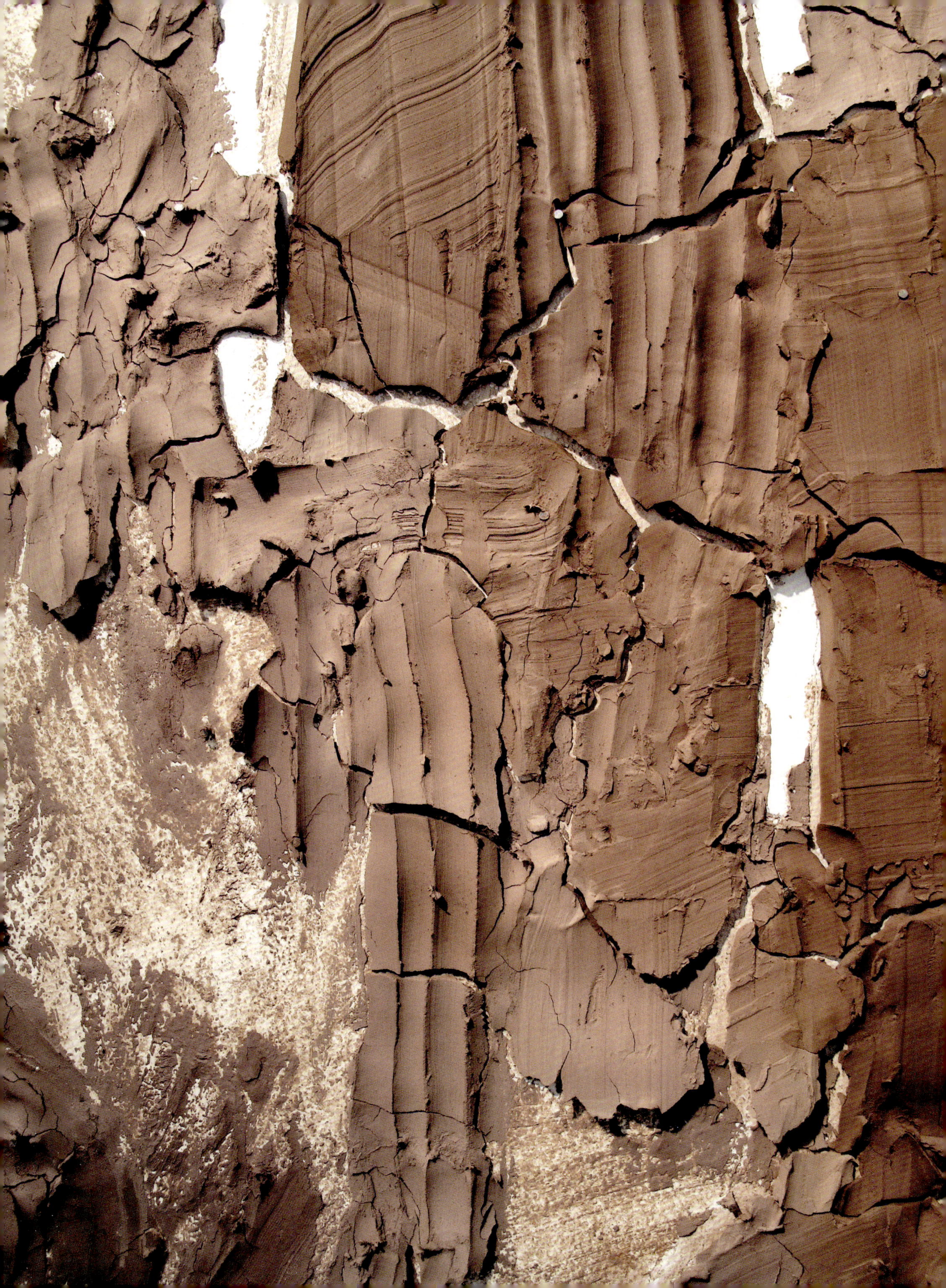

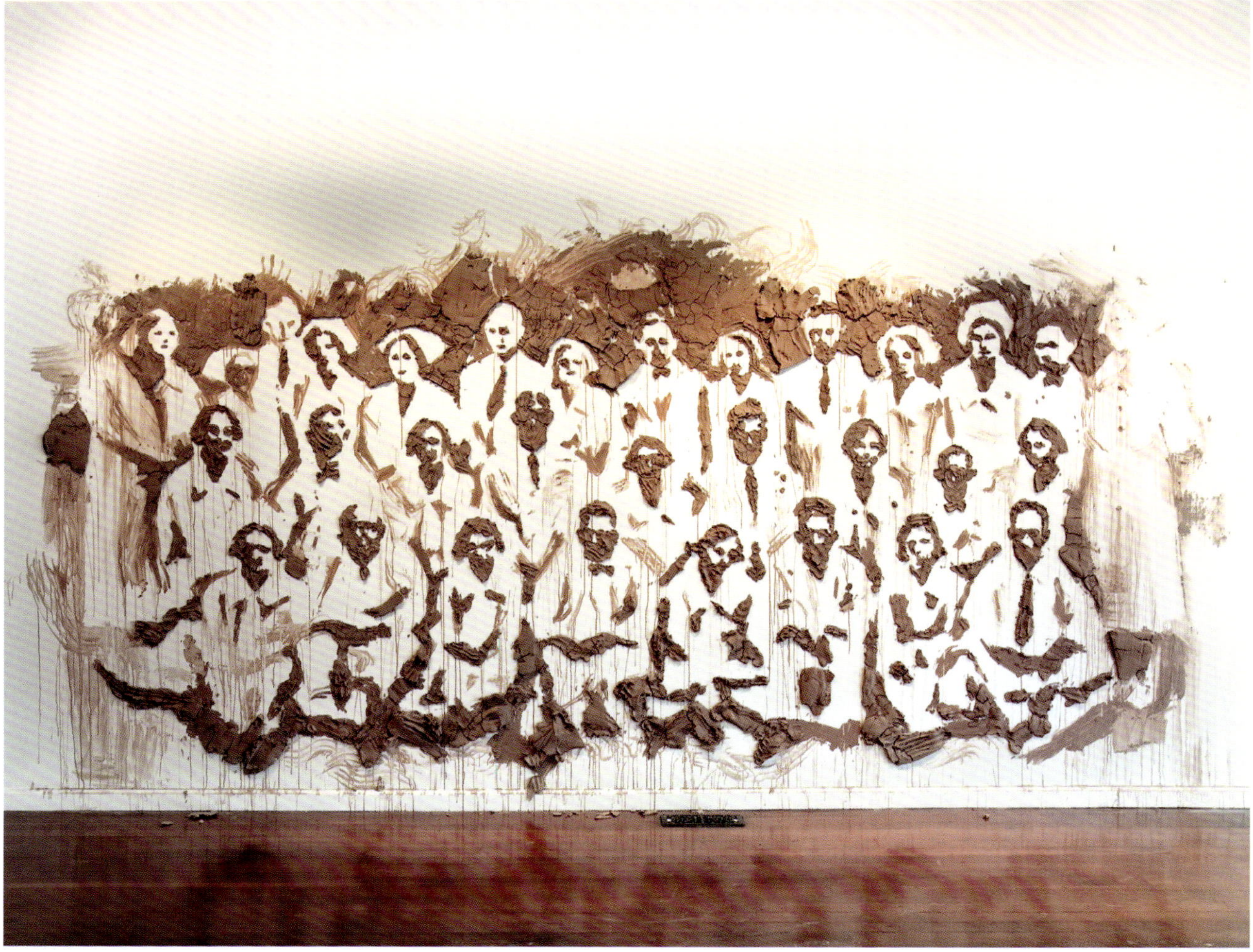

Department of Mental Hygiene (1943)
2010

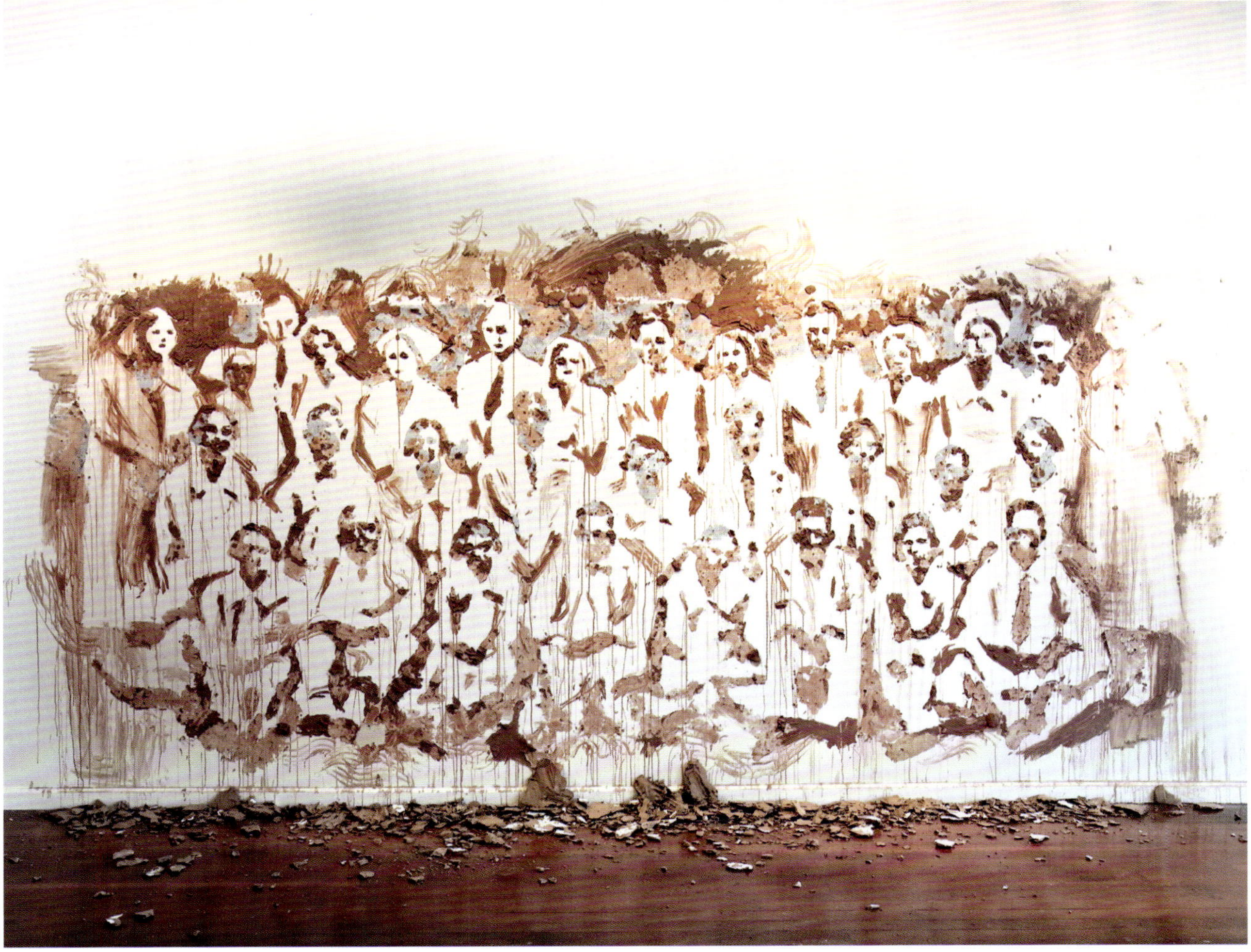

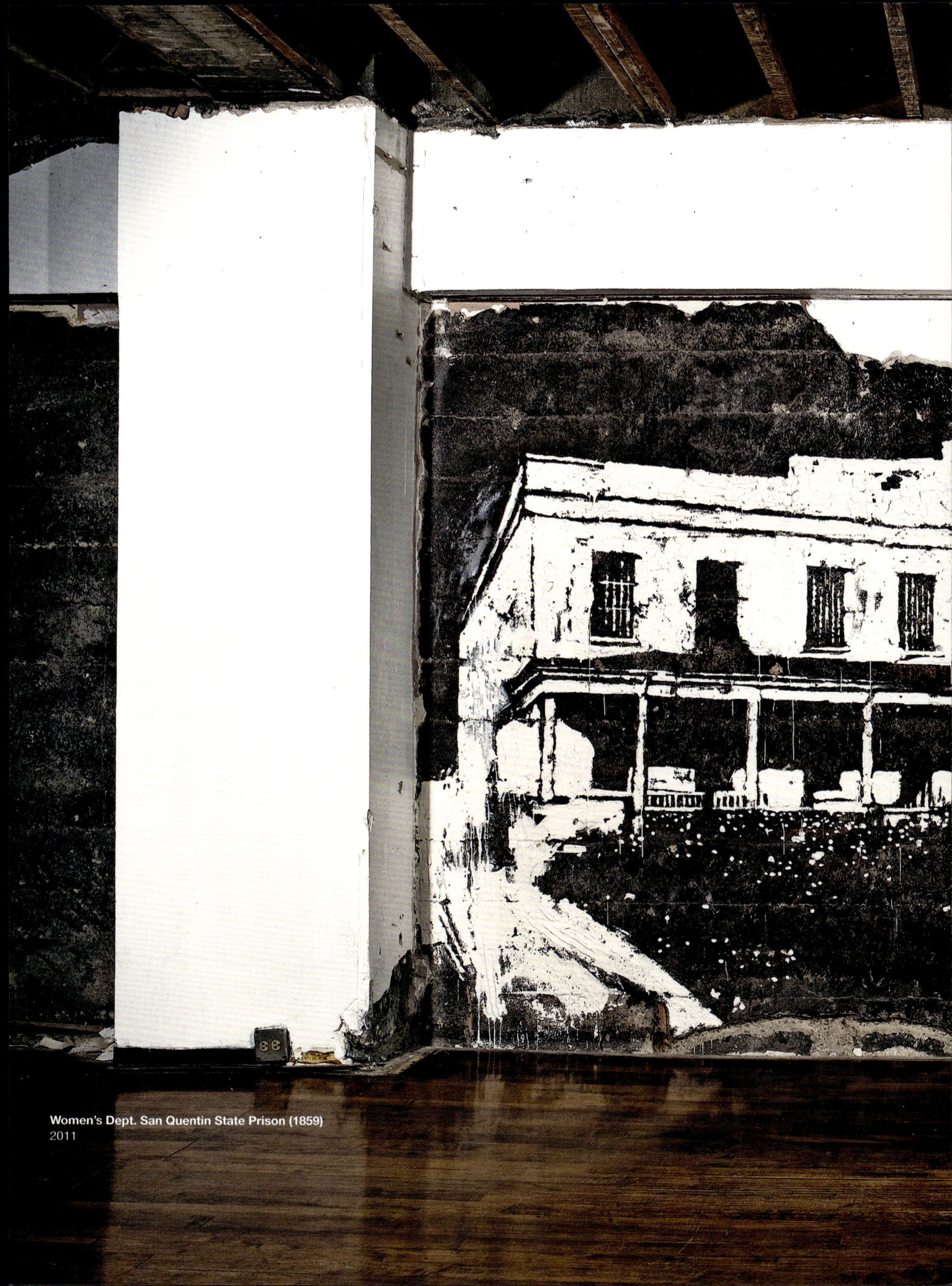

Women's Dept. San Quentin State Prison (1859)
2011

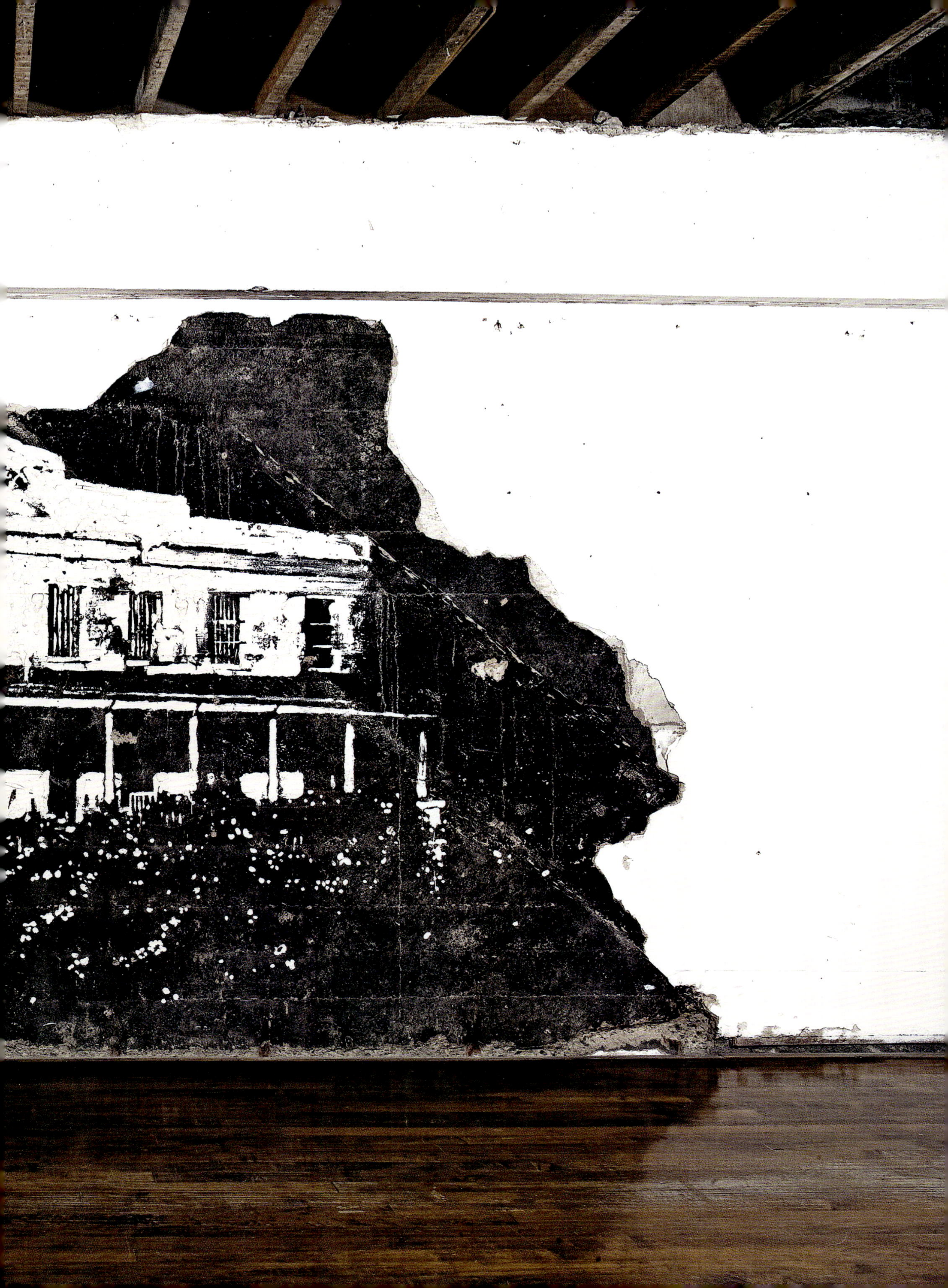

History is a Verb

Monica Lundy, Hung Liu, and the March of Time

Dorothy Moss

La storia è un verbo

Monica Lundy, Hung Liu, e la marcia del tempo

On August 5, 2021, two days before artist Hung Liu (1948–2021) passed away from pancreatic cancer, she and I sat on the wooden deck of her Oakland home in the gentle golden twilight. She had proudly shown me her garden and the lush pots and planters on the adjacent deck off her gracious dining room facing the Oakland Hills, and she talked about being especially pleased with how the lettuce was coming along. Holding the vibrant green leaves in her suddenly frail hands while caressing the plant's veins with her fingers she said quietly, "this gives me hope." Although she was physically weak, she possessed an inner strength that was profound. Her orblike eyes were of two worlds and as she spoke softly, her voice was still infused with her typical wisdom yet missing the delightful humor that used to punctuate her phrases. Her searing wit had given way to a more introspective and spiritual tone. I wanted to hold on to each word, I wanted to hold onto *her*, but she was already beginning to be out of reach. I found it poetic and grounding in this transitional moment to observe her connection to her garden; it went unspoken that the lettuce leaves would continue to grow as she faded, and that the plants she so lovingly tended and nurtured would soon live beyond her. We spoke of the power of planting seeds, her legacy, and the way her values seep into every aspect of her life and work, particularly the importance she places on lifting others through listening to their stories.

Five years earlier, on a gloriously clear late Northern California afternoon, September 28, 2016 to be precise, Hung Liu introduced me to her former Mills College student Monica Lundy. Hung and I had worked together all day in her studio rigorously sorting through her vast archive and database as we laid the groundwork for her retrospective. Around 4 pm, we headed over to Lundy's Oakland studio located in one of the warehouses of the old Cotton Mill Factory Complex. Hung wanted me to see her former student's new work before it was packed up for her exhibition at Nancy Toomey Fine Art at Minnesota Street Project in the Dogpatch district of San Francisco. She had told me that Lundy was very smart and that she was making work that Hung believed in and that the work deserved to be seen globally. And soon it would be on an international stage. Lundy would be in residence at the American Academy in Rome and there was a sense of excitement and great expectation about the future, for all of us.

Il 5 agosto 2021, due giorni prima che l'artista Hung Liu (1948-2021) morisse per un tumore al pancreas, lei e io eravamo sedute sulla veranda di legno della sua casa di Oakland, nella luce tenue del crepuscolo. Mi aveva mostrato con orgoglio il suo giardino e le piante rigogliose nei vasi sulla veranda, dove affacciava la graziosa sala da pranzo con vista sulle Oakland Hills, dicendomi di essere particolarmente soddisfatta di come stava crescendo la lattuga. Aveva preso tra le mani, improvvisamente fragili, quelle foglie verde brillante; accarezzandone le venature con le dita, aveva detto a bassa voce: "Questo mi dà speranza". I suoi occhi tondi appartenevano a due mondi e, mentre parlava sommessa, nella voce si poteva ancora percepire tutta la sua saggezza, pur in assenza dei quel delizioso umorismo che sempre costellava i suoi discorsi. L'arguzia fulminea aveva lasciato il posto a un tono più introspettivo e spirituale. Avrei voluto aggrapparmi a ogni parola, aggrapparmi a *lei*, ma aveva già cominciato ad andarsene. Osservare il suo legame con il giardino in quel momento di transizione era stato al contempo poetico e stabilizzante; era rimasto inespresso che le foglie di lattuga avrebbero continuato a crescere mentre lei svaniva, e che le piante che accudiva e nutriva con tanto amore ben presto le sarebbero sopravvissute. Parlammo di quanto fosse potente il gesto di piantare semi, del suo retaggio, di come i valori che l'avevano sempre guidata filtrassero in ogni aspetto della sua vita e del suo lavoro, e in particolare dell'importanza di alleviare le sofferenze degli altri ascoltando le loro storie.

Cinque anni prima, in uno splendido e sereno tardo pomeriggio della California settentrionale – il 28 settembre 2016 per la precisione – Hung Liu mi presentò Monica Lundy, una sua ex allieva al Mills College. Hung e io avevamo lavorato insieme tutto il giorno nel suo studio, esaminando con grande rigore il vasto archivio e il database per cominciare a preparare la sua retrospettiva. Verso le quattro del pomeriggio ci eravamo dirette allo studio di Lundy a Oakland, in uno dei magazzini del vecchio complesso della Cotton Mill Factory. Hung voleva che vedessi le nuove opere della sua ex allieva prima che venissero imballate per una mostra da Nancy Toomey Fine Art al Minnesota Street Project, nel quartiere di Dogpatch

We enjoyed each other's company into the evening, as if we were old friends who had been reunited even though I was new to this cohort. We thought together, debated, laughed, and offered each other creative and professional advice. We looked closely at Lundy's richly textured liquid porcelain surfaces, talked about the stories she was uncovering in portraits of Japanese baseball players who came to the United States to play in the Fillmore District circa 1920–30s, less than two decades before the United States bombed Hiroshima (pp. 36–37). We were captivated as Lundy told us about her poignantly exquisite portrait of Billie Holiday looking self-possessed and brave. The portrait, titled *Billie Awaiting Arraignment* (p. 43), was made of 22 & 16 karat gold, 12 karat white gold, coffee, pulverized charcoal, and mica flake. We listened attentively as Lundy told us about upcoming plans for research in London and Italy for a project featuring portraits of women who had been cast aside in the mid-nineteenth through early twentieth century due to being "disobedient" (in those times, often cited as "mental illness"), who were harshly treated, and forced to live in isolation in psychiatric asylums.

The cracks in the surfaces of Lundy's work reminded me of the linseed oil drips on the surfaces of Hung's canvases. Lundy's portraits of vulnerable women were created with multiple layers of various media, including liquid porcelain, pulverized charcoal, and mica flake. As we talked about the meaning of the ruptures created by these materials, I realized this is where history is located in both artists' work. These fissures bring the past into the present. My own work, to insert untold stories into the National Portrait Galley's exhibition program through conceptual performance art and contemporary art that looks back at history, immediately brought me into a kinship with Lundy; she, Hung and I then and there formed a sisterhood of magical thinking. We ended the day sharing wine and a delicious meal prepared by Lundy. That day remains with me vividly. It is one that I cherish not only because I was introduced to Monica Lundy, an extraordinarily talented and deeply compassionate artist, but also because I saw a new side of Hung Liu. Although I had first met Hung Liu in 2012, and had been working closely with her to prepare her retrospective at the National Portrait Gallery in

---

a San Francisco. Mi aveva detto che Lundy era molto brava e stava facendo cose che meritavano di essere viste in tutto il mondo. E che ben presto avrebbe fatto parte della scena internazionale. Lundy stava per iniziare una residenza all'American Academy di Roma: tutti eravamo entusiasti, con grandi aspettative per il futuro.

Restammo inseme anche la sera, come vecchie amiche, nonostante io fossi nuova nel gruppo. Ci scambiammo pensieri, discutemmo, ridemmo e ci offrimmo reciprocamente consigli creativi e professionali. Esaminammo attentamente le superfici di porcellana liquida dalla ricca *texture* di Lundy, parlammo delle storie che aveva svelato nei ritratti dei giocatori di baseball giapponesi, arrivati negli anni venti e trenta negli Stati Uniti per giocare nel Fillmore District: meno di vent'anni prima che l'America bombardasse Hiroshima (pp. 36-37). Restammo incantate mentre Lundy ci parlava del ritratto, splendido e struggente, di Billie Holiday, con quell'aria composta e coraggiosa. L'opera, dal titolo *Billie Awaiting Arraignment* (Billie in attesa della chiamata in giudizio, p. 43), era realizzata con oro 22 e 16 carati, oro bianco 12 carati, caffè, carbone polverizzato e fiocchi di mica. Ascoltammo attentamente Lundy parlarci delle ricerche che voleva intraprendere a Londra e in Italia per una serie di ritratti di donne escluse dalla società, tra la metà del XIX secolo e l'inizio del XX, per essere state "disubbidienti" (a quell'epoca la disubbidienza era spesso considerata una malattia mentale); donne che avevano subito un trattamento durissimo ed erano state costrette a vivere nell'isolamento degli ospedali psichiatrici.

Le crepe sulle superfici delle opere di Lundy mi rammentavano la gocciolatura di olio di semi di lino sulle tele di Hung. I ritratti delle donne vulnerabili di Lundy sono il risultato della sovrapposizione di strati di materiali diversi, compresi la porcellana liquida, il carbone polverizzato e i fiocchi di mica. Mentre discutevamo sul significato delle fratture create da questi materiali, mi resi conto che, nelle opere di quelle due artiste, la storia era proprio lì: le crepe rendevano presente il passato. Il mio lavoro, che consisteva nella ricerca di storie mai raccontate (opere d'arte concettuale e contemporanea che guardassero alla storia) da inserire nel programma

Washington, DC since 2014, I had not yet witnessed her in the role of art teacher with student. It was evident to me why her students adored her. In watching them talk about the work, it was clear that she had pushed Lundy's practice through the years and encouraged her to always approach her work with rigor and inventiveness. Hung was clearly proud of the direction her work was taking and saw in Lundy the embodiment of her own legacy.

As Hung Liu and I talked in the last days of her life, I asked her about Lundy and what it was that stood out about her when she was a student at Mills. Hung immediately noted how much she admired her for persevering with painting when many students shifted to photography or printmaking due to the challenges of the medium. She also praised Lundy for being a student of history. Lundy "does the work," she said referencing the archival excavating that is a core component of Monica's practice.

Hung Liu often said that "History is a verb, it is constantly flowing forward." She and Lundy bonded through the years over their shared passion for archives and their commitment to shining a light on the downtrodden and oppressed. Their work is rooted in deep archival engagement with a focus on uncovering stories that have been buried, and in the process, they rewrite history.

Both artists have been linked to Gerhard Richter (b. 1932), yet they diverge from Richter in their feminist approaches to subject matter and in their relationship to their textured surfaces. They work and rework their materials as warriors, their portraits contain ruptures that bring one world into another. For three decades Hung Liu's practice has centered on uncovering hidden stories and making the lives of those who are at risk visible through large-scale, monumental canvases. The generous amounts of linseed oil she applied to her surfaces—she said that gravity was her partner—create a "veil of tears," activating time, history, and memory. She brings her marginalized subjects—prostitutes, refugees, orphans, women soldiers—into the contemporary moment, honoring them with symbols of hope such as her signature circle, a sign from Tao Buddhism of transience and wholeness; or a lotus flower or crane from ancient Chinese ink drawings. Her canvases are tattooed

espositivo della National Portrait Gallery, mi permise di entrare immediatamente in sintonia con Lundy. Lì, in quel momento, lei, Hung e io creammo una sorellanza di pensiero magico. La giornata terminò condividendo vino e una deliziosa cena preparata da Lundy. Ho un ricordo molto vivido di quel giorno, che mi è caro non solo perché ho conosciuto Monica Lundy – un'artista profondamente empatica e dal talento straordinario – ma anche perché mi ha permesso di vedere una nuova sfaccettatura di Hung Liu. Benché l'abbia conosciuta nel 2012 e abbia lavorato a stretto contatto con lei per preparare la retrospettiva alla National Portrait Gallery di Washington dal 2014, non ero ancora stata testimone diretta del suo ruolo di insegnante. All'improvviso mi fu molto chiaro perché i suoi ragazzi la adoravano. Osservandole parlare delle opere, era evidente che aveva sostenuto Lundy nel corso degli anni, l'aveva incoraggiata ad affrontare sempre il lavoro con rigore e inventiva. Era palesemente orgogliosa della direzione presa dal lavoro di Lundy e vedeva in lei l'incarnazione del proprio retaggio.

Parlando con Hung Liu negli ultimi giorni della sua vita, le chiesi di Lundy, e di cosa la distinguesse quando era ancora una studentessa del Mills. Hung disse che apprezzava Monica perché aveva perseverato con la pittura quando molti studenti erano passati alla fotografia o alle tecniche grafiche a causa delle difficoltà del mezzo pittorico. E la lodò perché studiava la storia, riferendosi alle ricerche d'archivio che sono una componente fondamentale della pratica di Monica.

Hung Liu diceva spesso che "la storia è un verbo e non smette mai di scorrere in avanti". Nel corso degli anni, lei e Lundy avevano legato grazie alla passione condivisa per gli archivi e all'impegno di entrambe per gettare luce sulle vite dei vessati e degli oppressi. Le loro opere si radicano dunque in una accurata ricerca archivistica, focalizzata sulla scoperta di storie sepolte. In questo modo, hanno riscritto la storia.

Entrambe sono state avvicinate a Gerhard Richter (n. 1932), ma in realtà se ne discostano per il loro approccio femminista ai soggetti e per il rapporto con le *textures* delle superfici. Come guerriere, Hung e

and layered with imagery and textures that remove the subjects, sourced from historical Chinese photographs, from their original contexts.

Lundy's kinship with her mentor Hung Liu is most palpably located in their work to expose injustices against women through deep archival research, in Lundy's case including mining medical records of dispossessed women from different historical asylums, including Bethlem Royal Hospital in London (better known for its moniker "Bedlam") and the former psychiatric hospital Santa Maria della Pietà in Rome. Both artists take a special interest in portraying vulnerable women. Having survived the Cultural Revolution in China and the forced labor that she endured for four years continuously, Hung Liu described her feminism as one that came from China—from reading the Ballad of Mulan as a child with her grandfather and from absorbing the strength of her aunts, mother, and grandmother who raised her. Lundy's feminism was developed while growing up in Saudi Arabia with a strong Italian immigrant mother. As a young child, she became keenly aware of the injustices and inequities faced by women. She was harassed herself while growing up and had to learn to navigate the challenges of being a strong, creative, and ambitious young woman in a male-dominated culture. This experience instilled in her a desire to make visible the experiences of women who have been silenced in history. And when Lundy found Hung Liu, the power of her drive to expose inequities found guidance and fierce support. This focus on women's rights, human rights, and a shared vision of humanity continues to unite Hung Liu and Lundy as time marches on. Fittingly, the two artists attended the 2017 Women's March together in San Francisco when Hung Liu shared a stage with Joan Baez and addressed the crowd with the words: "The story of America as a destination for the homeless and hungry of the world is not only a myth. It is a story of desperation, of sadness, of uncertainty, of leaving your home. It is also a story of determination, and—more than anything, of hope." The seeds of Hung Liu's activism will continue to thrive and grow through Lundy's bold commitment to rewriting history with brilliant, exquisitely searing, poignantly hopeful work that challenges us as, cellist Yo-Yo Ma

---

Lundy lavorano senza sosta sui materiali e i loro ritratti contengono fratture e spaccature attraverso cui un mondo entra dentro un altro. Per trent'anni Hung Liu ha focalizzato il suo lavoro sulla scoperta di storie nascoste, rendendo visibili su tele monumentali le vite di chi è a rischio. Le generose quantità di olio di semi di lino che applicava alle superfici – diceva sempre che la gravità era la sua alleata – creano un "velo di lacrime" e mettono in moto il tempo, la storia e il ricordo. Hung accompagna nel presente i suoi soggetti emarginati (prostitute, profughi, orfani, donne soldato) e rende loro onore con simboli di speranza come il suo classico cerchio – un segno che, nel buddismo Tao, indica transitorietà e integrità – o come il fiore di loto e la gru, tratti da antichi disegni cinesi a inchiostro. Le sue tele sono come tatuate, ricche di strati di immagini e *textures* che rimuovono i soggetti, tratti da foto storiche della Cina, dal loro contesto originale.

L'affinità di Lundy con la sua mentore Hung Liu si percepisce al meglio nelle opere create per mettere in luce le ingiustizie contro le donne attraverso scrupolose ricerche d'archivio che, nel caso di Lundy, comprendono le cartelle cliniche di donne private di tutto e ricoverate in diversi manicomi storici, tra cui il Bethlem Royal Hospital di Londra (più noto come "Bedlam") e l'ex ospedale psichiatrico Santa Maria della Pietà di Roma. Entrambe le artiste hanno un interesse particolare nel ritrarre donne vulnerabili. Dopo essere sopravvissuta alla Rivoluzione culturale e a quattro anni continuati di lavori forzati, Hung Liu descrisse il suo femminismo come proveniente dalla Cina: aveva infatti letto da bambina la ballata di Mulan insieme al nonno e aveva tratto la sua forza dalle zie, dalla madre e dalla nonna che l'avevano allevata. Il femminismo di Lundy, invece, proviene dal fatto di essere cresciuta in Arabia Saudita assieme a una donna forte, sua madre, immigrata dall'Italia. Fin da bambina era ben consapevole delle ingiustizie e delle iniquità che le donne dovevano affrontare. Lei stessa, crescendo, era stata molestata e aveva dovuto imparare ad affrontare la sfida di essere una giovane forte, creativa e ambiziosa in una cultura dominata dal maschilismo. Tutto ciò aveva instillato in lei il desiderio di rendere visibili le esperienze delle donne che la storia aveva messo a tacere. E quando Lundy conobbe

said of Hung Liu: "she makes us look again, look twice, look three times, at a face and what it represents. Lost memories, intangible things that sometimes mark the loss of things, sometimes of memories that are there, repressed, or . . . forgotten and retrieved."[1]

[1] Yo-Yo Ma, *A Tribute to Hung Liu*, https://www.youtube.com/watch?v=DB8uLHxdMDQ

Hung Liu, la forza della sua determinazione a esporre le iniquità trovò una guida e un sostegno forte. Con l'andare del tempo, il loro focus sui diritti delle donne e in genere sui diritti umani, assieme a una visione condivisa dell'umanità, le hanno unite sempre di più. Dunque, con coerenza, nel 2017 le due artiste hanno partecipato insieme alla marcia delle donne di San Francisco, quando Hung Liu ha condiviso il palcoscenico con Joan Baez e si è rivolta alla folla dicendo: "La storia dell'America come destinazione dei reietti e degli affamati del mondo non è solo un mito. È una storia di disperazione, tristezza, incertezza, sradicamento. Ma è anche una storia di determinazione e, più di qualsiasi altra cosa, di speranza". I semi dell'attivismo di Hung Liu continueranno a crescere e prosperare attraverso il coraggioso impegno di Lundy a riscrivere la storia con opere brillanti, squisitamente devastanti e significativamente cariche di speranza che sfidano noi mentre, come ha detto il violoncellista Yo-Yo Ma di Hung Liu, "ci fa osservare di nuovo, guardare due volte, tre volte, un viso e ciò che rappresenta. Ricordi perduti, segni intangibili che a volte indicano la perdita di qualcosa, altre volte evidenziano ricordi che sono stati repressi oppure [...] dimenticati e recuperati"[1].

[1] Yo-Yo Ma, *A Tribute to Hung Liu*, https://www.youtube.com/watch?v=DB8uLHxdMDQ

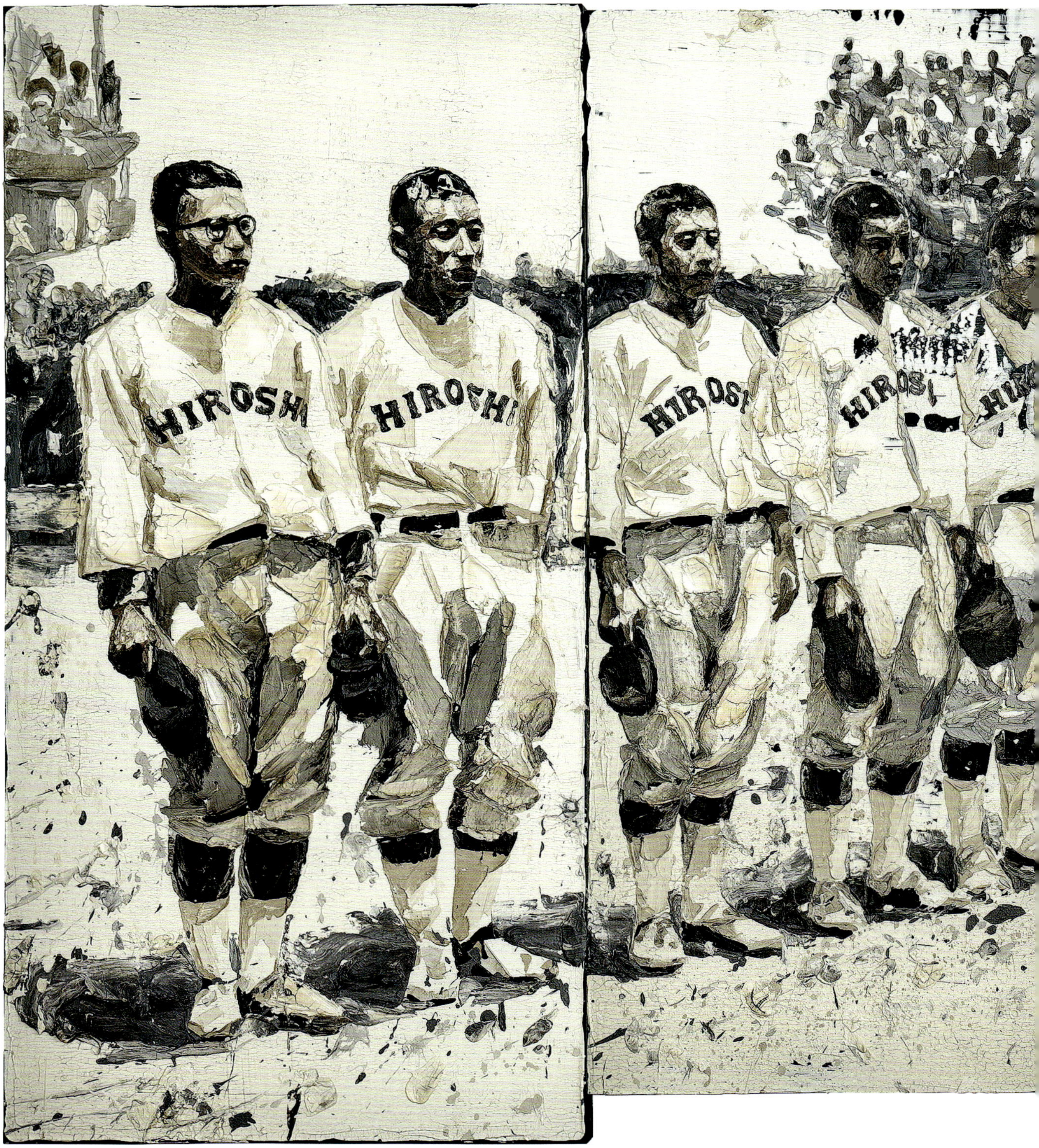

Visiting Team in San Francisco
2016

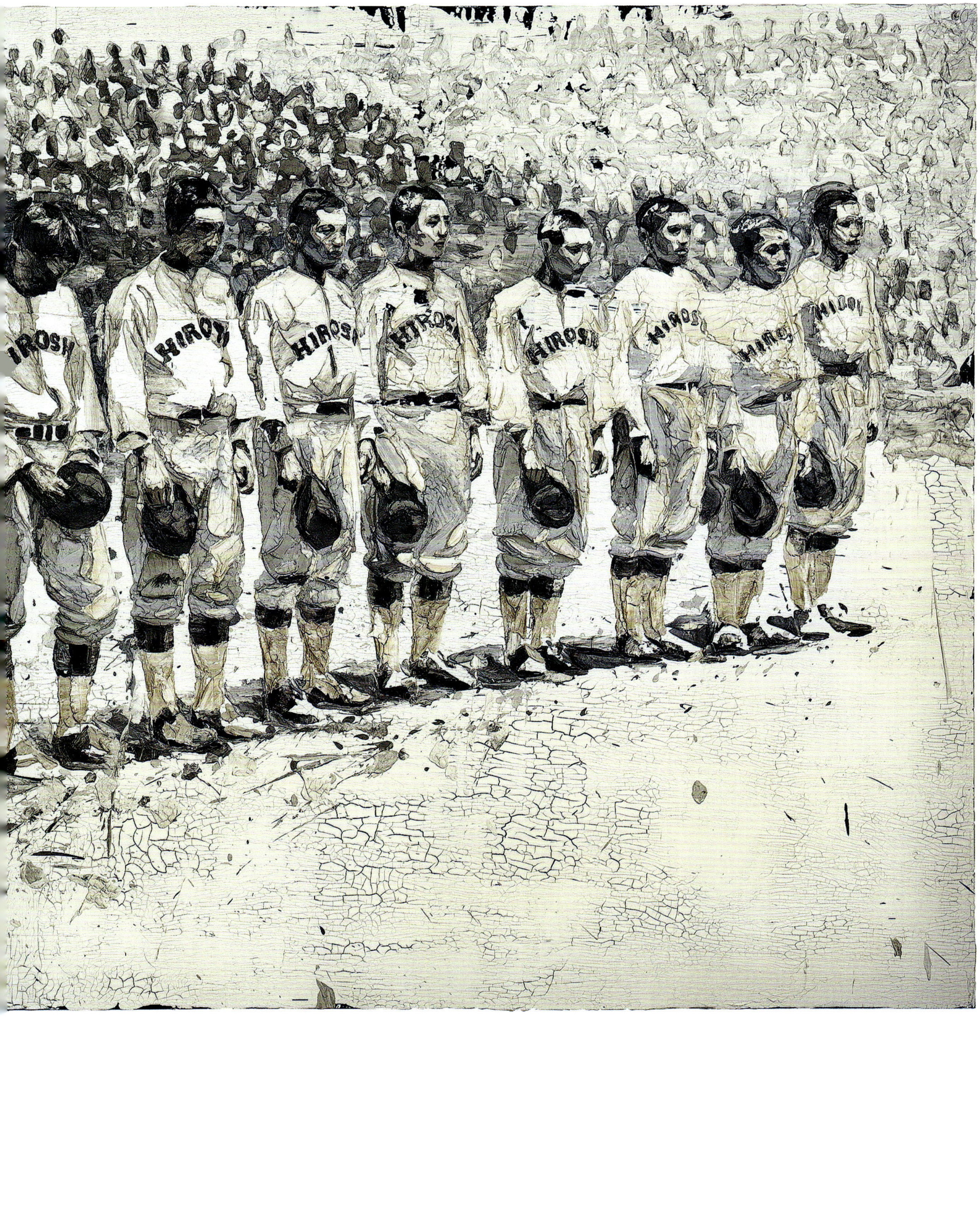
HIROSH
HIROS
HIROSH
HIROSH
HIROSH
HIROSH
HIROSH
HIROSH

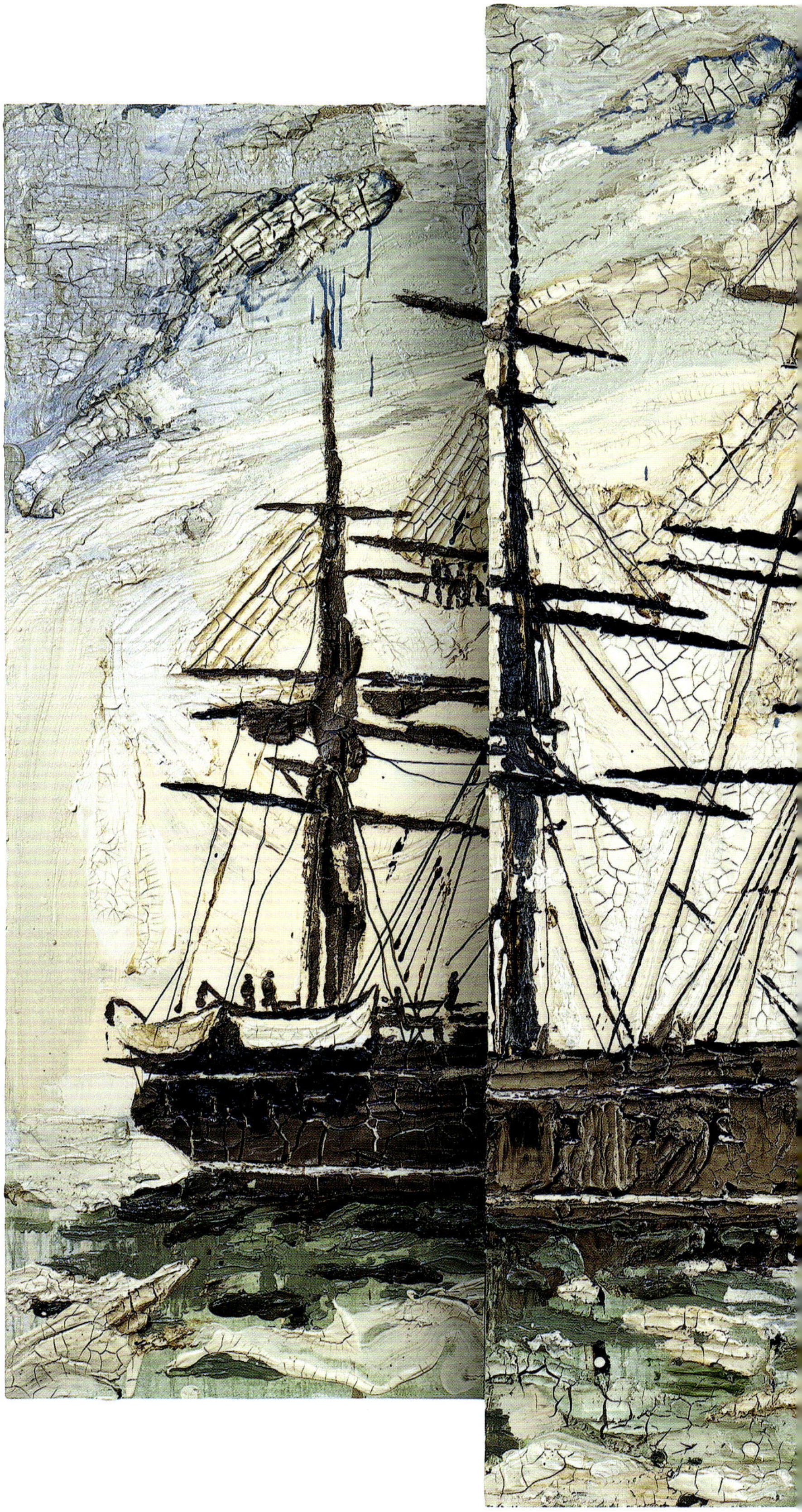

USS Portsmouth
2014

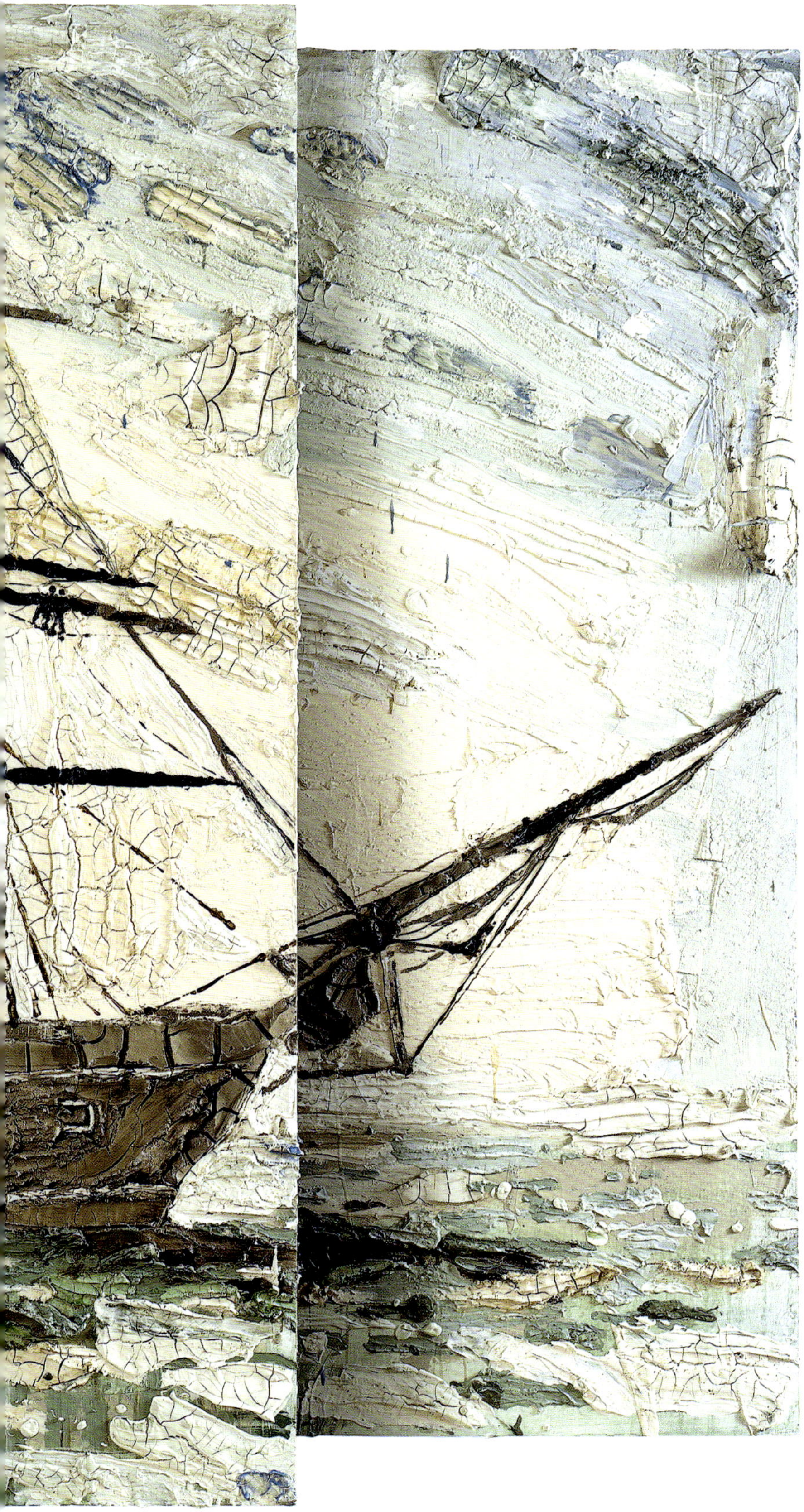

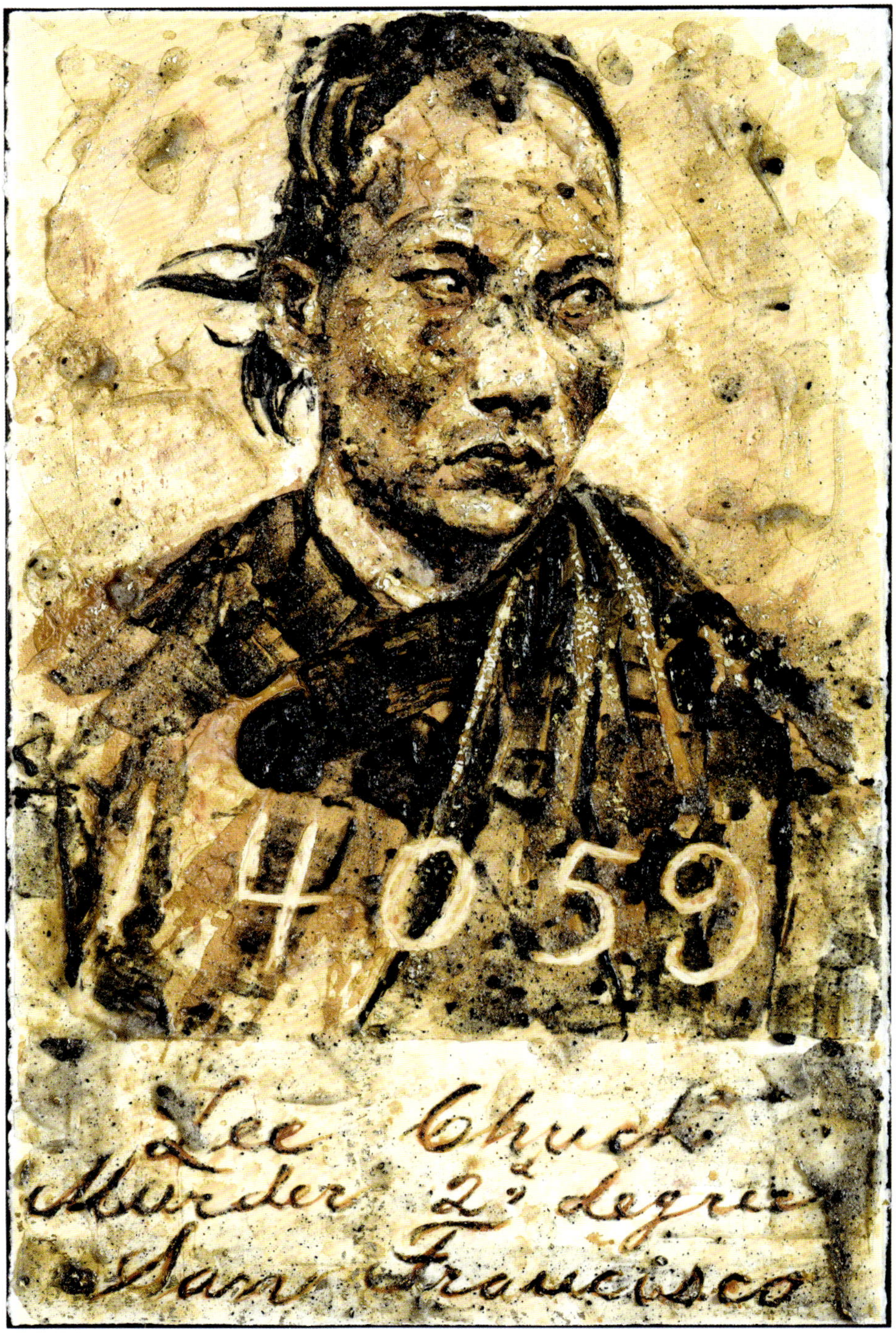

Lee Chuck
2014

Lee Chuck
detail / particolare
2014

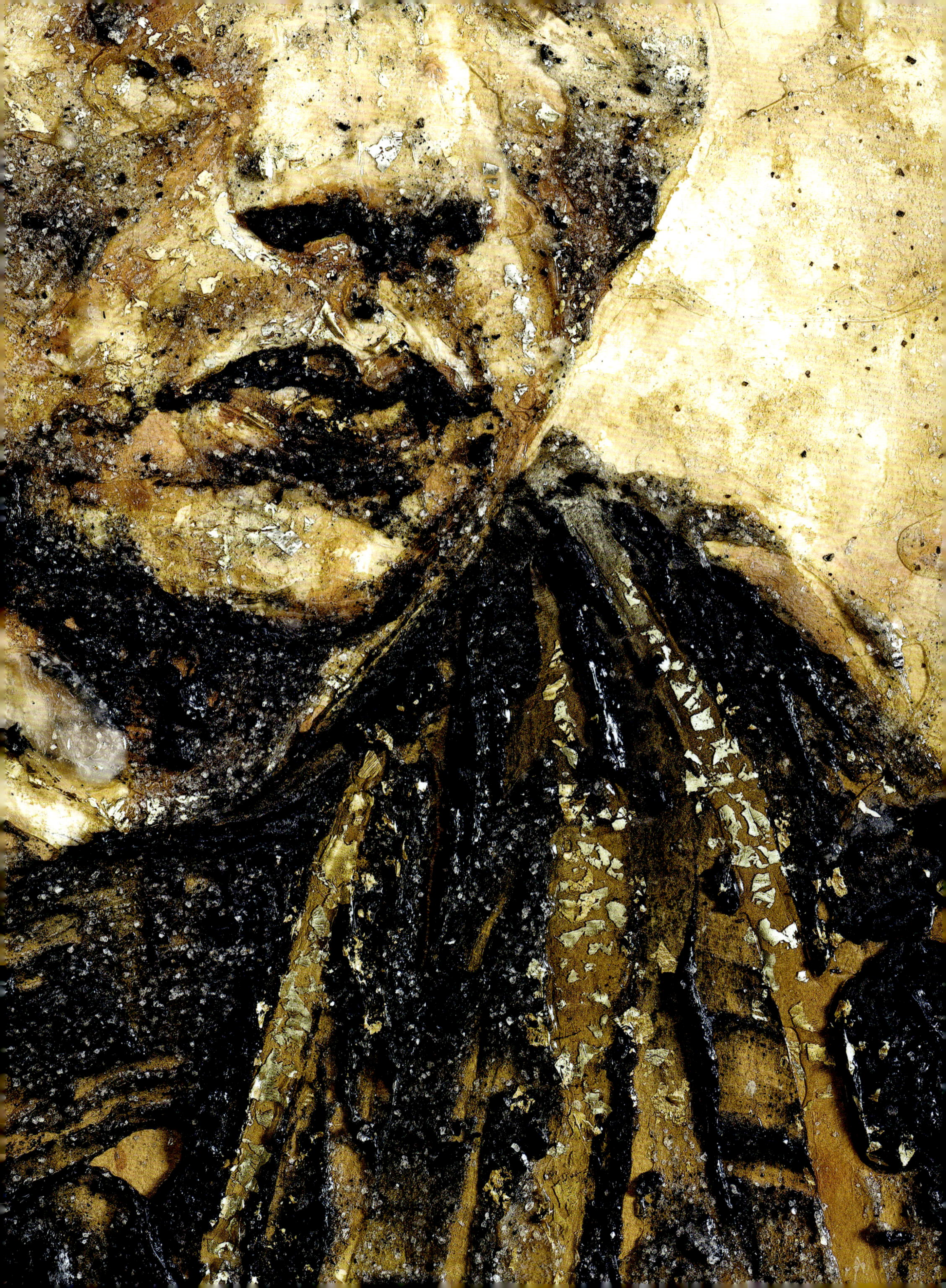

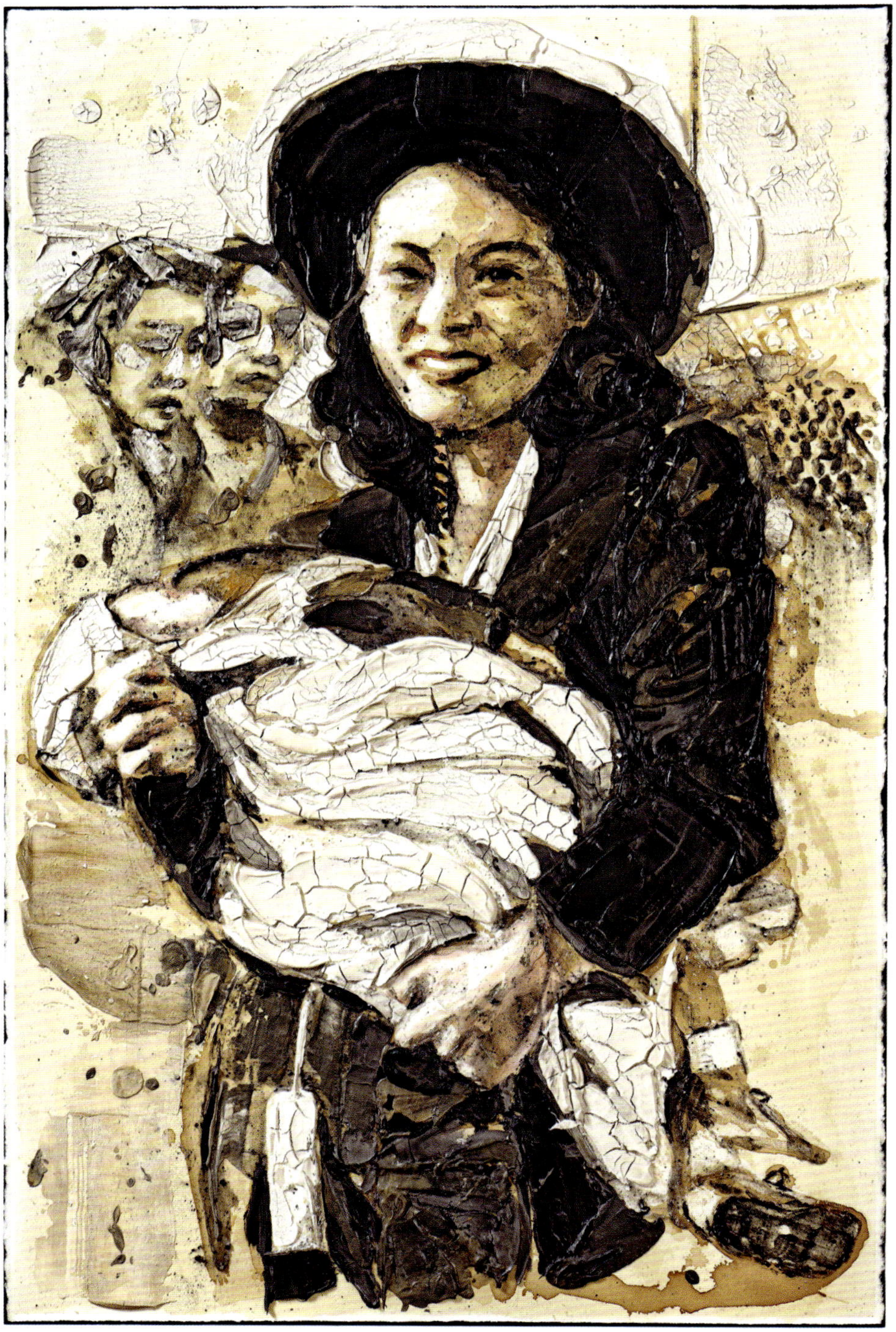

Mother and Child Tagged for Internment
2016

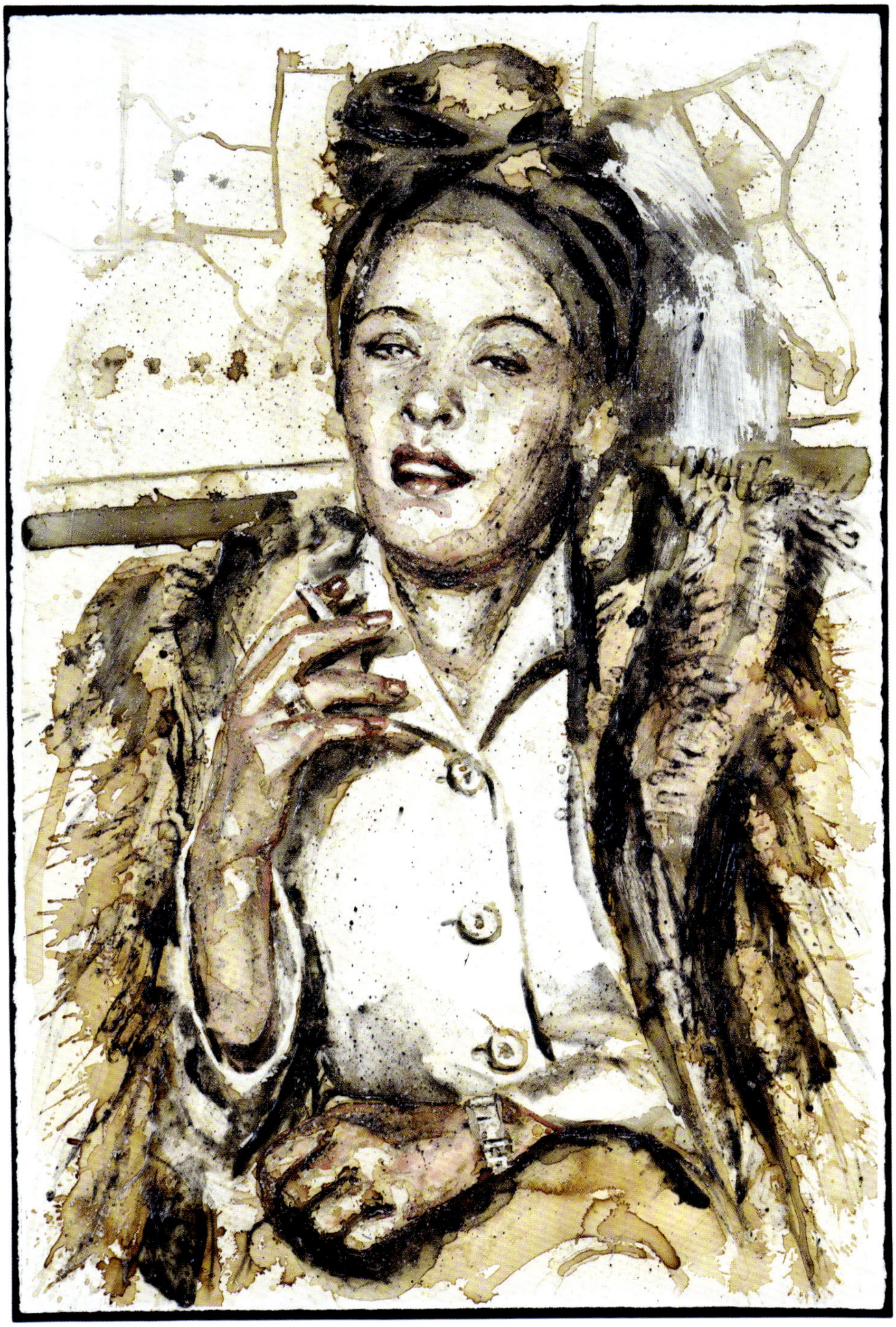

Billie Awaiting Arraignment
2016

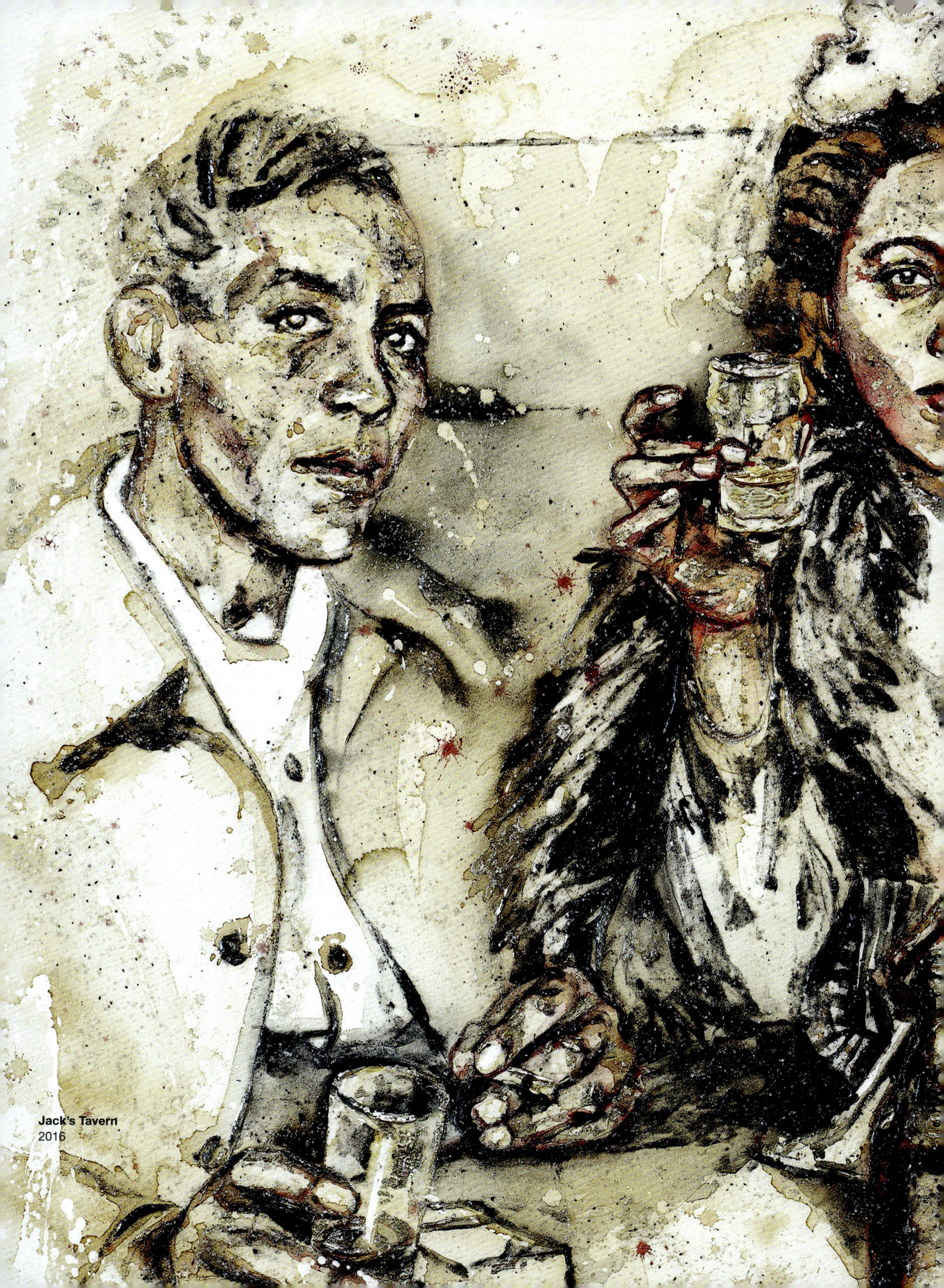

Jack's Tavern
2016

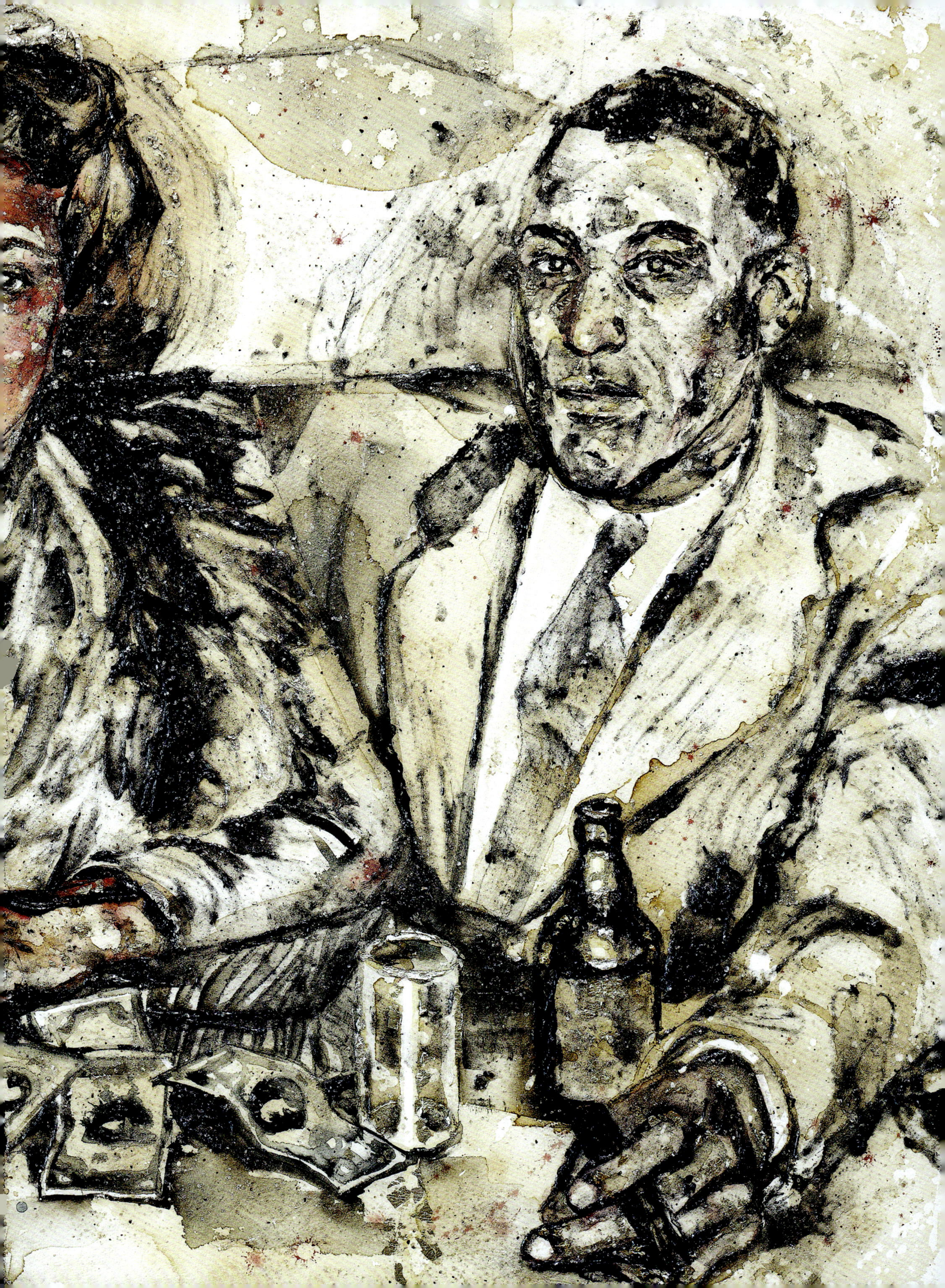

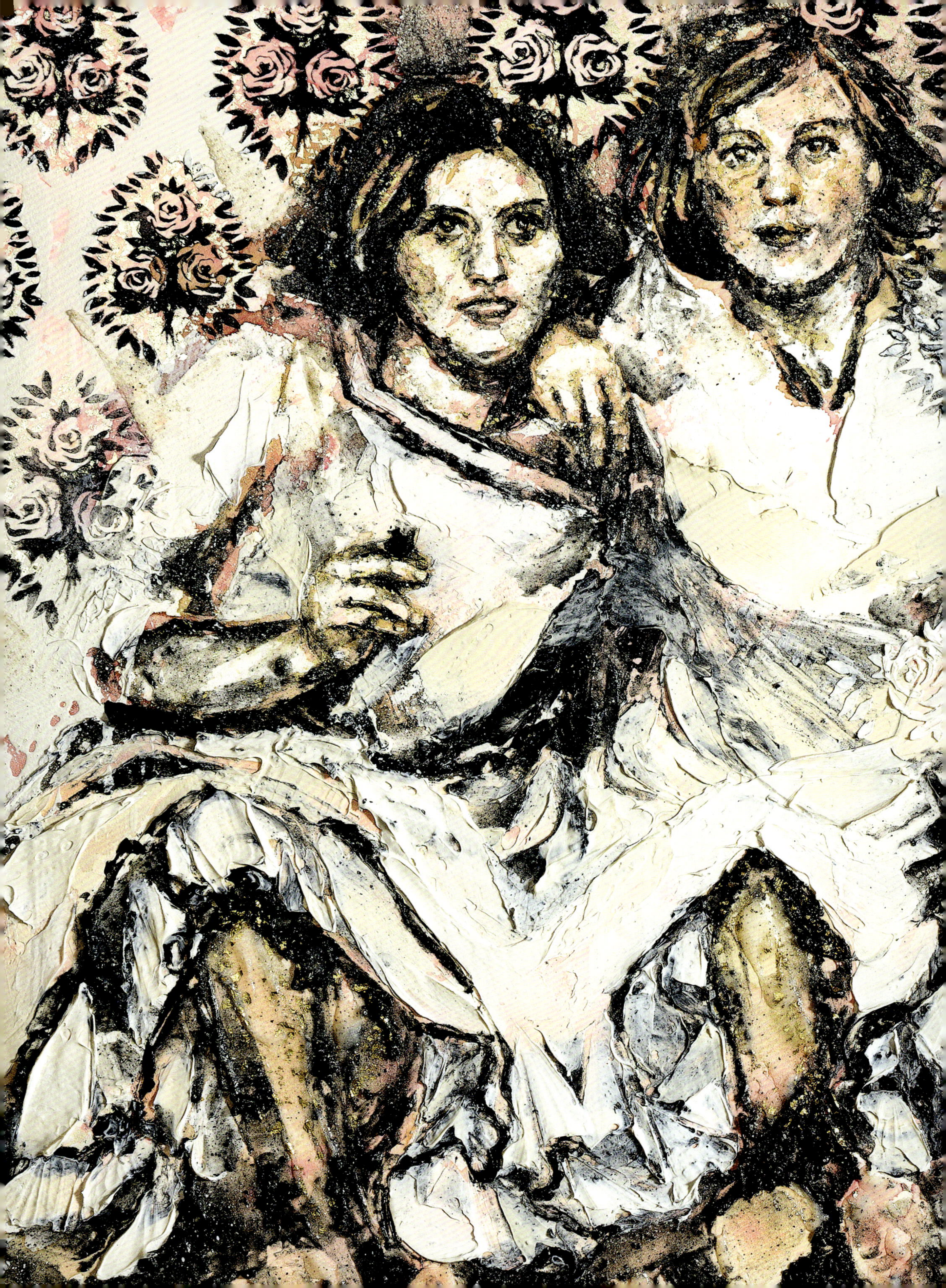

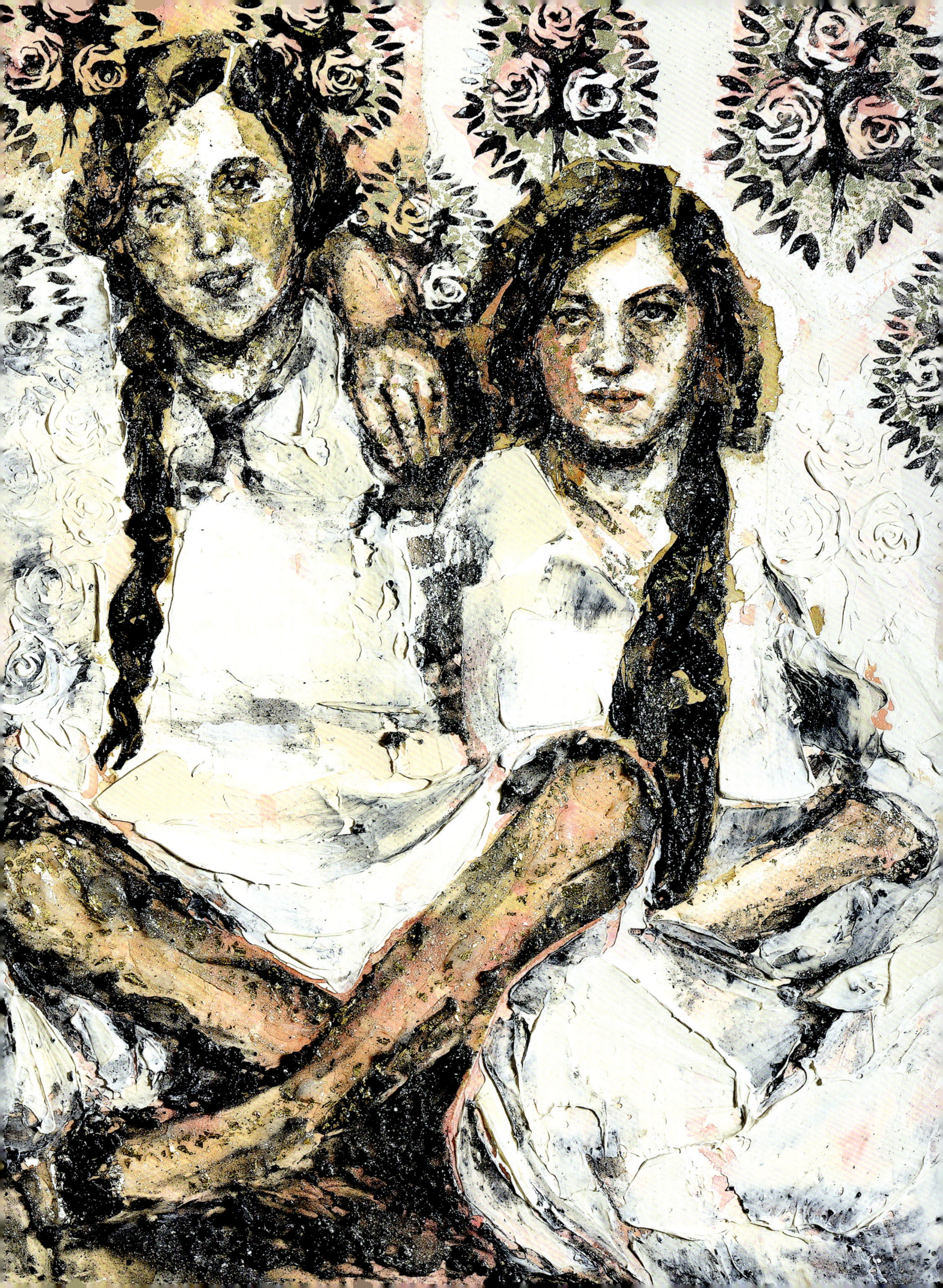

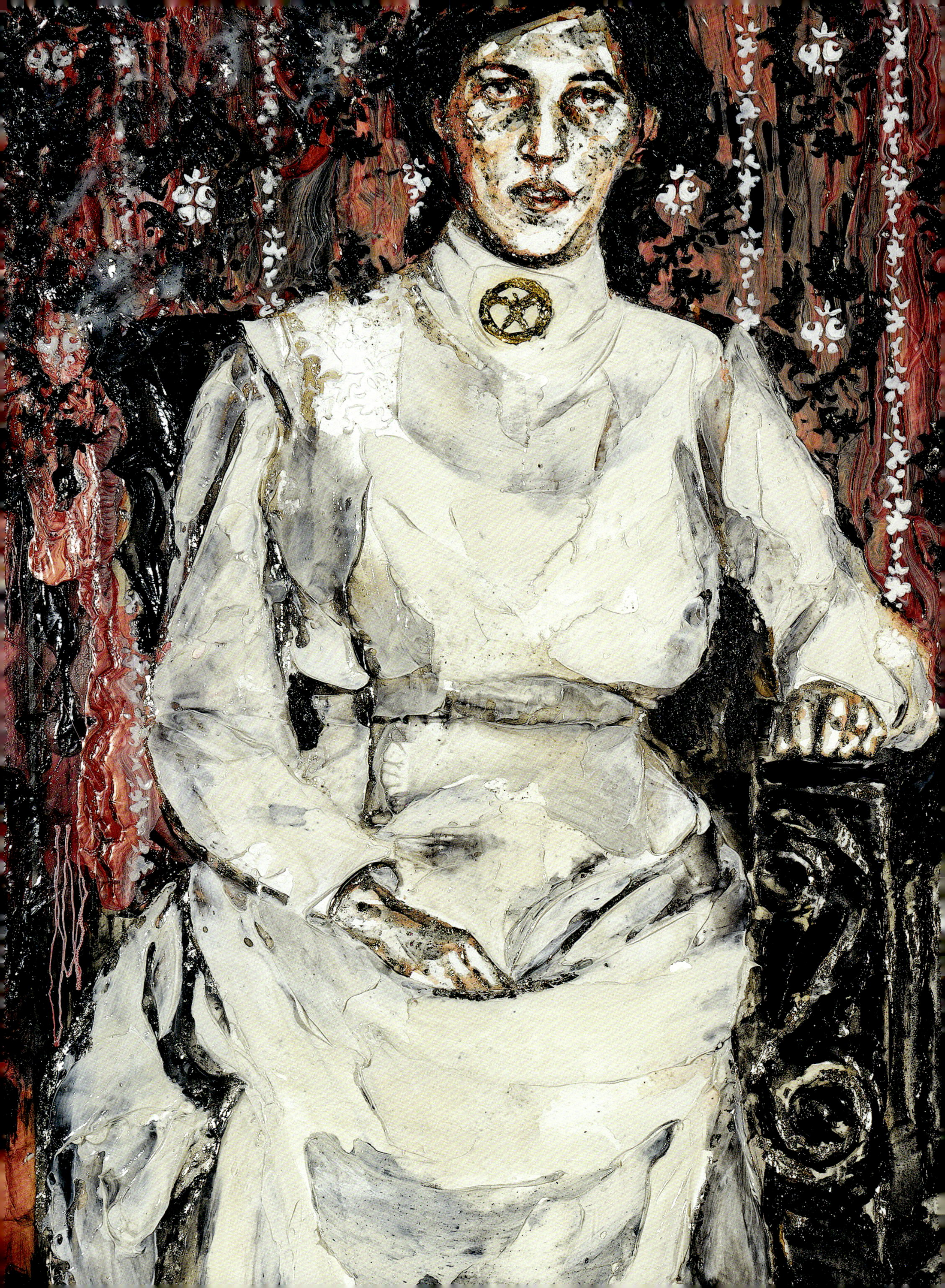

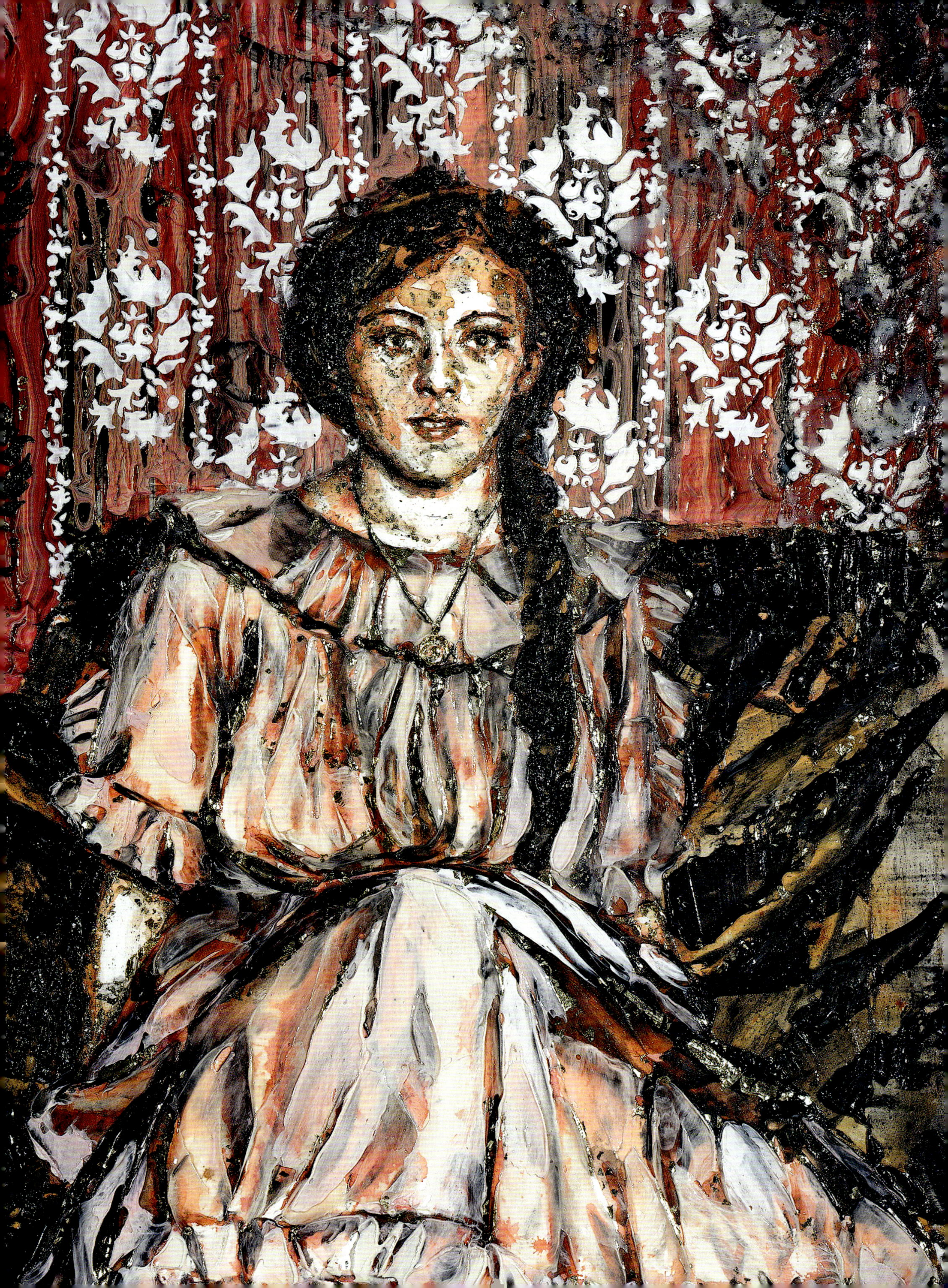

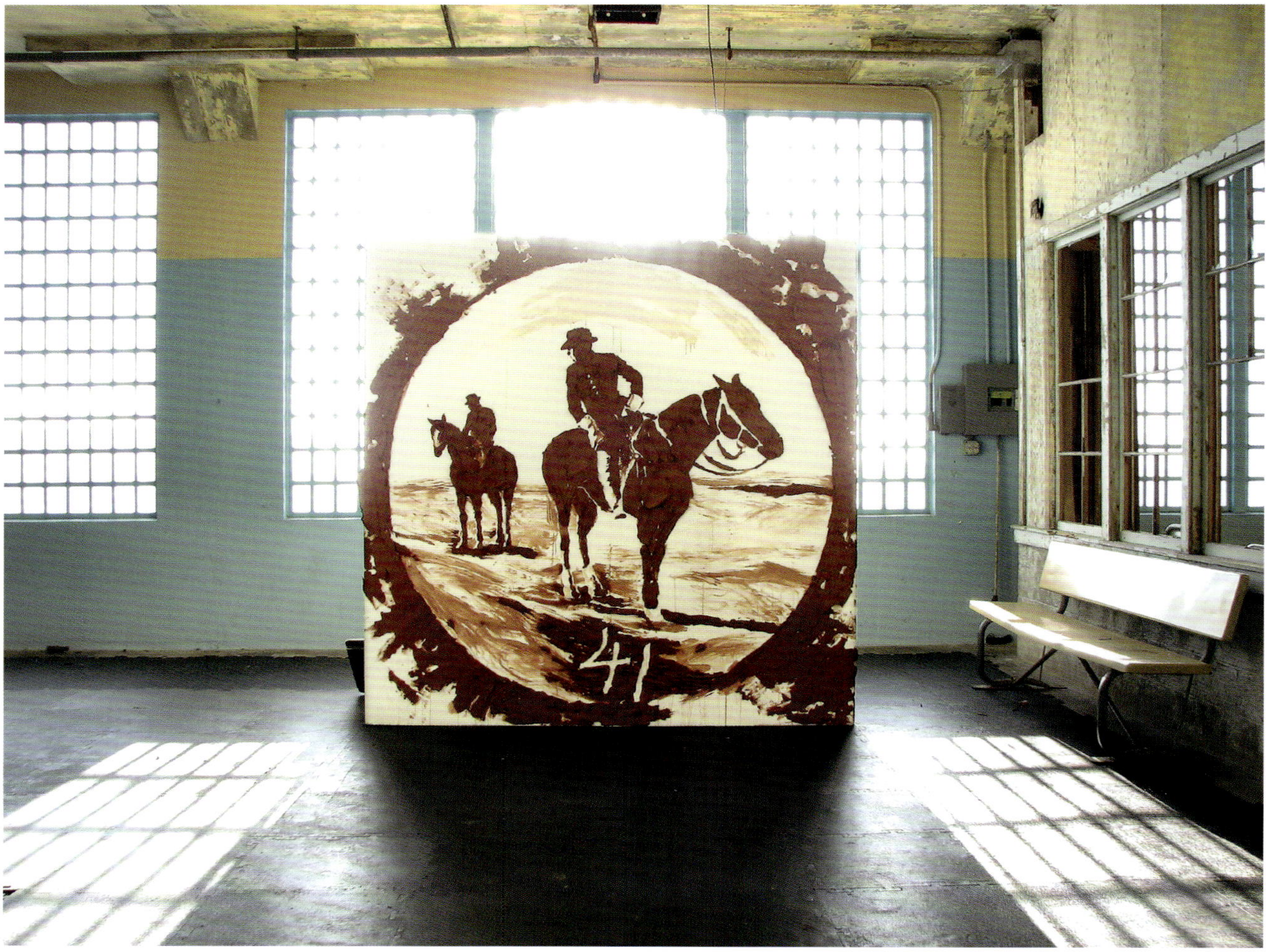

prevoius pages / pagine precedenti

Jack's Tavern
2016

Ladies of the Barbary Coast
2014

Ladies of the Barbary Coast II
2015

Arresting Officer (1894)
2011

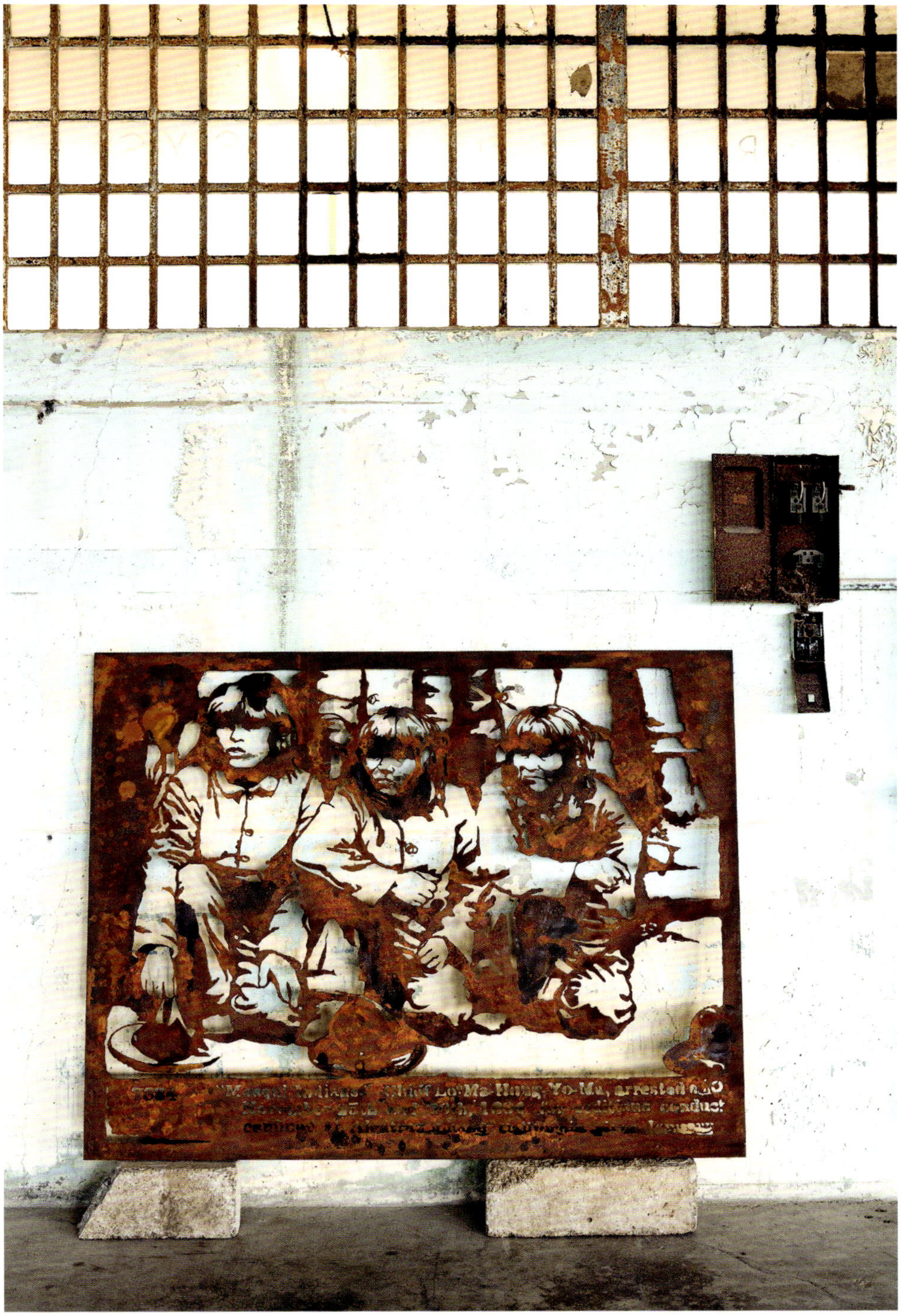

following pages / pagine seguenti

Hopi Inmates (1895)
2011

Hopi Inmate (Alcatraz)
2011

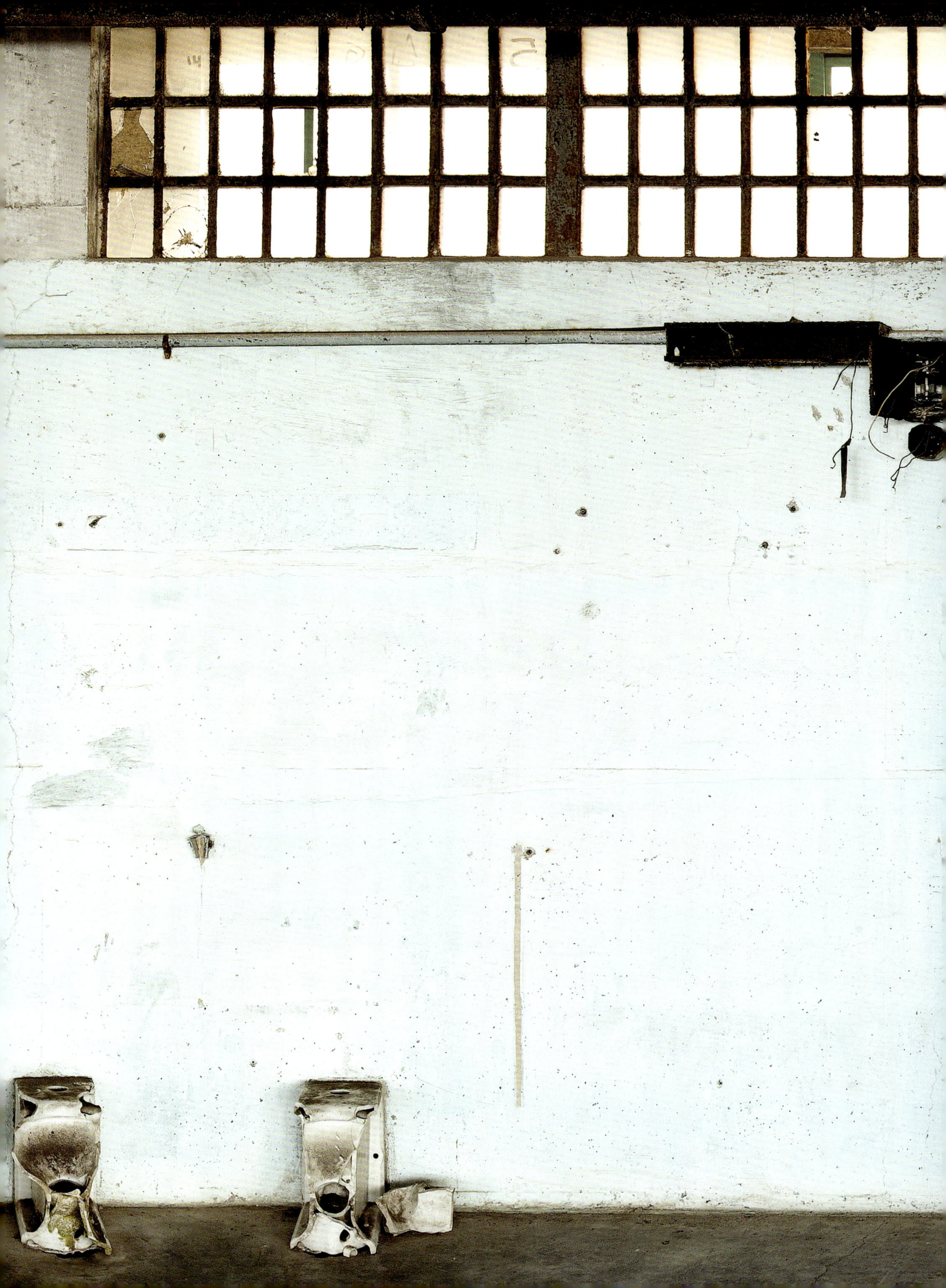

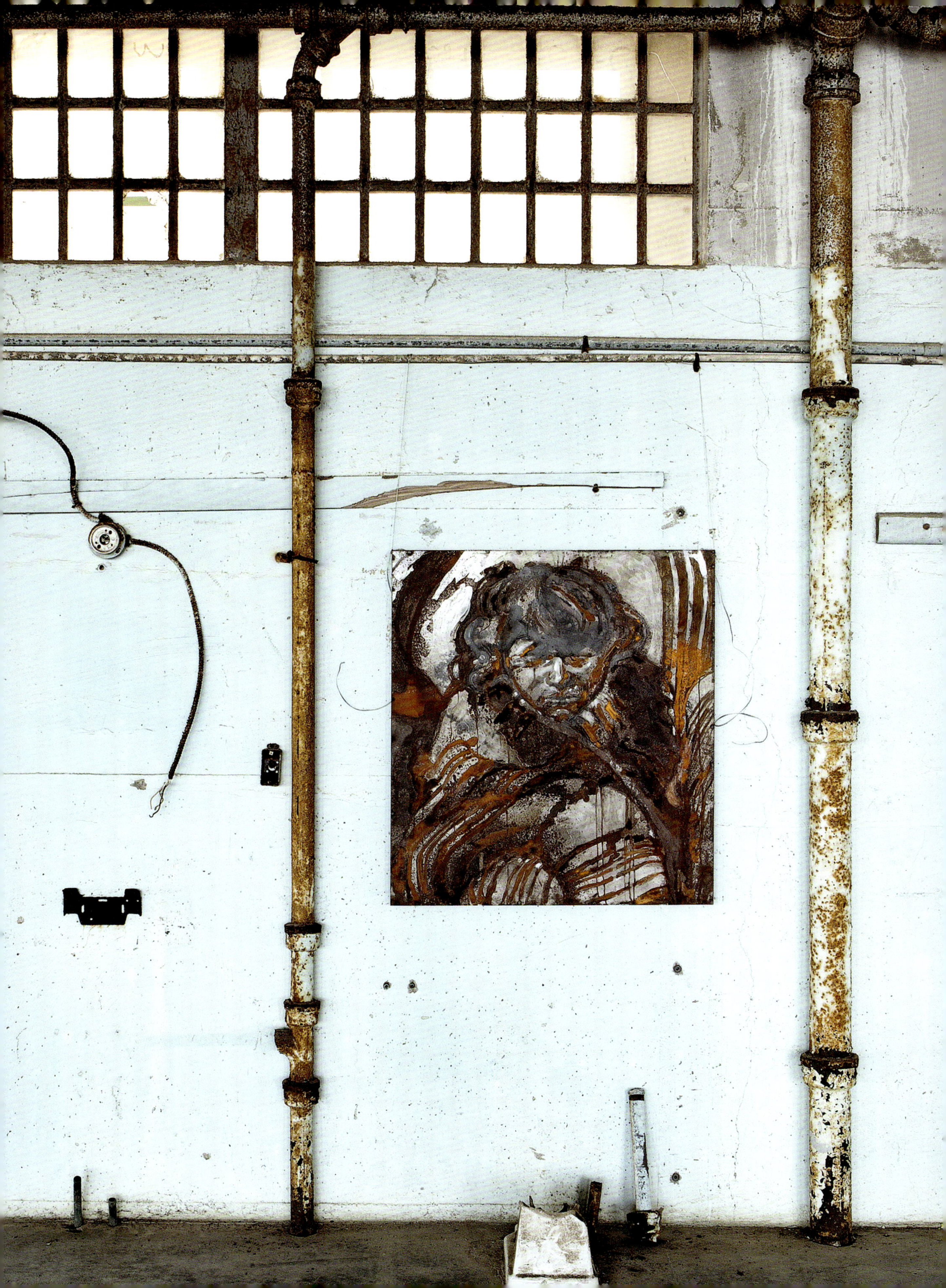

Intimations of Face and Place: Monica Lundy and the Artist as Historian

Richard Speer

Suggestioni di volti e luoghi: Monica Lundy e l’artista come storico

"I see everything—a person, a building, even an object—as a portrait."
—Monica Lundy in conversation with the author, May 2021

An anthropologist sifting through relics, searching for clues about people's lives; a painter with a virtuoso's technique and a gift for finessing unconventional materials—Italian-American artist Monica Lundy unites these distinct roles in achingly lyrical portraits of places, faces, and the narratives that bind them. In her visually sumptuous, conceptually nuanced paintings, prints, and site-specific installations, she peels back the decades and centuries, resurrecting forgotten lives and subcultures, allowing once-silenced voices to speak, that we in the present might listen and learn. She deploys the historian's methods (painstaking research, documentation, site visits, interviews with scholars) and prodigious intellectual curiosity to illuminate the plights of outliers and victims of systemic persecution, especially women. "I'm interested in people on the outer fringes of society, the underdogs rather than the people in power," she notes. "Why are some people considered outcasts? Why are they put in hospitals or prisons, and how does that change as a society evolves?" Lundy turns these ideas into riveting

"Vedo qualsiasi cosa – una persona, un edificio, persino un oggetto – come un ritratto."
—Monica Lundy in conversazione con l'autore, maggio 2021

Un'antropologa che fruga tra le reliquie alla ricerca di indizi sulla vita delle persone, una pittrice con una tecnica magistrale e un talento per la lavorazione di materiali non convenzionali: l'artista italo-americana Monica Lundy combina queste diverse anime in ritratti struggenti e poetici di luoghi e di volti, e nelle narrazioni che li legano. Nei suoi dipinti, nelle sue stampe e nelle sue installazioni *site-specific*, tutti di forte impatto visivo e ricchi di molteplici sfumature concettuali, l'artista ripercorre secoli e decenni, resuscitando esistenze e sottoculture dimenticate e dando voce a persone un tempo costrette al silenzio, da cui oggi potremmo imparare molto. Coniugando il metodo della ricerca storica (indagini minuziose, documentazione, visite in loco, colloqui con gli esperti) con la propria prodigiosa curiosità intellettuale, Lundy mette in luce i problemi degli outsider e delle vittime di persecuzione sistematica, in particolare le donne. "Mi interessano gli individui ai margini della società, gli esclusi, piuttosto che i potenti" dichiara. "Perché alcune persone sono considerate emarginate? Perché vengono rinchiuse negli ospedali o

aesthetic exposés through a melding of fine-grained detail and a broadly neo-Expressionist sensibility, a bracing integration that imbues her work with a stylistic fingerprint at once delicate and bold.

That this artist has become a raconteur, as it were, commemorating diverse locales and sociocultural paradigms would seem inevitable, given her peripatetic biography. Born in Portland, Oregon, USA, in 1974, she spent her childhood in the Pacific Northwest until her family moved to Al Khobar, Saudi Arabia, in 1982, when she was eight. Her father, Theodore Lundy, taught architecture at King Faisal University in nearby Dammam. To be transplanted at such a formative age into an authoritarian, patriarchal culture was highly traumatic. She was subject to aggressive harassment and strangers entreating her parents for her hand in marriage. At one point, diagnosed with juvenile diabetes, she spent weeks in a hospital, which was a nightmarish, prison-like environment. Her elementary school took her class on a field trip to an actual prison—a memory she repressed until an erstwhile teacher later reminded her. Notably, institutionalization, male chauvinism, and the strength and suffering of women would eventually become leitmotifs of her artistic projects, which have a strong feminist bent. It was also in Saudi Arabia that she was surrounded by traditional dwellings made of mud plaster—the Arabian version of adobe architecture found in the American Southwest. She speculates that encountering the gritty organicism of mud-based architecture inculcated in her an awareness of the phenomenon of tactility itself, which also became a cornerstone of her aesthetic.

In 1988, the family moved back to the United States, but Lundy's travels continued. She lived variously in Oregon and California, with frequent sojourns to Italy, homeland of her mother, the painter and sculptor Maura Di Bartolo. Di Bartolo, born to a northern Italian mother and a Sicilian father, was raised in Gorizia and moved to the United States in 1968. Lundy was not yet ten the first time she set foot on her ancestral soil, but even then it felt like a homecoming. She got along famously

---

nelle prigioni? Come tutto ciò è destinato a cambiare con l'evolversi della società?" Lundy trasforma queste idee in opere d'arte coinvolgenti e affascinanti, combinando un'attenzione finissima per il dettaglio con una sensibilità fortemente neo-espressionista: connubio stimolante, che conferisce alle sue opere un'impronta stilistica al contempo delicata e audace.

Che questa artista fosse destinata a diventare una narratrice, rievocando luoghi e paradigmi culturali diversi, appare evidente dalla sua biografia, tutt'altro che sedentaria. Nata a Portland, Oregon, nel 1974, ha trascorso l'infanzia nel nord-ovest Pacifico fino al trasferimento della sua famiglia ad Al Khobar, in Arabia Saudita, nel 1982, quando aveva otto anni. Suo padre, Theodore Lundy, era docente di architettura alla King Faisal University nella vicina Dammam. Trovarsi a dover vivere un'età così formativa in una cultura autoritaria e patriarcale fu un'esperienza traumatica. Monica era vittima di molestie aggressive e di sconosciuti che imploravano i suoi genitori di concedere loro la sua mano. Quando poi le fu diagnosticato il diabete giovanile, trascorse interminabili settimane in un ospedale da incubo, una specie di carcere. In una gita scolastica visitò una vera prigione, ma ne rimosse il ricordo finché un ex insegnante non glielo riportò alla mente tempo dopo. L'istituzionalizzazione, lo sciovinismo maschile, la forza e la sofferenza delle donne sarebbero in seguito diventati i leitmotiv dei suoi progetti artistici, caratterizzati da una forte inclinazione femminista. Al soggiorno in Arabia Saudita risale anche l'incontro con le abitazioni tradizionali realizzate con intonaco di fango, la versione araba dell'architettura adobe tipica del sud-ovest americano. L'artista ipotizza che l'organicismo grezzo di quelle costruzioni abbia instillato in lei la consapevolezza della tattilità stessa, altro elemento chiave della sua estetica.

Nel 1988 la famiglia tornò negli Stati Uniti, ma i viaggi di Monica Lundy continuarono. Viveva spostandosi tra l'Oregon e la California e visitava spesso l'Italia, patria di sua madre, la pittrice e scultrice Maura Di Bartolo.

with her Italian cousins, especially second cousin Giovanna Felluga, who would grow up to become an intern for art dealer Leo Castelli and a curator in her own right. For Lundy, a dual citizen, returning to Italy became a kind of ritual. In 2001 she lived in Florence, then in 2017 in Rome as a visiting artist and scholar at the American Academy in Rome. Two years later she made Rome her primary base of operations. These days she divides her time between a light-filled main studio there, a warehouse-like summer studio outside Pordenone in the Italian north, and a studio on her family's avocado farm overlooking the Pacific Ocean in the Los Padres National Forest in Montecito, California. Her bi-cultural heritage and far-flung travels have sensitized her to the nuances of disparate cultures and honed her ear for subject matter at once milieu-specific and universal. Living in the Eternal City, surrounded by millennia of architecture and art, she is ideally positioned as an artist-cum-historian.

While Lundy from the start was one of those "children of God" born with a gift for figuration, what she did with that gift followed its own trajectory. Painting was her natural forte, but when in the early 1990s she entered the School of the Art Institute of Chicago, she found herself uncompelled by the painting program and changed her major to sculpture. She loved moving materials around with her hands, the ritual of working with heat and fire in the foundry (she studied with Preston Jackson), and gaining a visceral understanding of volume and form, a knowledge base with direct implications to figurative painting. After graduating with her sculpture degree in 1996, she returned to her first love, painting, though her works never lost their sculptural qualities. Recommitting to her native pictorial language did not mean coasting on innate talent. In graduate school at Mills College, where she earned her M.F.A. in 2010, her teachers drilled it into her: "Destroy the image," muck it up, don't revert to auto-pilot and let the execution get too beautiful just because you can; no, instead, undermine easy beauty, pull the rug out, throw cogs of grit and messiness into wheels where smoothness and suavity

Nata da madre originaria dell'Italia settentrionale e padre siciliano, Maura crebbe a Gorizia e si trasferì negli Stati Uniti nel 1968. Monica non aveva neanche dieci anni la prima volta che mise piede nel Paese dove affondavano le sue radici, ma già allora le sembrò di tornare a casa. Andava molto d'accordo con i suoi cugini italiani, specialmente con la cugina di secondo grado Giovanna Felluga, che sarebbe poi diventata stagista del mercante d'arte Leo Castelli e in seguito curatrice a tutti gli effetti. Per Monica, con la sua doppia cittadinanza, tornare in Italia è diventato una sorta di rituale. Nel 2001 ha vissuto a Firenze, e nel 2017 a Roma come *visiting artist* all'American Academy in Rome. Due anni dopo ha scelto Roma come sua principale base operativa. Oggi si divide tra un luminosissimo studio nella Città Eterna, un atelier estivo simile a un magazzino poco distante da Pordenone e uno studio con vista sull'Oceano Pacifico nell'azienda agricola di famiglia, che produce avocado, nella foresta nazionale di Los Padres a Montecito, in California. L'appartenenza a due culture e i lunghi viaggi l'hanno resa sensibile alle sfumature culturali e capace di cogliere aspetti tipici di un particolare contesto e al contempo universali. Vivendo a Roma, circondata da millenni di architettura e arte, si trova in una posizione ideale come artista e come storica.

Monica Lundy ha il dono di un talento artistico innato, che ha sfruttato per seguire una traiettoria del tutto personale. La pittura è sempre stata la sua vocazione naturale, ma quando all'inizio degli anni novanta entrò alla School of the Art Institute of Chicago si sentì poco stimolata dal programma di pittura e cambiò la sua specializzazione, dedicandosi alla scultura. Adorava manipolare i materiali e il rituale di lavorare con il calore e il fuoco della forgia (studiava con Preston Jackson); acquisire una comprensione organica del volume e della forma si è rivelato una base di conoscenza estremamente utile per la pittura figurativa. Dopo la laurea in scultura nel 1996, tornò al suo primo amore, la pittura, anche se le sue opere non hanno mai perso le loro caratteristiche plastiche. Riappropriarsi del suo linguaggio nativo non

might otherwise settle. She did this in a very literal way in terracotta installations she began creating during this period. Troweling the material directly onto the wall, working quickly and intuitively to accommodate quick drying times, she was aware of the works' strong temporal component, as chunks of terracotta fell unceremoniously to the floor during the exhibition's run, collecting in piles, apropos to themes of impermanence and decay. One of her toughest, most formidable professors at Mills, Anna Murch (who taught sculpture), praised the invention with which she pivoted from sculpture to painting and back again.

There were additional ways to destroy the image. She over-diluted her gouache, which made the paint hard to control and encouraged it to migrate unpredictably, peskily. She threw in other wild cards, augmenting traditional paints with nontraditional media like coffee grounds and tea leaves, pulverized charcoal, gold and silver leaf, rusted steel, graphite shavings, mica flakes, and acrylic gel. Later, invited to create prints at Stoney Road Press (Dublin, Ireland), she made liberal use of carborundum (silicon carbide grit mixed with gel or glue) in thick viscosities comparable to peanut butter, which imparted rough, gloppy surfaces similar to those she achieves in her paintings. Sometimes she burned parts of works on paper, leaving singed, oxidized passages behind. These pieces are beautiful, but their beauty flows in part from damage, desecration, conflagration. It is a bittersweet beauty, hard-earned, like that of a human soul scarred by tragedy, yet resilient. In 2011 she selectively began painting with liquid porcelain, which dries hard and can be sculpted afterwards with chisels, scrapers, and hack saws. Porcelain affords an immediacy reminiscent of her terracotta work but with the permanence of a medium that does not flake off the picture plane. In these striking pieces, surfaces well, crest, and trough like waves frozen in motion. The material's marble-like luster and crackled textures also lend a striking architectonicism, well suited to her studies of historic buildings such as the Santa Maria della Pietà insane asylum in Rome.

---

significava tuttavia adagiarsi sul talento naturale. Durante gli anni di specializzazione al Mills College, dove ha conseguito il Master of Fine Arts nel 2010, gli insegnanti le ripetevano: "distruggi l'immagine", sconvolgila, non affidarti al pilota automatico creando qualcosa di bello solo perché ne hai le capacità; no, scardina la bellezza facile, falla crollare, metti in moto ingranaggi di grinta e disordine laddove rischierebbero di regnare il garbo e la regolarità. Monica seguì questo consiglio alla lettera con le installazioni in terracotta che iniziò a creare durante quel periodo. Stendendo il materiale direttamente sul muro, lavorando in modo veloce e intuitivo per adattarsi ai rapidi tempi di asciugatura, era consapevole della forte componente temporale di quelle opere: nel corso delle mostre, pezzi di terracotta cadevano bruscamente a terra dove formavano dei mucchi, contribuendo a esprimere un'idea di provvisorietà e decadenza. Anna Murch (insegnante di scultura), tra i suoi professori più duri e temuti al Mills College, lodò l'intuizione di passare dalla scultura alla pittura e viceversa.

Monica trovava sempre nuovi modi per distruggere l'immagine. Diluiva troppo la tempera, rendendo la pittura difficile da controllare e incline a muoversi in modo imprevedibile e molesto. Sperimentava altre incognite, arricchendo le vernici tradizionali con materiali non convenzionali come fondi di caffè e foglie di tè, carbone polverizzato, foglie d'oro e d'argento, acciaio arrugginito, trucioli di grafite, scaglie di mica e gel acrilico. In seguito, invitata a produrre stampe presso la Stoney Road Press a Dublino, ha fatto largo uso di carborundum (graniglia di carburo di silicio mescolata con gel o colla) per ottenere una consistenza viscosa paragonabile al burro di arachidi, con cui ha creato superfici ruvide e grumose simili a quelle che realizza nei dipinti. A volte dava fuoco a parti di opere su carta, lasciando segmenti bruciacchiati e ossidati. Questi lavori sono meravigliosi, e la loro bellezza deriva in parte dal danno, dalla profanazione del fuoco. È una bellezza dolce-amara, conquistata a fatica, come quella di un'anima segnata dalla tragedia e tuttavia

Although she has increasingly folded architecture into her syntax, Lundy's iconic portraits remain the genre in which she is best known and which formed the core of her output between 2010 and 2020. (Even an unpeopled nature study—a landscape painting she executed while in residency at Montalvo Arts Center, Saratoga, California, in 2015—was seen through the prism of portraiture; she titled the piece *Portrait of an Oak Tree*.) The source images for the portraits are generally photographs and documents unearthed during research. She may pore over thousands of photographs before finding the one arresting visage that stops her cold and practically demands incorporation into a painting. If her natural gift for figuration and early traumatization in Saudi Arabia had not already set her on a course toward portraiture as a conduit toward cultural storytelling, her fate was sealed at Mills, when she began studying with the acclaimed artist Hung Liu (1948–2021). Liu, who became a mentor and close friend, had forged an important career at the intersection of activism and portraiture, deploying the resonant image to explore personal, political, and ethnocultural identity. Under Liu's tutelage, Lundy arrived at her own mature style, in which technique and materials serve the ideas generated by her research. "I have a mental image," she reflects, "of a network of threads covered in dirt. You pick up the thread, and you don't know where it's going to arrive. You keep pulling it up and pulling it up. That's how my research has been. I'm not directing it, I'm waiting for it to pull me along. It leads to stories that are not common knowledge, where the evidence is mostly gone or buried in the archives. There's part of my brain that gets charged through that. It almost feels like a drug."

Whether in her harrowing duo of installations exhibited on Alcatraz Island and inside the notorious Alcatraz Federal Penitentiary (2011) (pp. 50–53, 70–71); her deeply affecting portraits (based on mug shots) of sex workers arrested and charged by the San Francisco Police Department (2013) (pp. 74–83) and her related exploration of the Barbary Coast demimonde (2014) (pp. 46–47); her thought-provoking and deeply

resiliente. Nel 2011 Monica Lundy ha iniziato a dipingere selettivamente con la porcellana liquida, che si solidifica asciugandosi e può quindi essere modellata con scalpelli e raschietti. La porcellana consente una immediatezza esecutiva che richiama le sue opere in terracotta, offrendo però la persistenza di un materiale che non si sfalda sulla superficie dell'immagine. In questi lavori sorprendenti le superfici sgorgano, si impennano e si affossano come onde congelatesi all'improvviso. La lucentezza marmorea del materiale e la sua consistenza increspata conferiscono alle opere anche una sorprendente componente architettonica, che ben si adatta agli studi dell'artista su edifici storici come l'ospedale psichiatrico Santa Maria della Pietà a Roma.

Sebbene abbia incorporato sempre più spesso l'architettura nella propria sintassi, i suoi ritratti iconici rimangono il genere per cui Monica Lundy è più conosciuta, costituendo il fulcro della sua produzione tra il 2010 e il 2020. (Persino uno studio sulla natura incontaminata, il dipinto di un paesaggio realizzato durante una residenza al Montalvo Arts Center, Saratoga, California, nel 2015, è stato visto attraverso il prisma del ritratto: l'artista ha infatti intitolato l'opera *Portrait of an Oak Tree,* Ritratto di una quercia.) Di solito le immagini di partenza per i ritratti sono fotografie e documenti rinvenuti durante le sue ricerche. Capita che Lundy passi in rassegna migliaia di foto prima di trovare un viso che la colpisca e la spinga a immortalarlo in un dipinto. Il suo talento artistico naturale e il trauma giovanile in Arabia Saudita l'avevano già indirizzata verso la ritrattistica come canale per la narrazione culturale, ma il destino di Monica Lundy è stato ulteriormente segnato al Mills, quando ha cominciato a studiare con la celebre artista Hung Liu (1948-2021). Divenuta poi sua mentore e grande amica, Hung Liu aveva costruito la propria carriera al punto d'incontro fra attivismo e ritrattistica, usando immagini evocative per esplorare i concetti di identità personale, politica ed etnoculturale. Con la sua guida, Monica è riuscita a maturare il proprio stile, in cui la tecnica e i materiali sono al servizio delle idee

empathetic vignettes of Japanese-Americans displaced from San Francisco's Fillmore District and interned during World War II (2016) (p. 42); of women "treated" in asylums for spurious diagnoses during Italian fascist rule (2018); of life within the walls of the historic Santa Maria della Pietà insane asylum in Rome (2019) (pp. 94–98); or in myriad projects she has undertaken with gallerists and curators such as Nancy Toomey, Tonya Turner Carroll, Michael Carroll, Walter Maciel, and Giuliana Benassi, to name only a few—Lundy has maintained her laser focus on illuminating that which lies hidden. She is an archaeologist, a detective, an investigative reporter, perennially showing up, searching out, delving in with equal measures passion and tenacity. Her stories are not dry recitations of treaties and treatises, but stories with faces and beating hearts. She will never run out of subject matter, because the equation of human being plus locale plus situation is infinite.

This is an artist who does not make her points by assaulting the viewer. Even at its most political, her work is more the province of poetics than polemics. Her persuasiveness arrives via retinal seduction and the conjuring of a portal across time and space, connecting our present-day gazes with semblances staring out from worlds both vastly different from, and all too similar to, our own. By her exacting attention, which is a form of advocacy, she yields the floor to the silenced and the dead and invites them to hold forth. There is an extraordinary empowerment in this, even as full assuagement and reparation is never possible. They who were ignored, misunderstood, marginalized, made scapegoats, used as pawns, and outright quashed because their beliefs did not jibe with the establishment's, are at last acknowledged and validated. Monica Lundy is their chronicler, champion, and troubadour.

---

che sgorgano dalle sue ricerche. "Ho questa immagine mentale", riflette l'artista, "di una rete di fili coperti di terra. Se si prende un filo, non si sa dove arriverà. Si continua a tirare e tirare. È così che funzionano le mie ricerche. Non ho una direzione precisa, aspetto di essere trascinata. Arrivo a storie per lo più sconosciute, le cui testimonianze sono spesso scomparse o sepolte negli archivi. Una parte del mio cervello si attiva grazie a questo processo. È quasi una droga".

Che si tratti delle due strazianti installazioni esposte sull'isola di Alcatraz e all'interno del famigerato penitenziario federale (2011) (pp. 50-53, 70-71), dei toccanti ritratti (basati su foto segnaletiche) di *sex workers* arrestati dal dipartimento di polizia di San Francisco (2013) (pp. 74-83) con la relativa esplorazione del *demi-monde* della Barbary Coast (2014) (pp. 46–47), delle immagini profondamente empatiche di nippo-americani sfollati dal Fillmore District di San Francisco e internati durante la seconda guerra mondiale (2016) (p. 42), delle donne "curate" nei manicomi per diagnosi infondate durante il regime fascista in Italia (2018), della vita tra le mura dello storico ospedale psichiatrico Santa Maria della Pietà a Roma (2019) (pp. 94-98), o dei numerosissimi progetti che ha intrapreso con galleristi e curatori come Nancy Toomey, Tonya Turner Carroll, Michael Carroll, Walter Maciel e Giuliana Benassi, per citarne solo alcuni, Monica Lundy non è mai venuta meno alla missione di portare alla luce ciò che è nascosto. È un'archeologa, una detective, una reporter investigativa perennemente sul campo, intenta a cercare e scavare con passione e tenacia. Le sue storie non sono aride rappresentazioni di studi e trattati, ma hanno volti e cuori pulsanti. Non rimarrà mai a corto di soggetti, perché le combinazioni di esseri umani, luoghi e situazioni sono virtualmente infinite.

Monica Lundy non aggredisce lo spettatore per trasmettere i suoi messaggi. Anche nei lavori più connotati politicamente, la sua produzione è più poetica che polemica. La capacità di persuasione passa attraverso la seduzione visiva e la creazione

di una sorta di portale spazio-temporale che mette in comunicazione i nostri sguardi con figure che si stagliano su mondi molto diversi, ma in fondo fin troppo simili al nostro. Con la sua meticolosa attenzione, che è una forma di appoggio e sostegno, dà voce a chi è stato costretto al silenzio o non può più parlare. Per quanto una totale ammenda sia impossibile, questa nuova visibilità ha un'importanza enorme: coloro che sono stati ignorati, fraintesi, emarginati, resi capri espiatori, usati come pedine, o completamente annientati perché le loro convinzioni non coincidevano con quelle dell'*establishment*, vengono finalmente riconosciuti e legittimati. Monica Lundy è la loro cronista, paladina, narratrice.

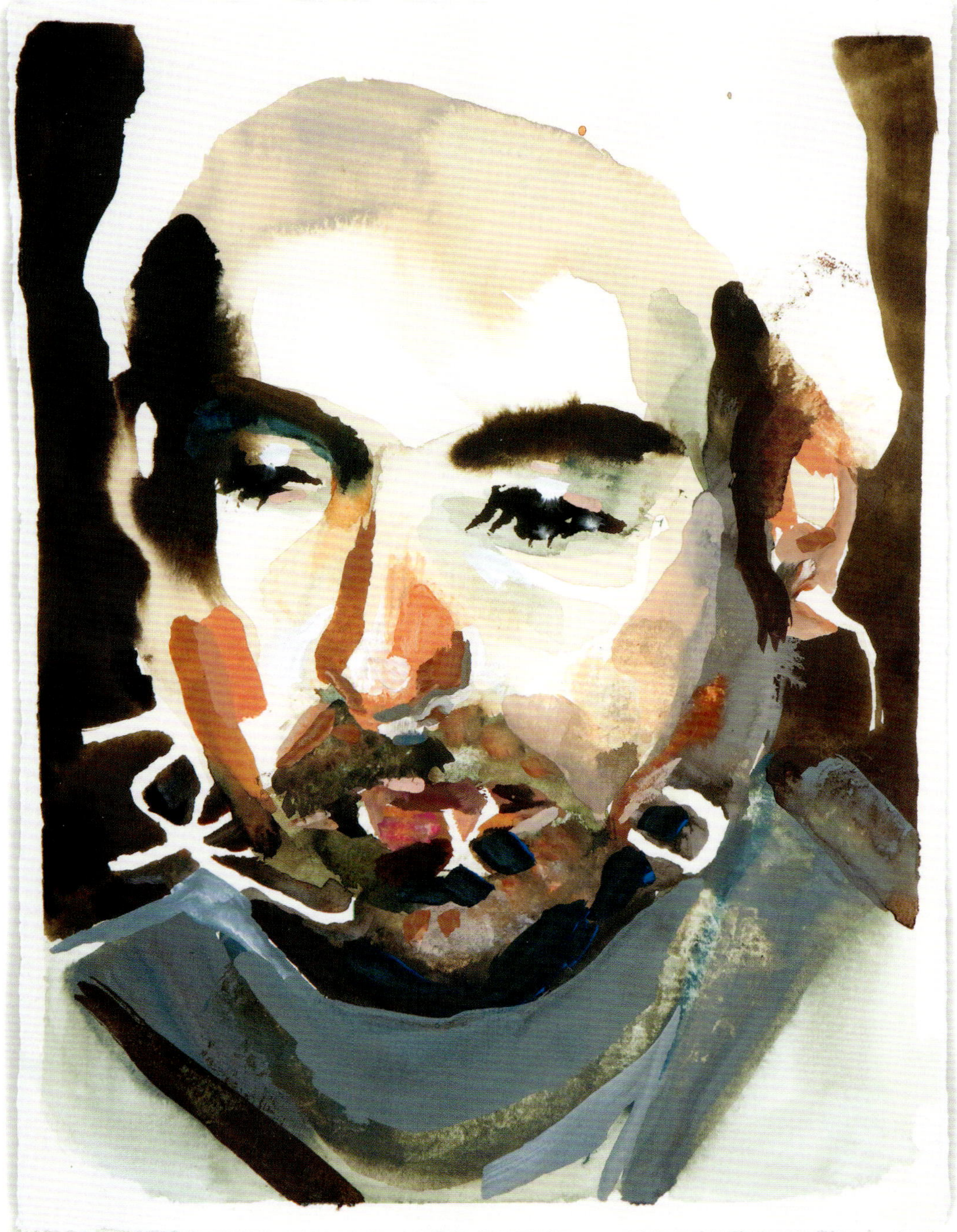

Guantanamo Bay Detainee
2009

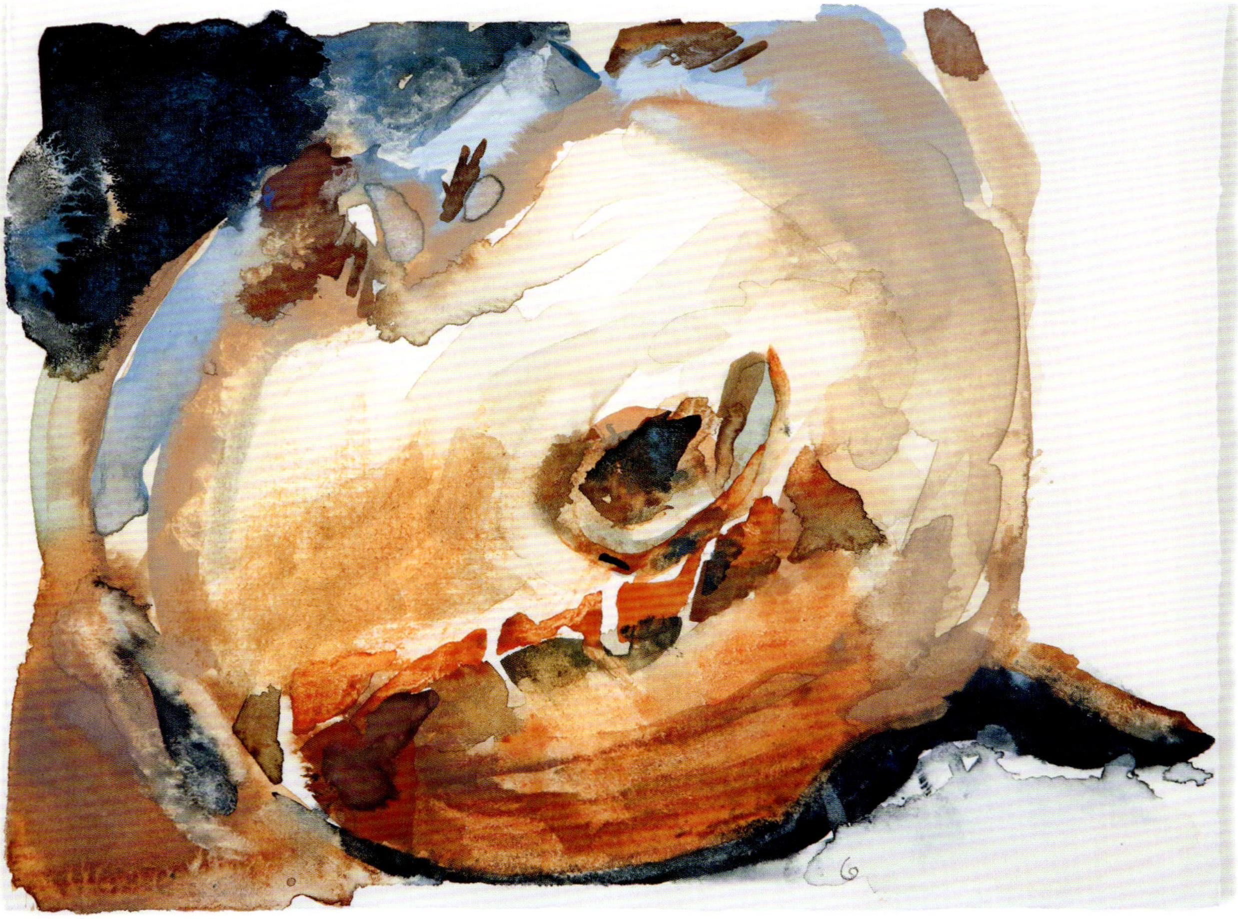

Guantanamo Bay Detainee II
2009

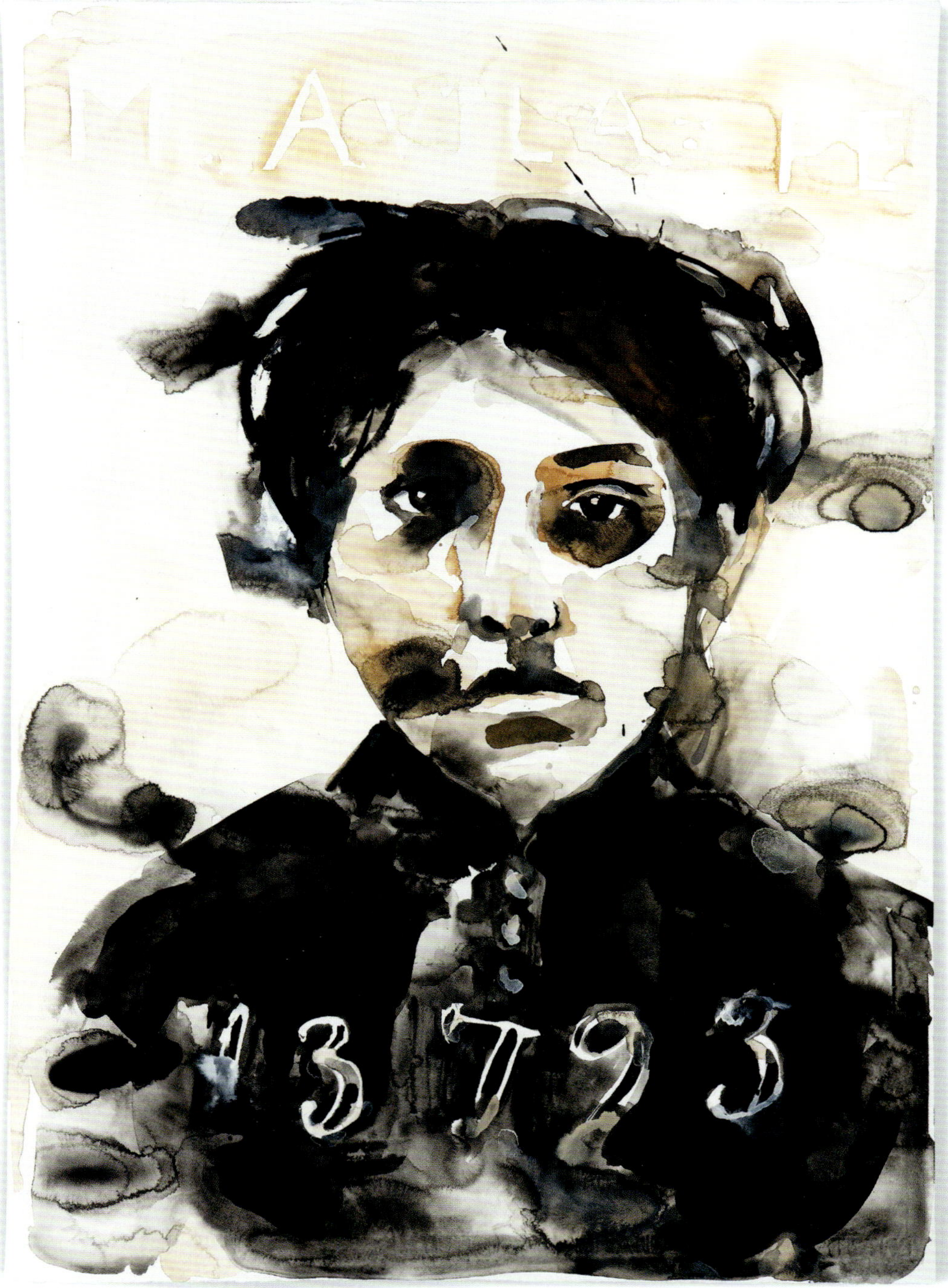

13793
2010

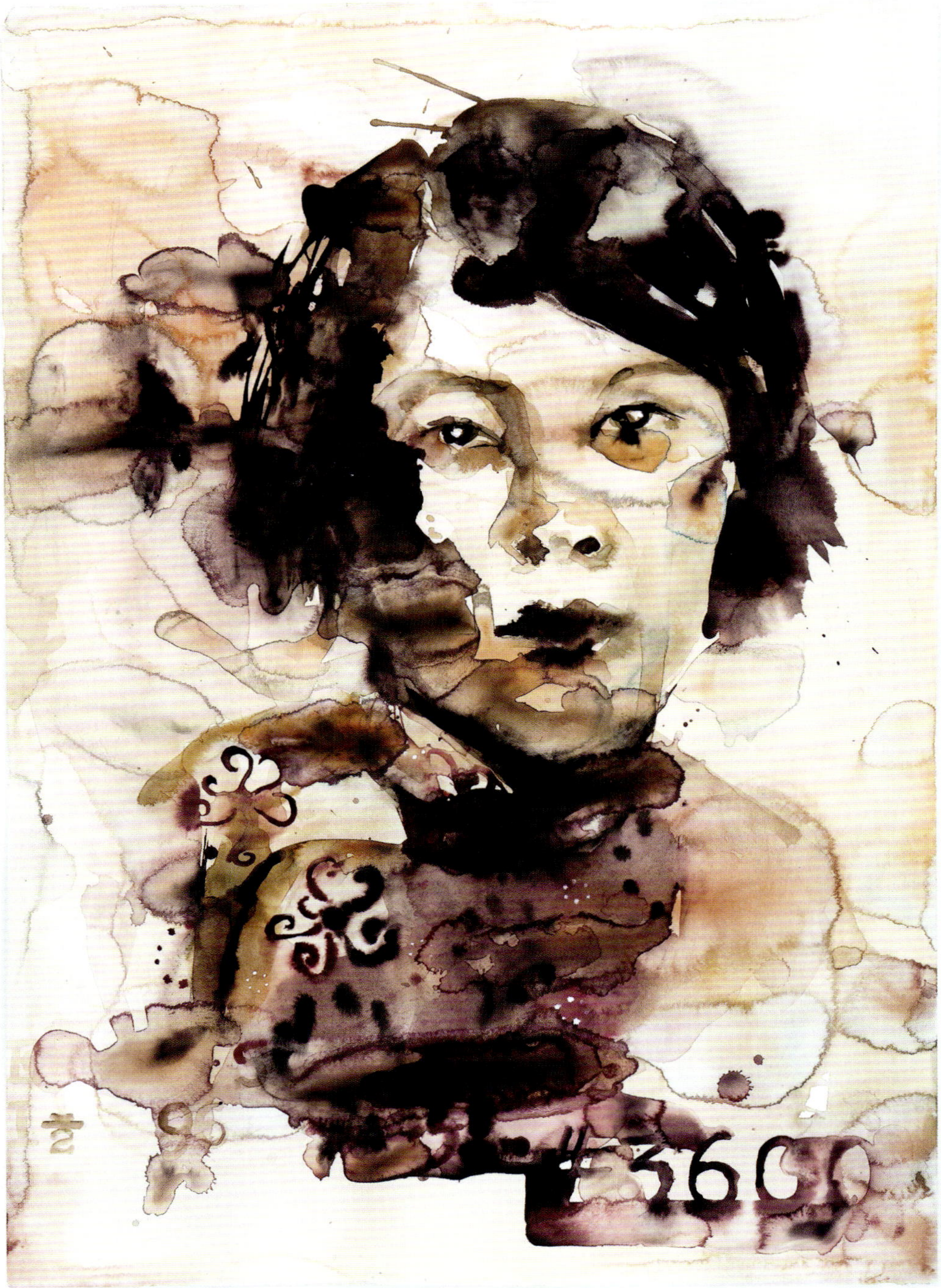

3600
2009

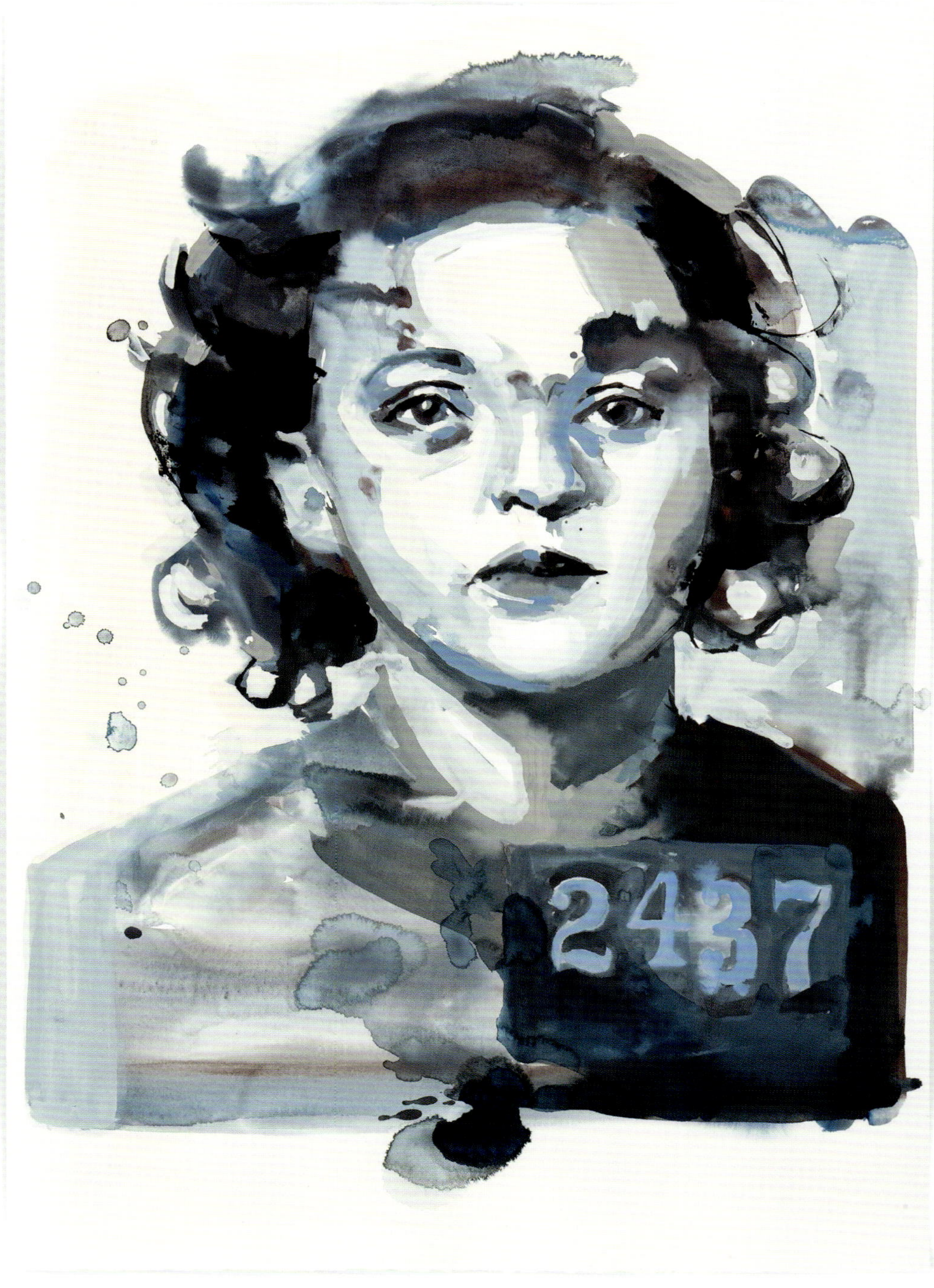

2437
2010

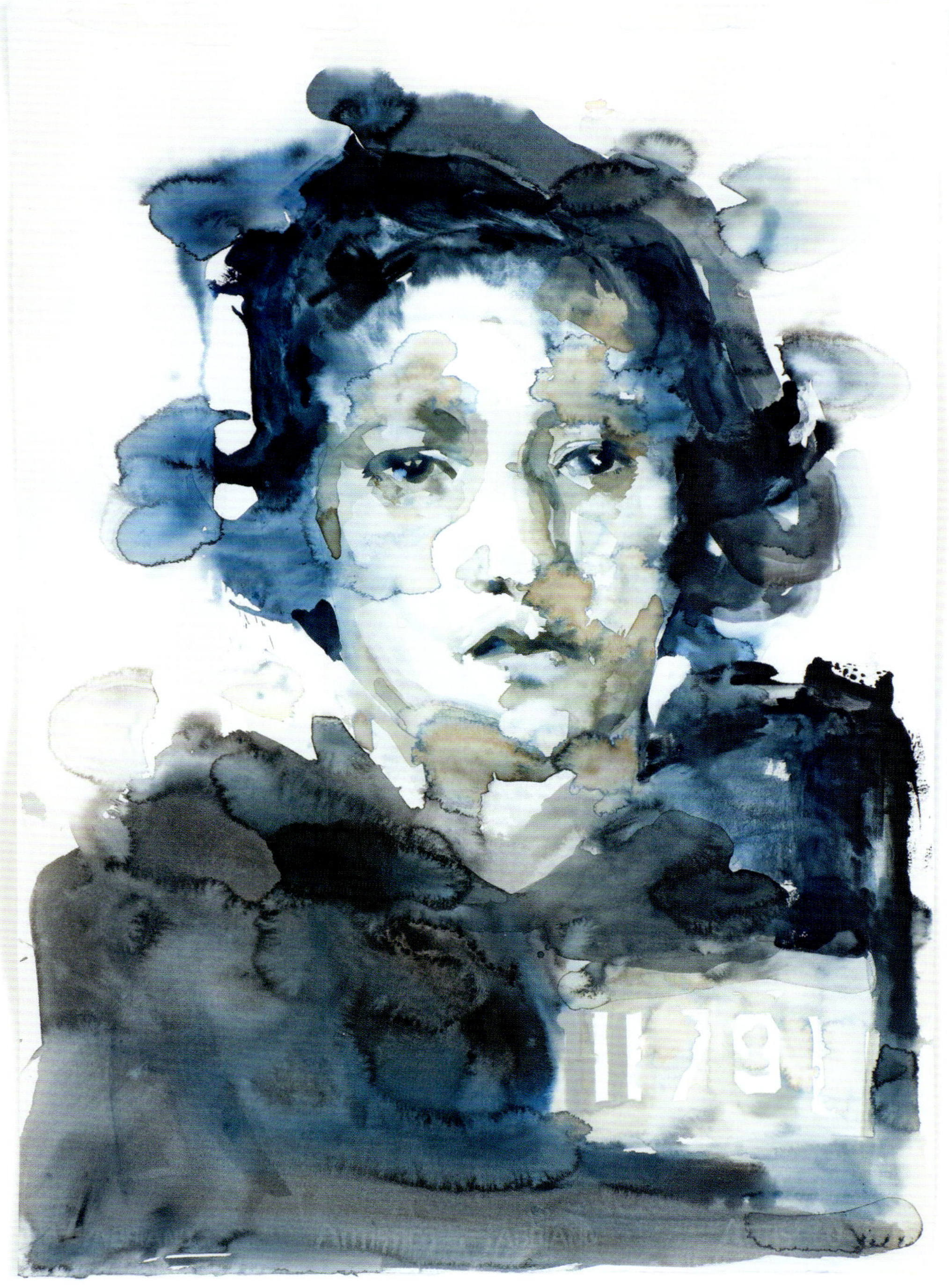

11791
2009

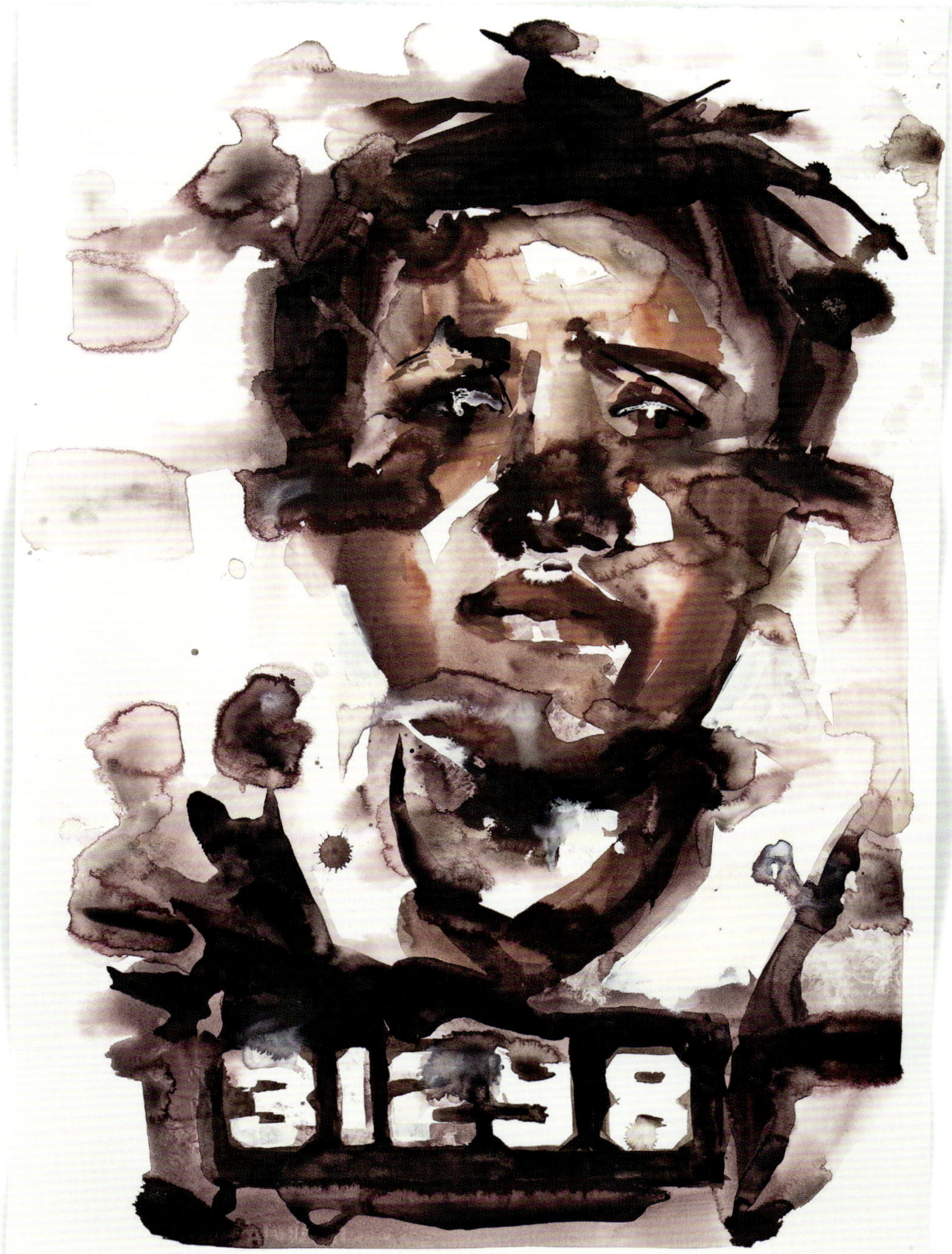

31298
2010

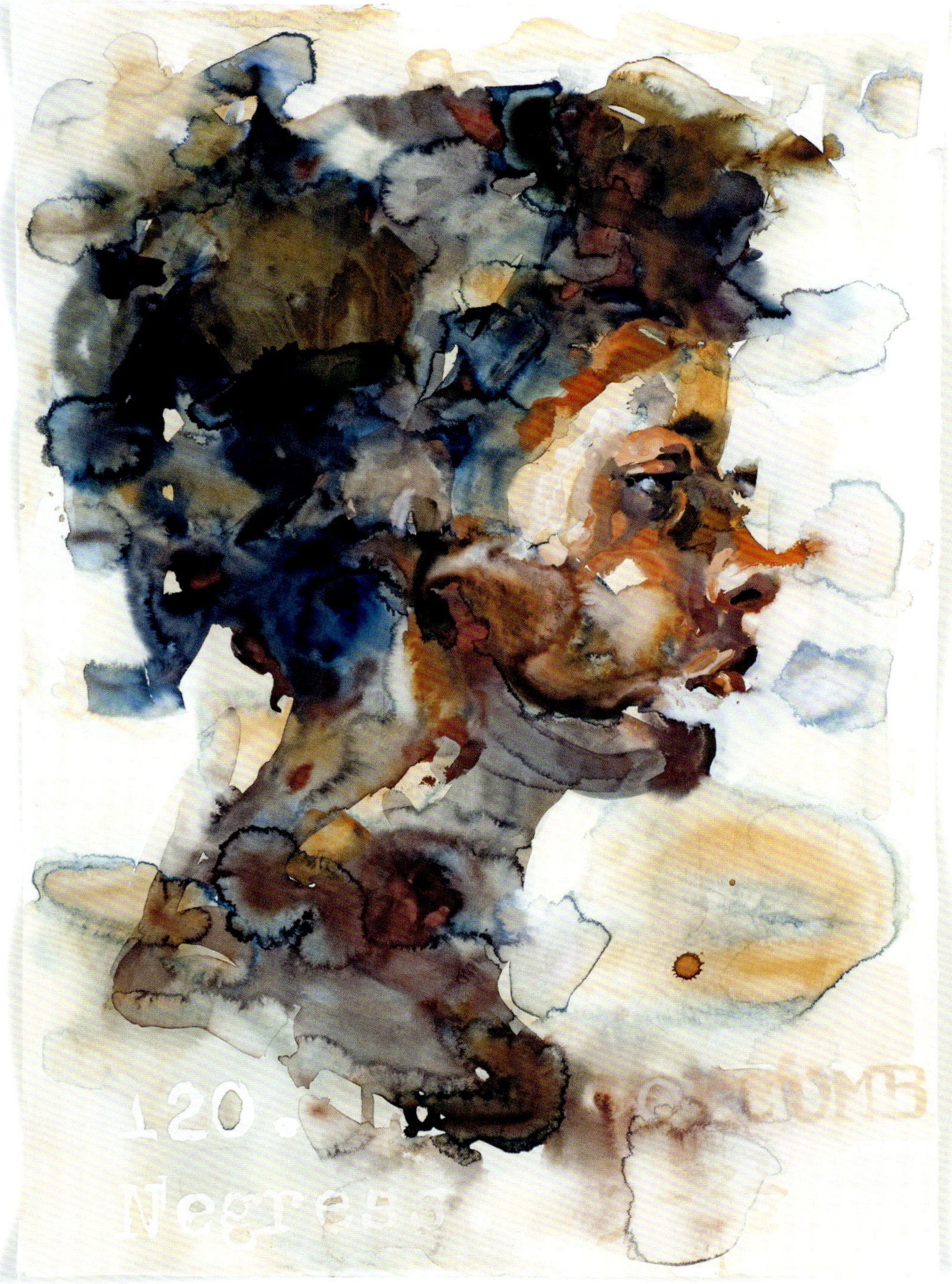

120
2010

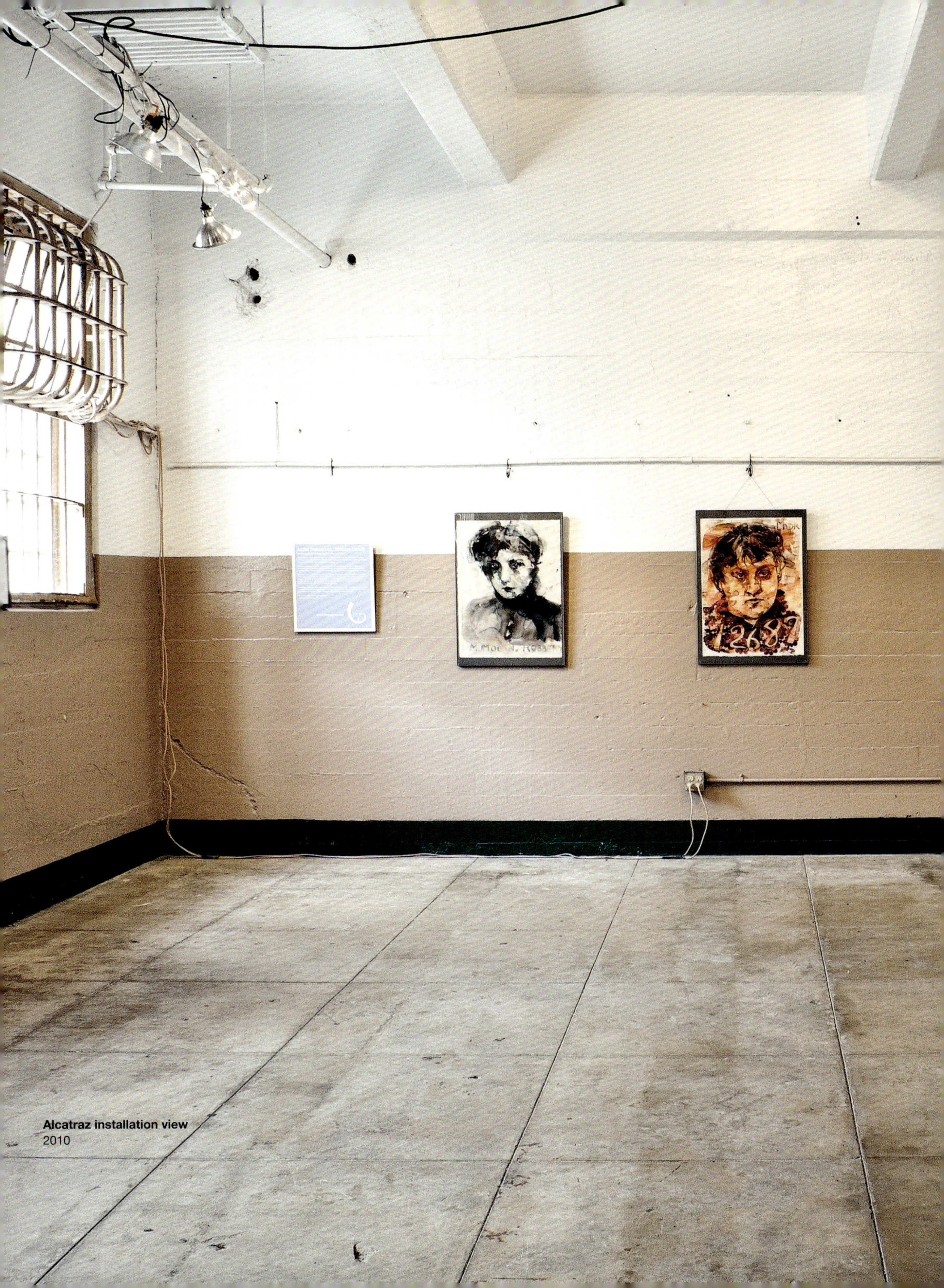

Alcatraz installation view
2010

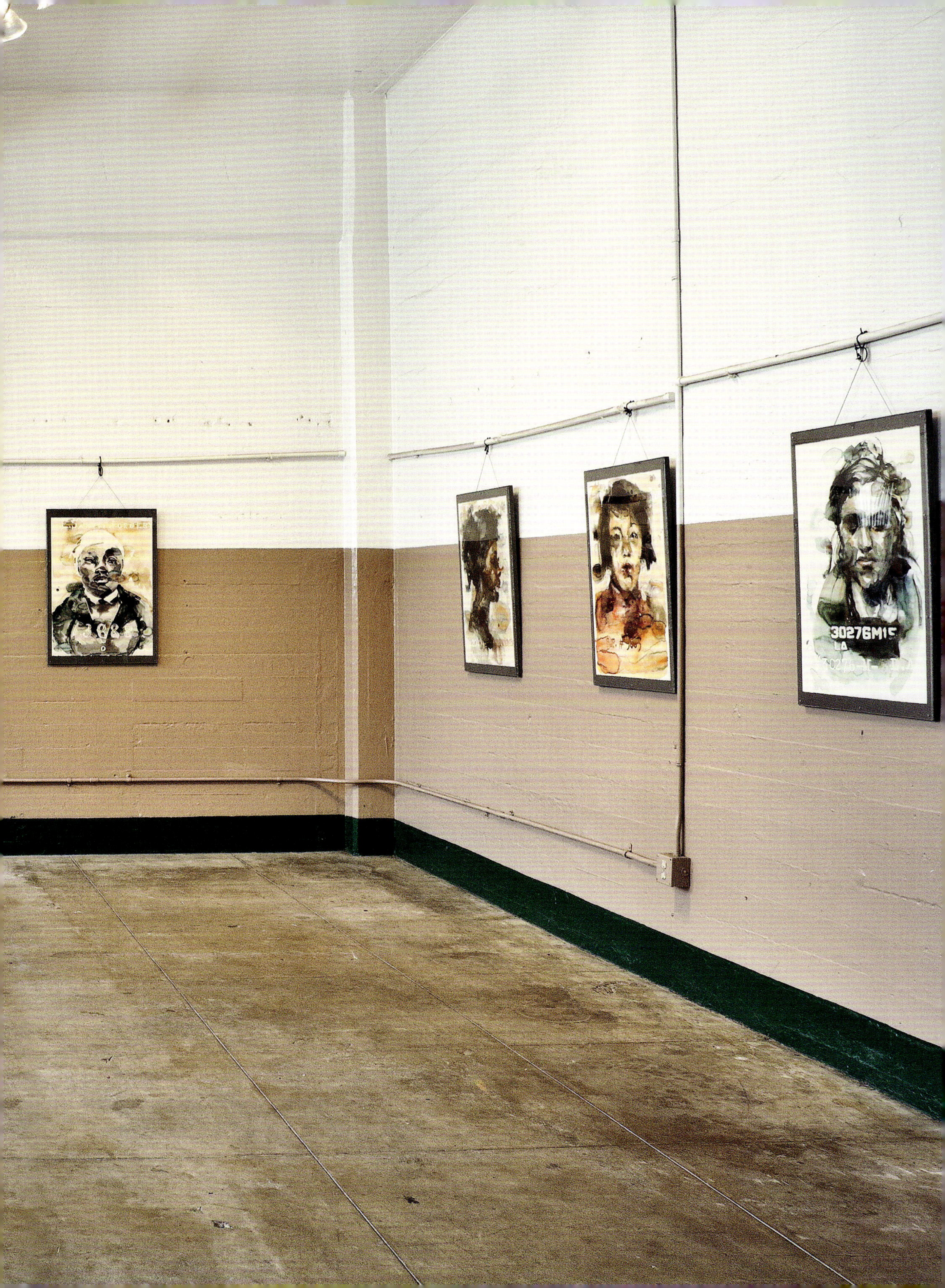
30276M15
LA

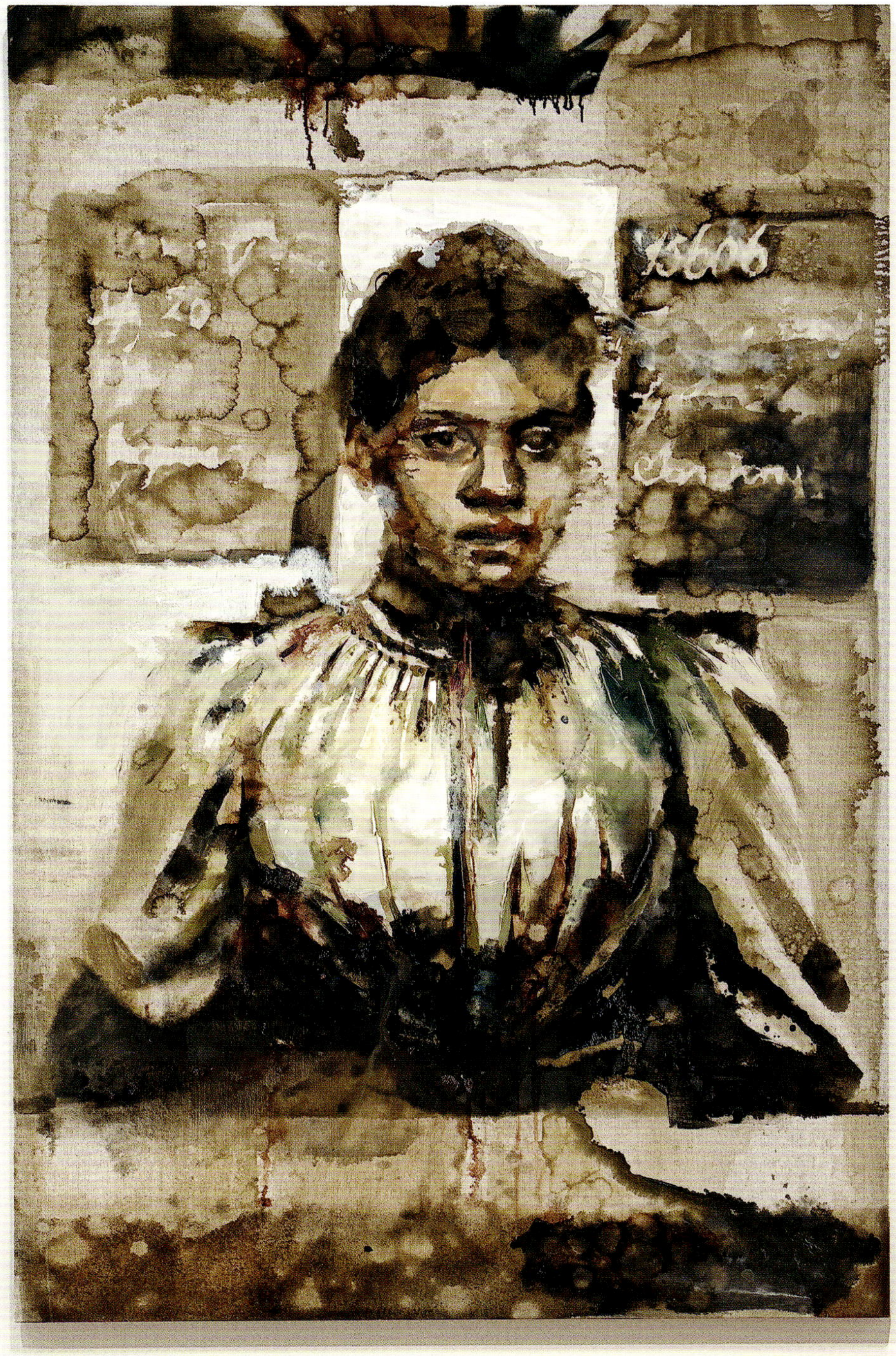

Women of San Quentin
2010

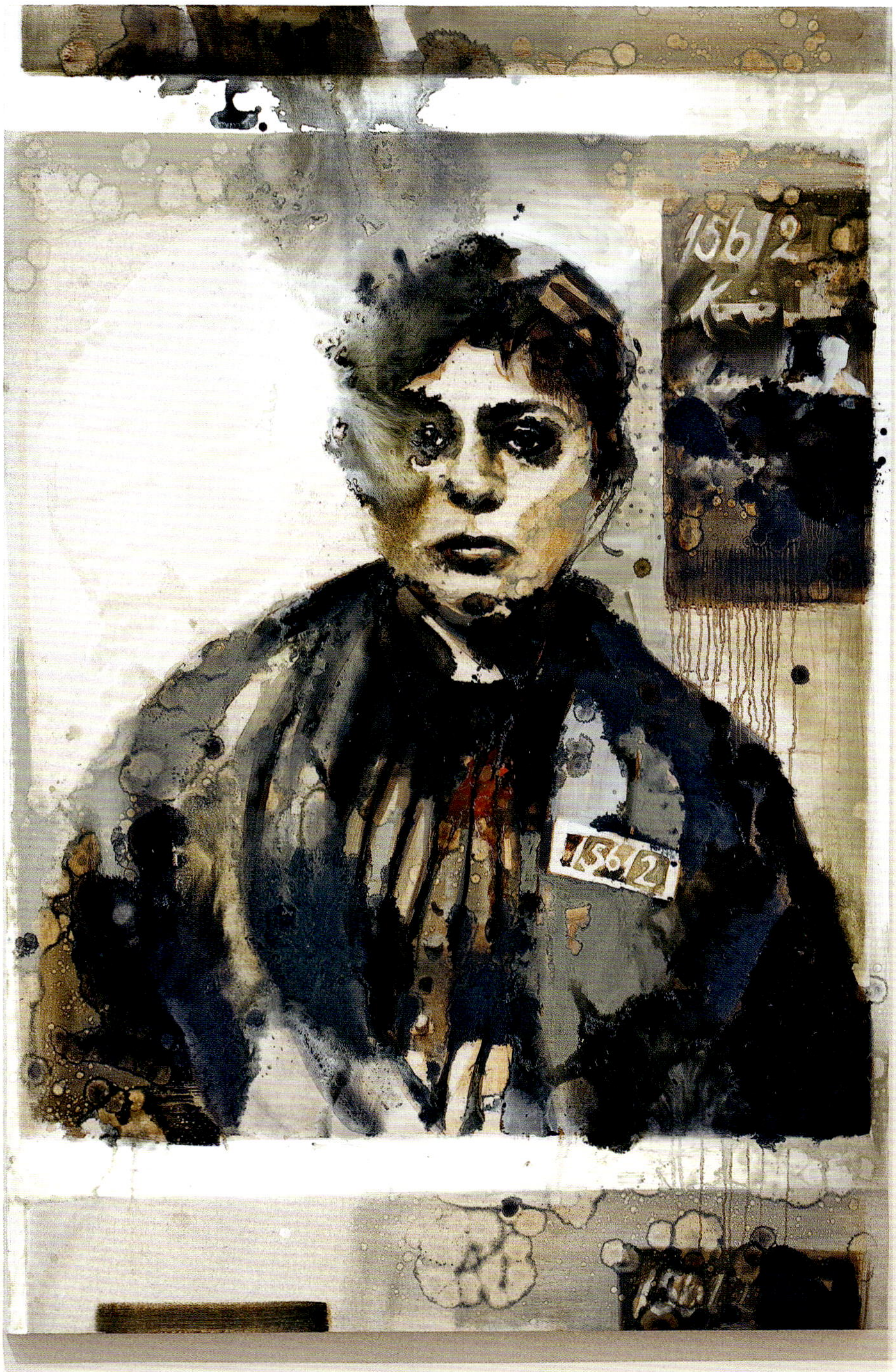
15612
15612

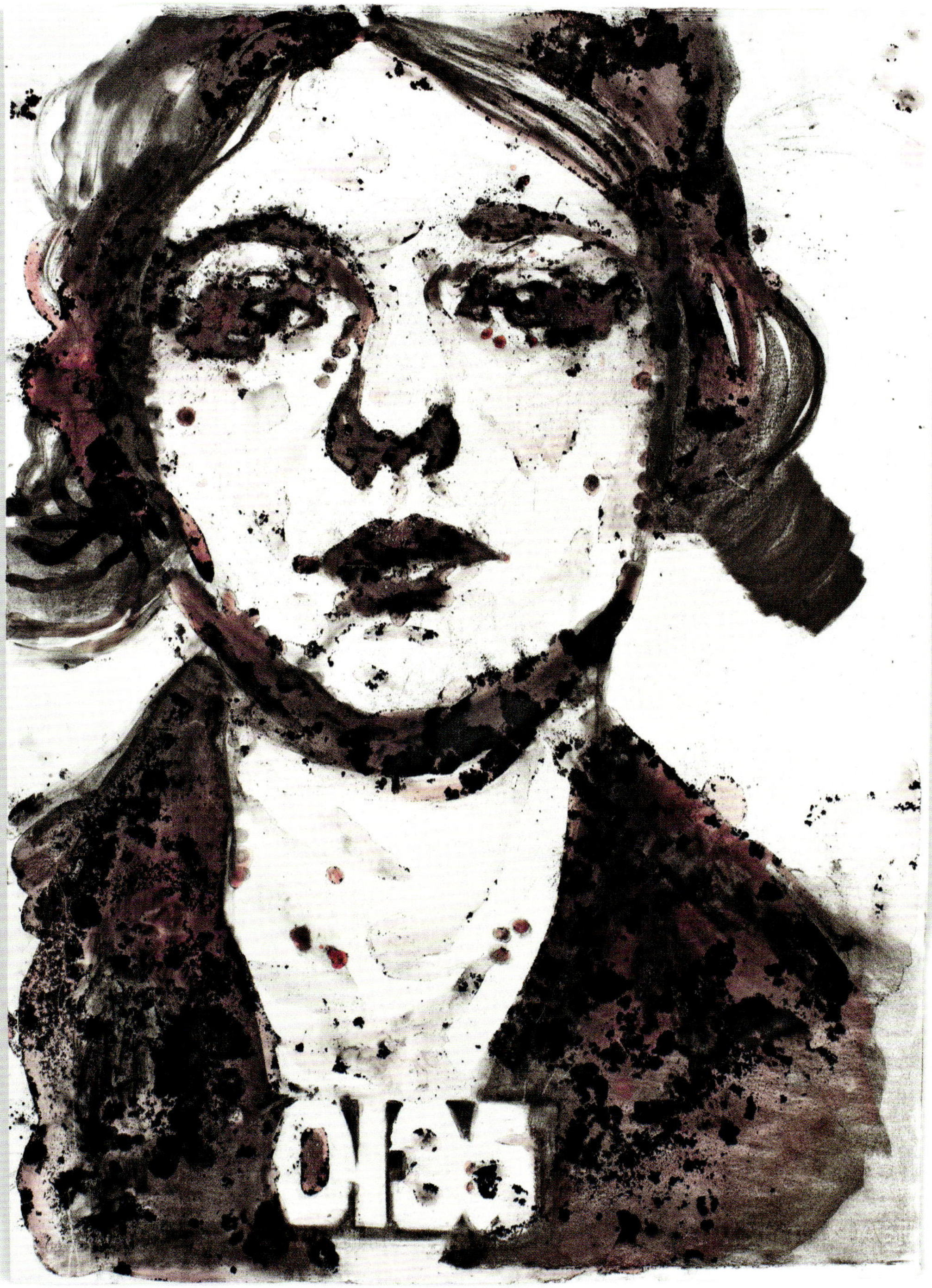

0135
2013

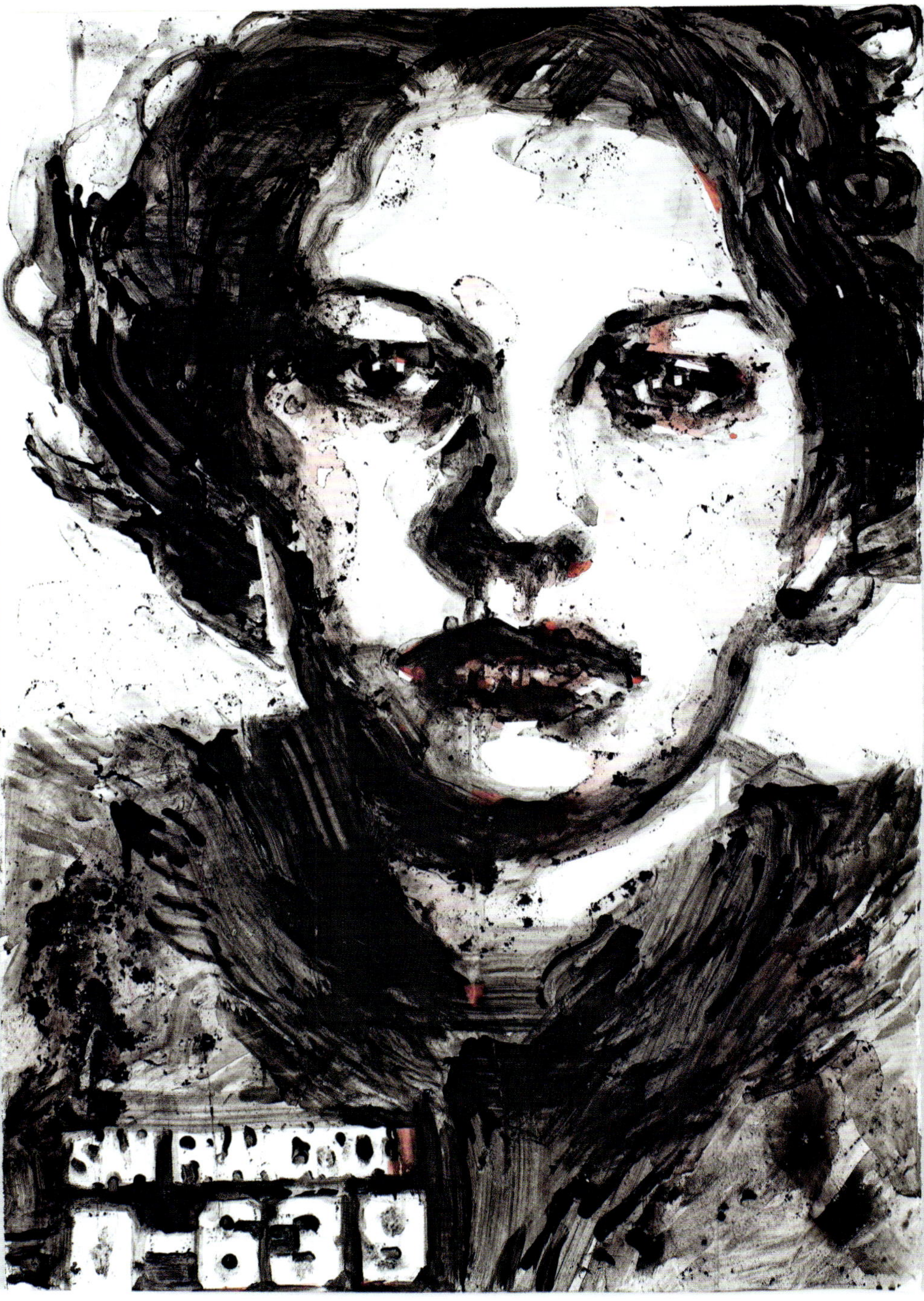

0-639
2013

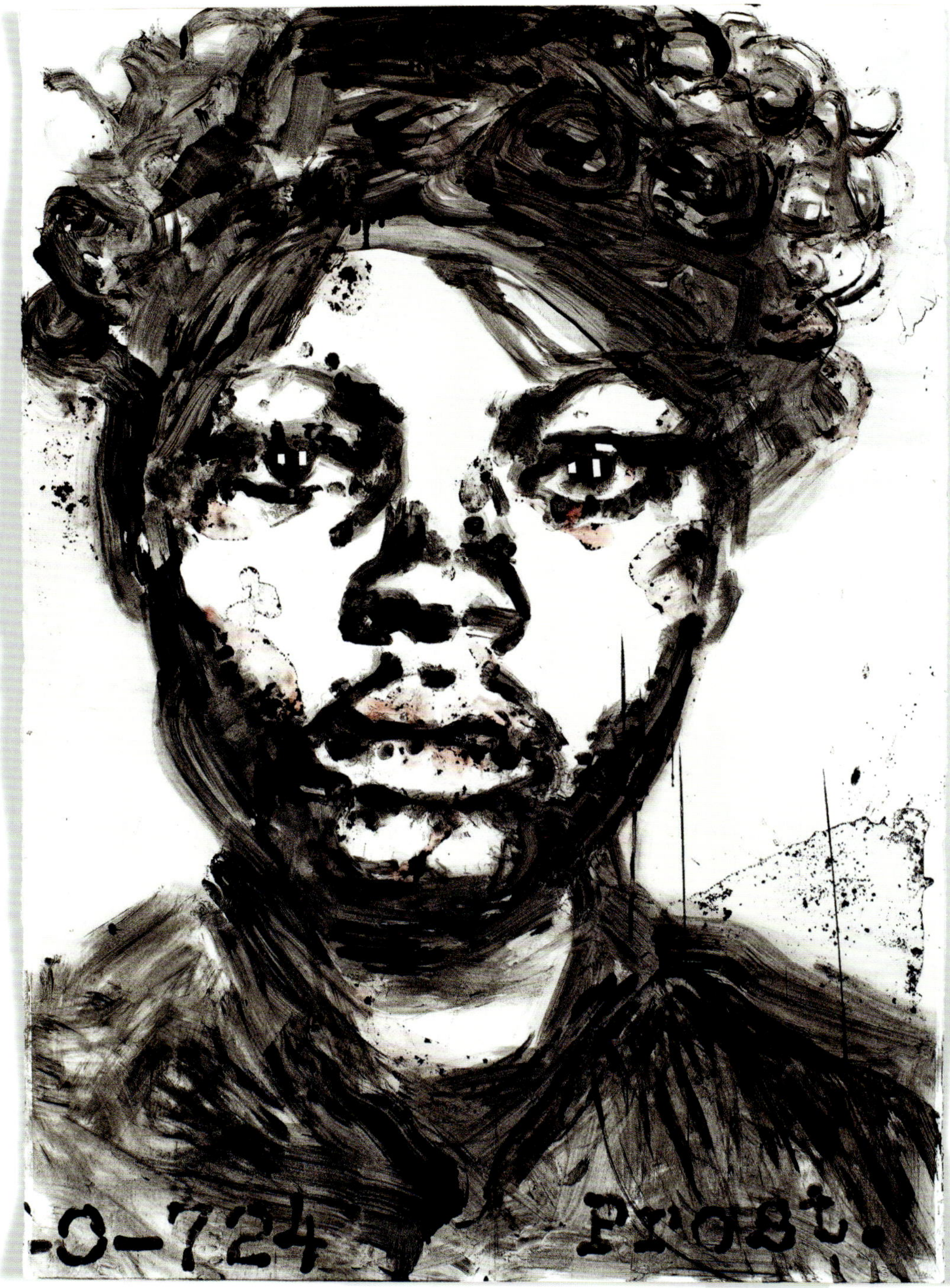

0-724
2013

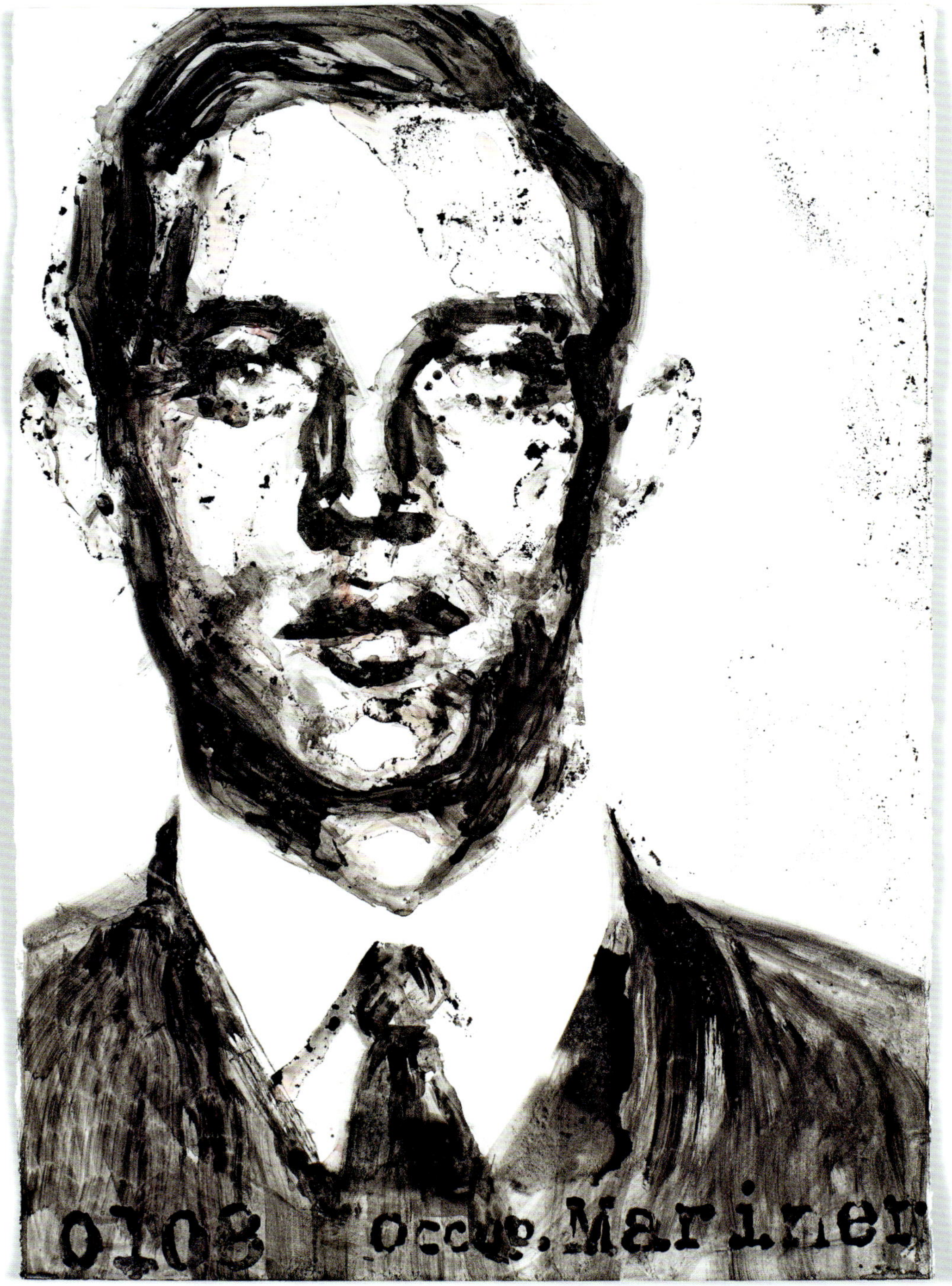

0-108
2013

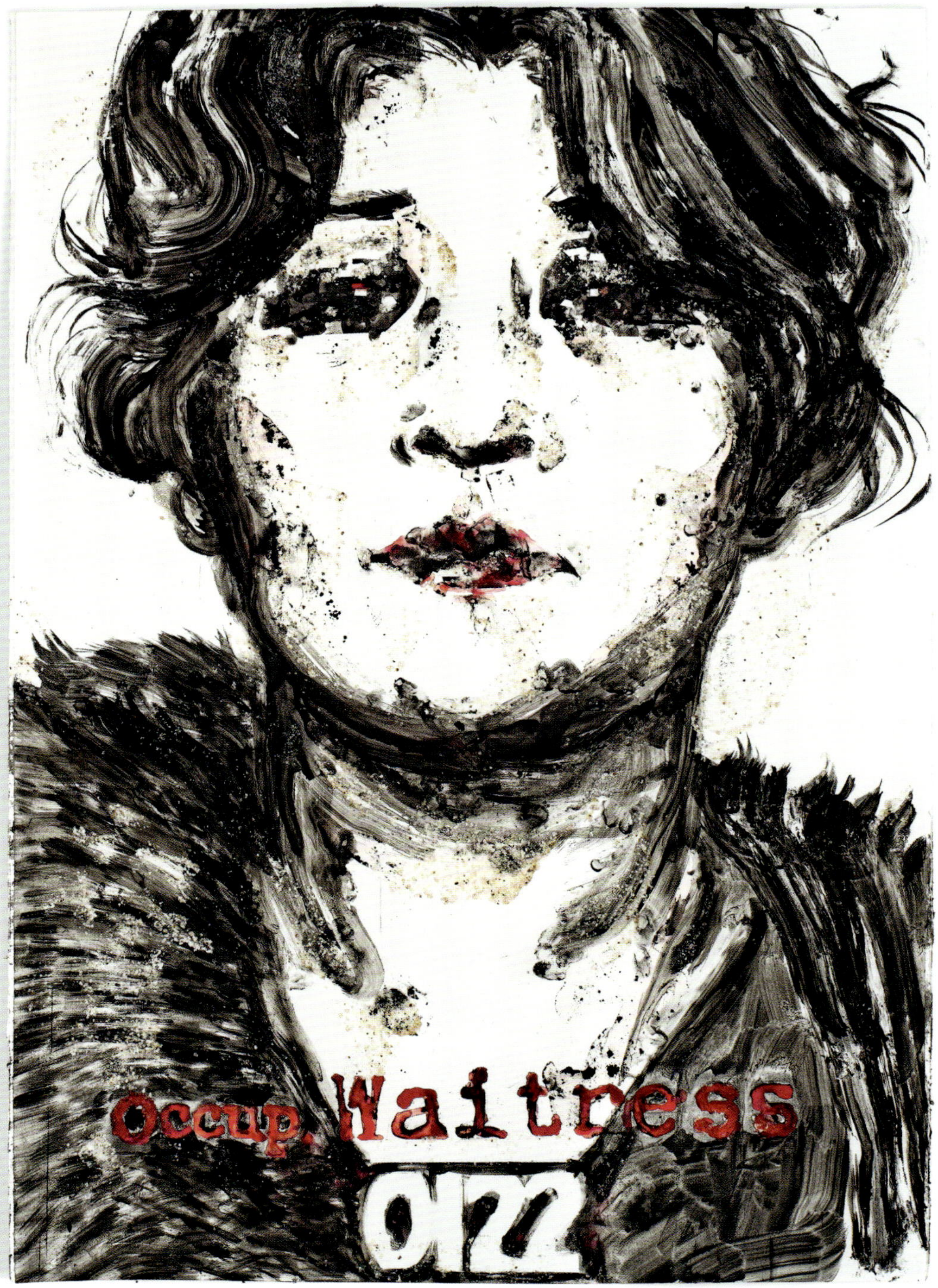

0122
2013

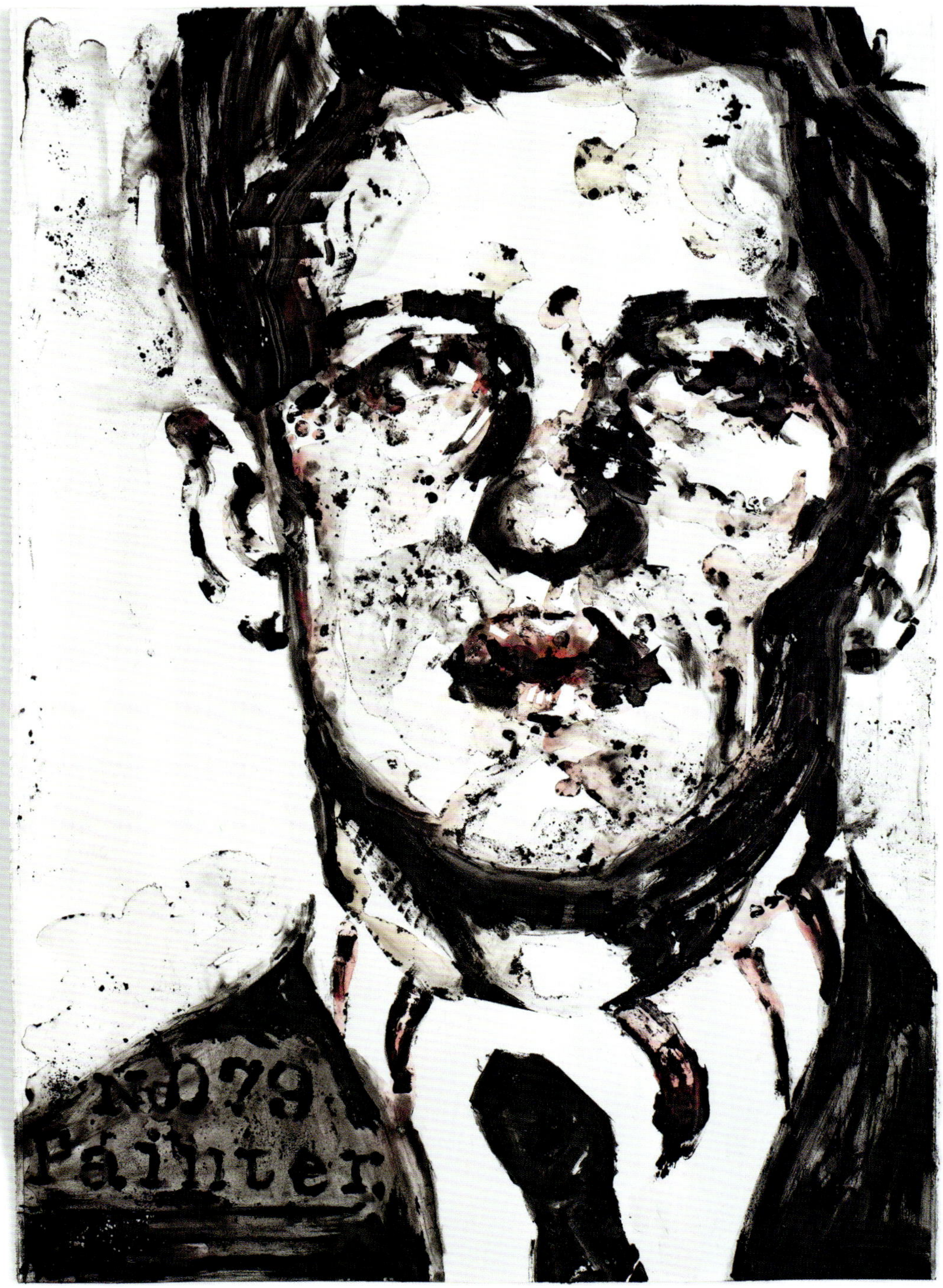

079
2013

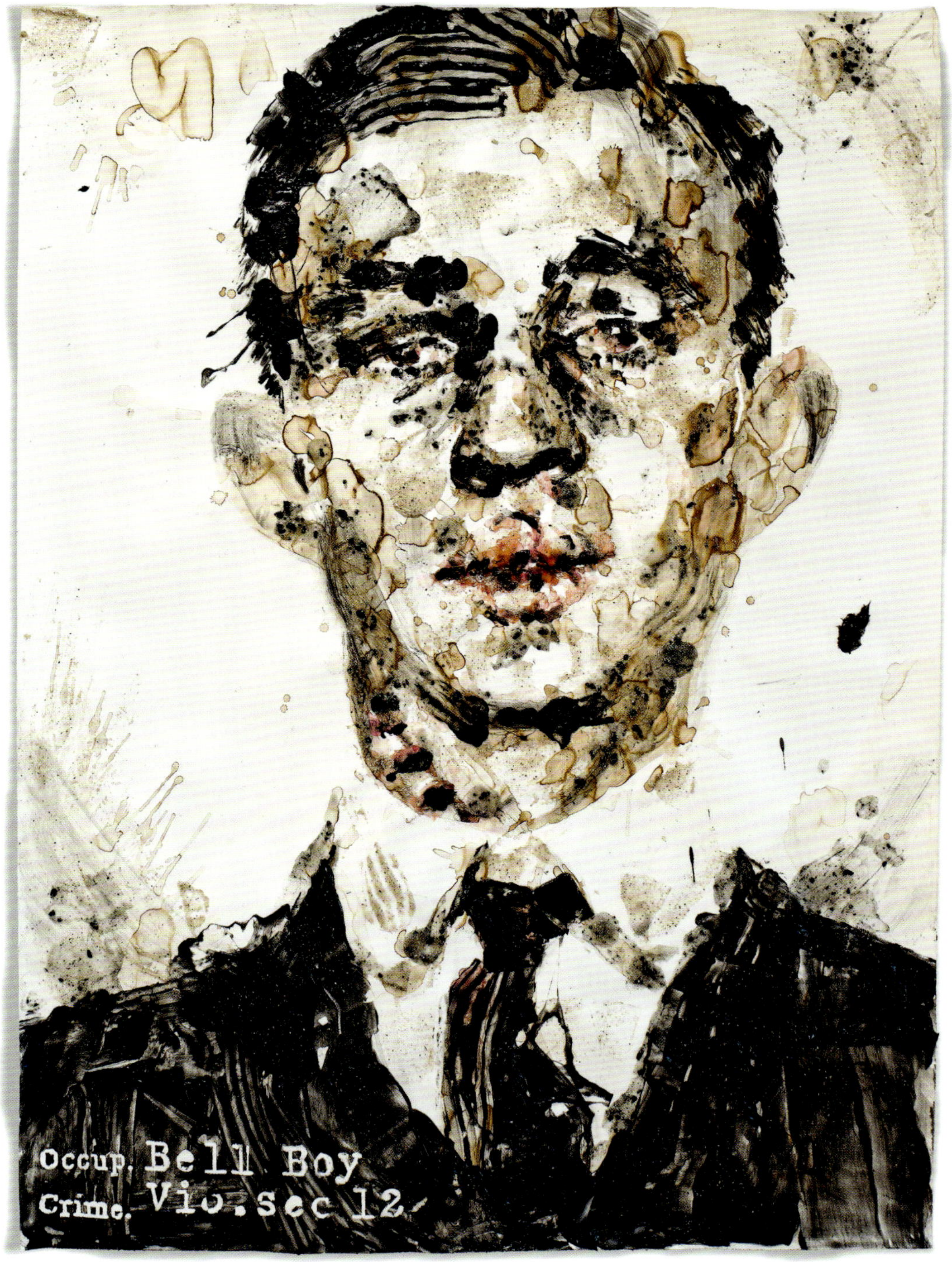

Vio. Sec 12
2013

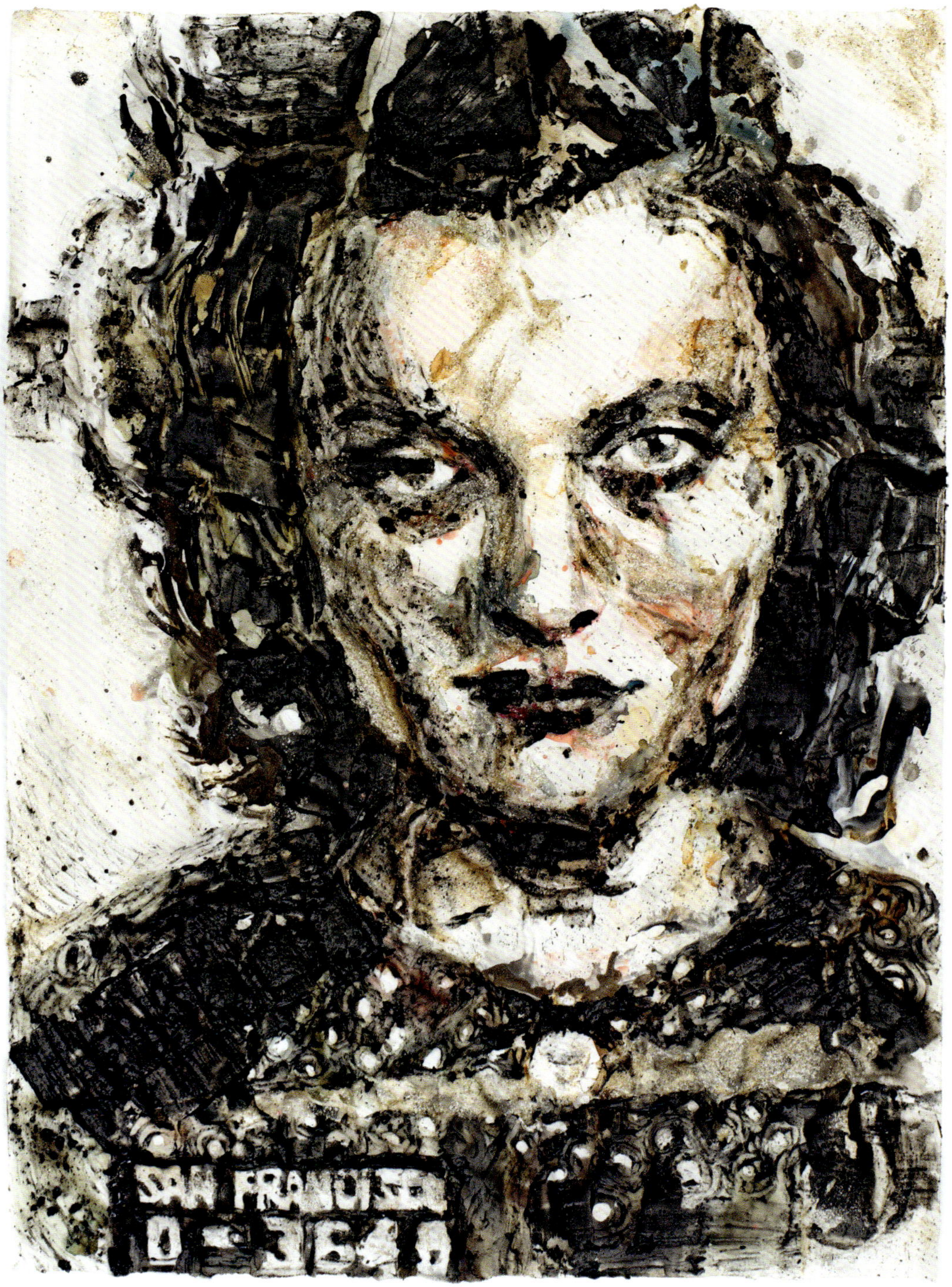

0-3640
2012

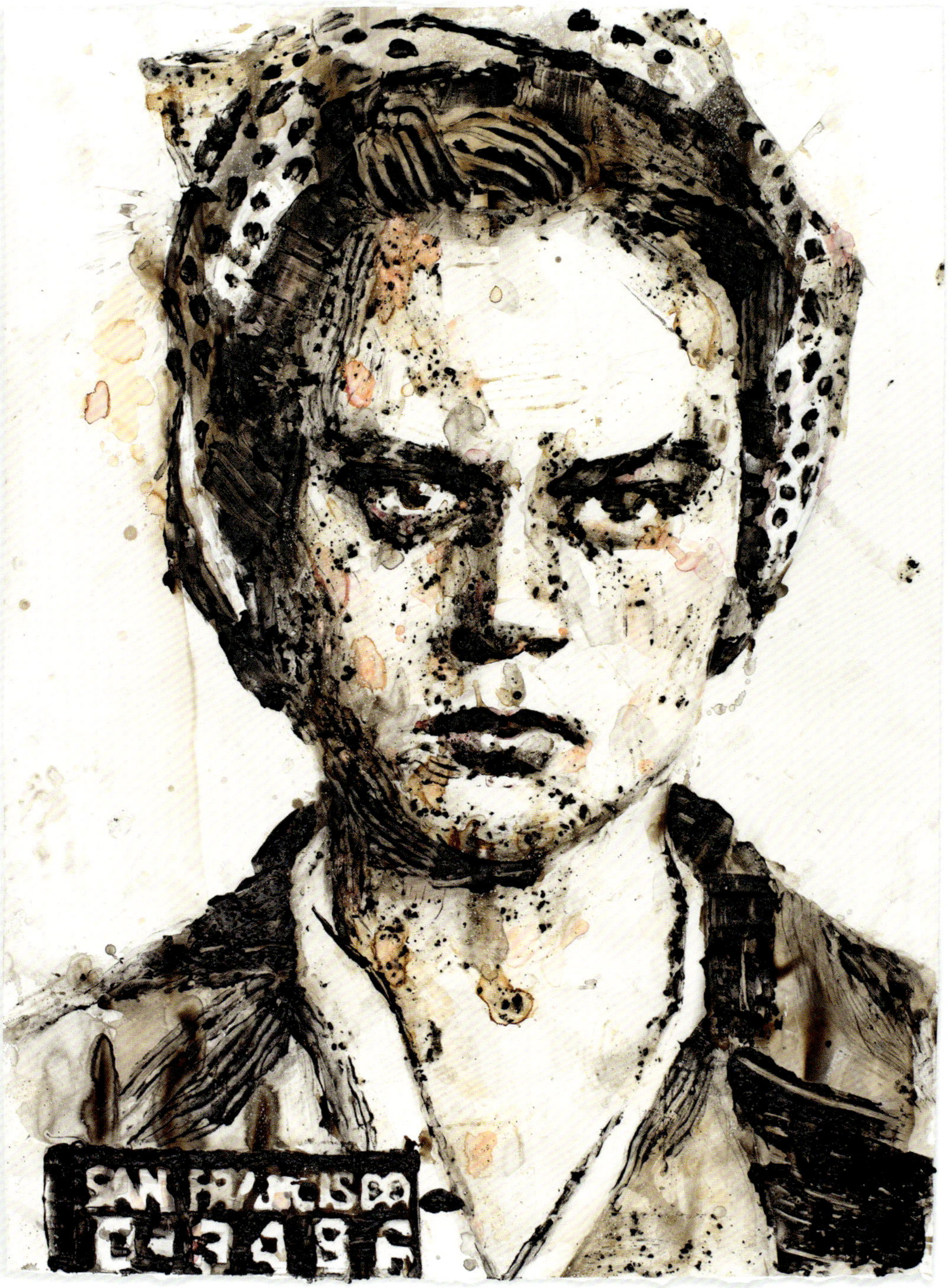

0-3486
2013

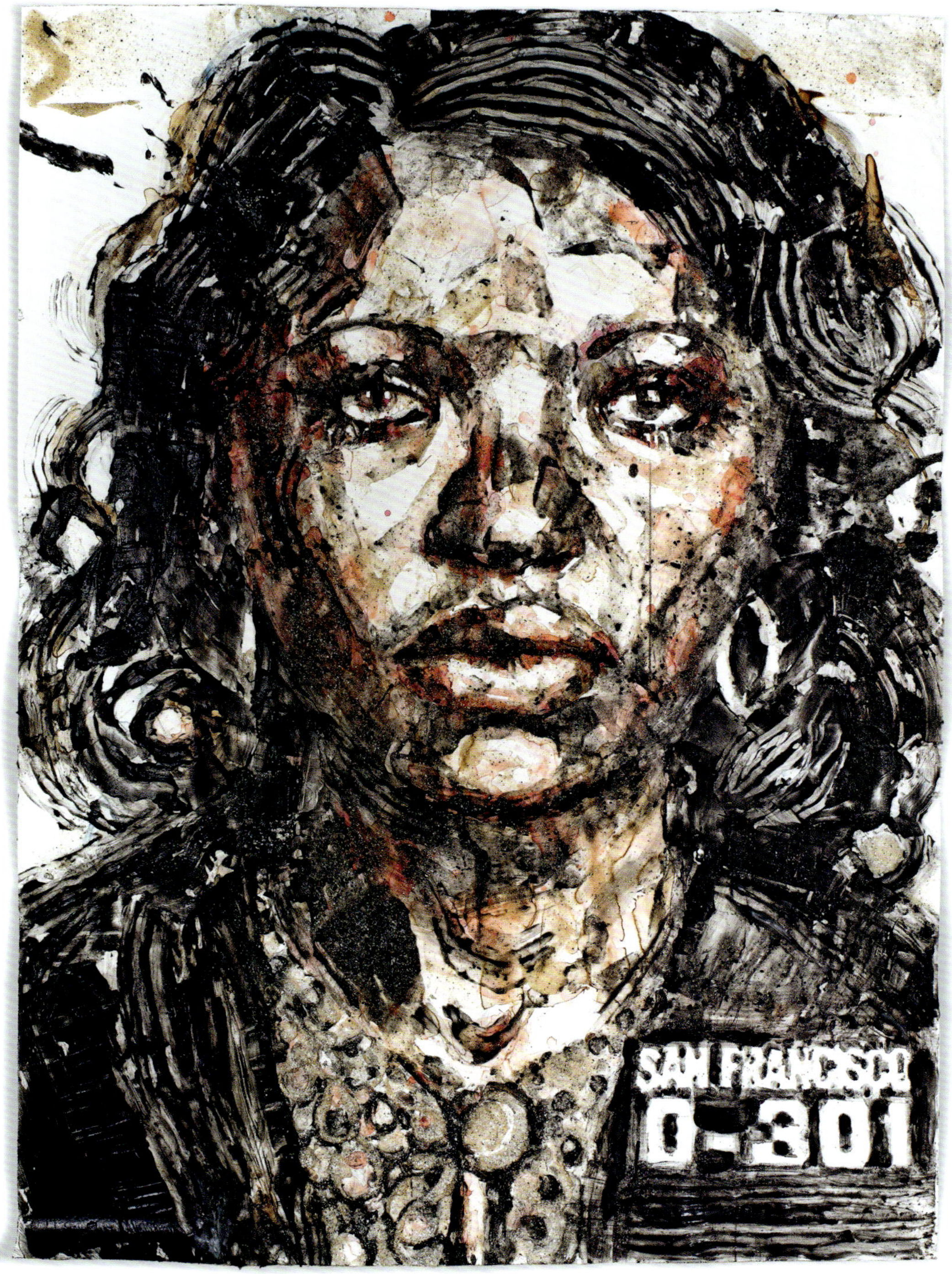

0-301
2013

Remembering the Future

Pompeo Martelli

Ricordare il futuro

We enthusiastically accepted Monica Lundy's offer to develop an artistic project in the Museo Laboratorio della Mente of the Local Health Agency (ASL) Roma 1 based on documents from the Archives/Library of the former psychiatric hospital Santa Maria della Pietà.

Being already familiar with Monica Lundy's work, we believed that her style, like that of other artists who have collaborated with us over the past few years, would be well suited to the "cultural landscape" within which our institution works, thus helping research and develop—with and for the people—a new way of reading and perceiving mental distress by acting as mediator and interpreter of a renewed sense of community. A community that finds a point of reference, an activator of permanent educational processes, within the wealth of memories preserved in the Archives and in the Library of the Rome asylum as well as in the exhibition path of the Museo Laboratorio della Mente and its several narrative and artistic devices.

The history of the transformations of psychiatric treatment in Italy has highlighted how the reform that led to the criticism and permanent abandonment of the asylum model cannot be reduced to experiences developed in a single field—rather, it is rightfully a fruit of complexity. Indeed, though based on the development of theoretical and scientific knowledge of the figures involved in mental health, this turning point was made possible thanks to a shift in ideas at the national and international level: ideas expressed and sustained by strong social, cultural, and political expectations that acted as a driving force in the local microcosms, at the same time drawing nourishment from their vitality and productivity. This path was also rooted in the search for new ways of imagining, identifying, mentioning, and symbolizing the contexts that, until 40 years ago, led unequivocally to the mental asylum planet; a path that has offered us a different way of communicating experiences linked to mental illnesses and psychological distress.

The trend that started within the framework of Law 180/78, which led to the permanent closure of all psychiatric hospitals in Italy, also represents an attempt to find new words for psychiatry, viewing health as a common good in whose management each member of society should be involved.

Abbiamo accolto con piacere la proposta di Monica Lundy di sviluppare un suo progetto artistico nel Museo Laboratorio della Mente della ASL Roma 1 a partire dai documenti dell'Archivio/Biblioteca dell'ex ospedale psichiatrico Santa Maria della Pietà.

Conoscevamo il lavoro di Monica Lundy e per questo abbiamo ritenuto che il suo discorso, come quello di altri artisti che hanno lavorato con noi in questi anni, si sarebbe inserito bene nel "paesaggio culturale" in cui la nostra istituzione opera, contribuendo così a ricercare e sviluppare, con e per la cittadinanza, un nuovo modo di leggere e di percepire il disagio psichico, proponendosi come mediatore e interprete di un rinnovato senso di comunità che trova nel patrimonio di memorie dell'Archivio e della Biblioteca del manicomio di Roma, così come nel percorso espositivo del Museo Laboratorio della Mente e nei suoi diversi dispositivi artistico-narrativi, un punto di riferimento, un attivatore di processi educativi permanenti.

La storia delle trasformazioni dell'assistenza psichiatrica in Italia ha messo in evidenza come la riforma che ha condotto alla critica e all'abbandono definitivo del modello manicomiale non sia riducibile a esperienze maturate in un unico campo: è, a pieno titolo, figlia della complessità. Tale svolta, infatti, pur poggiando sulla maturazione di conoscenze in campo teorico-scientifico delle figure impegnate nella salute mentale, è stata possibile grazie a un movimento di idee a carattere nazionale e internazionale espresse e sostenute da forti istanze sociali, culturali e politiche che hanno agito da volano nei microcosmi locali, traendo contemporaneamente linfa dalla loro vitalità e produttività. Un percorso che affonda le radici anche nella ricerca di nuovi modi di immaginare, identificare, menzionare e significare i contesti che fino a quarant'anni fa riconducevano inequivocabilmente al pianeta manicomiale; un percorso che ha anche permesso di poter comunicare in altro modo le vicende legate alle malattie mentali e al disagio psicologico.

L'orientamento avviato nel contesto della Legge 180/78, che ha reso possibile la chiusura definitiva degli ospedali psichiatrici in Italia, è anche il tentativo di trovare

Mental health is a common good in this sense, and "taking care" of the person at the local level also requires "taking care" of the cultural processes underway, the local politics, the empowerment/ engagement of the communities through the promotion of civic participation. Only by facing problems together can the community rise as a common good made up of the people themselves. The mobilization of users, service operators, citizens, and families leads to creative answers capable of generating new connections. Thus, the innovative nature of the project that saw us collaborate with Monica Lundy lies in the enhancement of the active, central role of citizens as co-producers of their own health and responsible for the choices made concerning it, within a public health system dominated by the concept of value with a dual meaning: value for the population as a whole and for the individual.

Lundy spotted a few pictures in our Archives that captured moments of everyday life in the Rome asylum. At first glance, they appear to convey a feeling of calm, protection, meditation. She managed to reproduce those images, injecting into her works their real content characterized in its own time/space through the specific perspective of "loss of the future," which in the words of Franco Basaglia "identifies individuals' existential dimension mortified and subjected to the coercion logic of the mental institution to the point of generating the loss of their identity."

We are confronted with a considerable variety of types of memories that each time represent different ways of processing and staging the collective memory, running into the delicate history/memory plot and forcing us all to establish different relationships with it, as well as to be aware of the specific languages that make it up. This means to constantly bear in mind the story (or the stories) that we find inscribed therein, the time, community, and culture (or cultures) that produced this plot, and the present day from which we observe or visit it.

When they settle in this place, memories take on a variety of shapes via different modes of communication and language (historical-archival research, musealization, preservation, symbolization, and theatrical, cinematographic, musical, figurative, etc.

---

nuove parole alla psichiatria considerando la salute come un bene collettivo nella cui gestione ciascun membro della società deve essere coinvolto.

In questo senso la salute mentale è bene comune, e al "prendersi cura" della persona nel territorio occorre affiancare un "prendersi cura" dei processi culturali in atto, delle politiche locali, dell'*empowerment / engagement* delle comunità attraverso la promozione di partecipazione civica: è affrontando insieme i problemi che la comunità può nascere come un bene comune costituito dai cittadini stessi. La mobilitazione di utenti, operatori dei servizi, cittadinanza e famigliari porta alla costituzione di risposte creative capaci di generare nuove connessioni.

L'innovatività del progetto che ci ha visto lavorare assieme a Monica Lundy risiede quindi nella valorizzazione del ruolo attivo e centrale del cittadino in qualità di co-produttore della propria salute e responsabile delle scelte in merito ad essa, in una sanità pubblica dominata dal concetto di valore, inteso nel duplice significato di valore per la popolazione e per gli individui.

Monica ha individuato alcune fotografie nel nostro Archivio che congelavano dei momenti di vita quotidiana nel manicomio di Roma. A un primo sguardo sembrano trasmetterci una sensazione di quiete, protezione, raccoglimento. L'artista è stata capace di rigenerare quelle immagini immettendo in esse il contenuto reale caratterizzato nel loro spazio/tempo da una prospettiva di "perdita del futuro" che, come scrive Franco Basaglia, "identifica la dimensione esistenziale degli individui mortificata e sottomessa alle logiche della coercizione dell'istituzione manicomiale fino a generare la perdita della loro identità".

Noi ci confrontiamo con una varietà considerevole di tipologie di memoria che di volta in volta rappresentano differenti modalità di elaborazione e messa in scena della memoria collettiva, andando a investire il delicato intreccio storia/memoria e costringendo tutti noi a stabilire con esso relazioni diverse e a considerare i linguaggi specifici che lo costituiscono: a tenere costantemente presente la storia (o le storie) che vi si trova inscritta, il tempo, la comunità e la cultura (o le

re-enactment and narration) that define more or less complex degrees of recognizability and use, requiring a different approach each time. In the past few years, here in Italy we have witnessed an ongoing evolution of how psychiatric memories are enhanced. It is no coincidence that the Museo Laboratorio della Mente, a special product of this narrative path, was founded in collaboration with Studio Azzurro, an artistic research group that explores the poetic and expressive opportunities of new technologies via the creation of video installations, sensitive environments, museum itineraries, theater performances, and films, designing an artistic path that cuts across traditional disciplines. It's a work group open to different contributions and important collaborations, focusing on artistic research, and often compared to a Renaissance workshop.

A place can recall a predominant story or several stories, precisely because it may have taken on different meanings and functions in the past, depending on the period and the use made of it. Thus, we can refer to one or more memories, which can be found in the place itself through reports and documentary presences (images, objects, provisions, regulations, etc.) or discovered thanks to the guidance offered by a meticulous museum installation or by a shrewd guide. Again, a place can also make an appearance in the words of its witnesses, which allows us to go over it and situate it in a mobile, well-organized dimension, precisely because the memory of the people who were there offers further material for reflection, at once lavish and tricky. A place can rightfully be set within an itinerary meant to build historical knowledge—as long as we investigate it with research tools and methods, which count memory sources and memories themselves among the necessary elements for the reconstruction of specific events and situations. A place can endure over time, end up preserved or forgotten, thus touching different cultures and perceptions. A place can be silent or be silenced (history and its times can care for it, but also forget and abandon it, consigning it to oblivion).

All this to say that a place of memories requires meticulous organization including historical, scientific, socio-economic, political, and planning aspects.

culture) che hanno prodotto questo intreccio e il presente da cui lo si osserva o lo si visita.

Nel fissarsi in questo luogo, le memorie assumono una pluralità di forme attraverso differenti modalità di comunicazione e linguaggio (ricerche storico-archivistiche, musealizzazione, conservazione, simbolizzazione, rievocazione e narrazione teatrale, cinematografica, musicale, figurativa ecc.) che determinano gradi più o meno complessi di riconoscibilità e fruizione, richiedendo approcci ogni volta diversi. In questi ultimi anni abbiamo assistito in Italia a una costante evoluzione delle modalità di valorizzazione delle memorie psichiatriche e il Museo Laboratorio della Mente è un prodotto particolare di questo percorso narrativo, realizzato non casualmente con Studio Azzurro, un gruppo di ricerca artistica che esplora le possibilità poetiche ed espressive dei nuovi linguaggi tecnologici attraverso la realizzazione di video-installazioni, ambienti sensibili, percorsi museali, performance teatrali e film, disegnando un percorso artistico trasversale alle discipline tradizionali: un gruppo di lavoro aperto a differenti contributi e importanti collaborazioni, un laboratorio di ricerca artistica spesso paragonato a una bottega rinascimentale.

Un luogo può rimandare a una storia dominante o a più vicende, proprio perché in passato può avere assunto rilevanze e funzioni diverse, a seconda del periodo e dell'uso che se ne è fatto. Si può dunque far capo a una o più memorie, rintracciabili nel luogo attraverso segnalazioni e presenze documentarie (immagini, oggetti, disposizioni, regolamenti ecc.) o rinvenibili in virtù della guida offerta da un preciso allestimento museale o da un accorto accompagnamento. Ancora, un luogo può presentarsi anche nelle parole dei testimoni, e in tal modo sarà possibile ripercorrerlo e collocarlo in una dimensione mobile e articolata, proprio perché il ricordo di chi c'era offre ulteriore materiale di riflessione, ricco e insidioso al tempo stesso. Un luogo può essere inserito a pieno titolo in un itinerario di costruzione della conoscenza storica, a patto di indagarlo con gli strumenti e le modalità della ricerca che collocano le fonti di memoria e le memorie tra gli elementi indispensabili per la ricostruzione di

The initial cognizance of the physical place is followed by the gathering of records and the design of a museum itinerary and valid textual structure that allow the traces of memory permeating that specific place to be read and shared with society as a whole.

Hence the importance of being able to *document* these places, which show themselves, at times with unprecedented features, through the intersection of flows of people, generations, ideas and different experiences in the field of mental health production in Italy. Places where plots interweave, where people who do not recognize themselves here, either because they did not have the chance to participate in the transformation of these landscapes or because they were not connected with them, are made to feel at home. Places that promote attention to the images and portrayals that identify and connote these landscapes, characterizing our perception of them.

The present must be changed in order to reactivate the past; this is a political task as well as the originality of—and the need for—the work of the Museo Laboratorio della Mente and of Monica Lundy. The idea that historical awareness is a revolutionary act that cannot be confused with mere erudition should never be given up: articulating the past from a historical point of view means *taking possession of a memory as it flashes in an instant of danger*, because the image of the past emerges from the conflicts of the present. Monica Lundy's work therefore deserves the recognition of being the product of an artist working *now*, in *the present time*, in a specific moment when the past clashes with the present and breaks into it.

Today, what remains of psychiatric hospitals in Italy looks like a complex, layered source of the time preceding us, yet capable of affecting our present and our future by virtue of the relationship we establish with it. Retained and celebrated memories thus represent a cobweb of paths that record—at various levels in the plot—the most eloquent images and absences (and the uses that have been made of them) in our history.

In this context, fullness and emptiness, presences and absences, are equally eloquent. And so endowing memories with potential, with an educational and guiding value, not to mention viewing them as

---

precise vicende e situazioni. Un luogo può resistere al tempo, essere preservato o finire dimenticato, toccando in tal modo diverse culture e sensibilità. Un luogo può tacere o essere messo a tacere (la storia e i suoi tempi possono mettergli di fronte attenzione e cura, ma anche dimenticanza, abbandono, oblio).

Un luogo di memorie ha quindi bisogno di un lavoro di organizzazione storico, scientifico, socio-economico, politico e progettuale preciso, che parta dall'individuazione dello spazio fisico per procedere poi con la raccolta della documentazione, l'allestimento di un percorso museale e di una struttura testuale valida che permetta alle tracce di memoria presenti in quel luogo particolare di poter essere lette e condivise dalla compagine sociale.

Da qui il valore della *documentabilità* di questi luoghi, dove si determinano centralità che si manifestano, con tratti inediti, attraverso snodi dove si incrociano i flussi delle persone, delle generazioni, delle idee e delle diverse esperienze italiane nel campo della produzione della salute mentale; dove si connettono trame e si fa sentire a casa chi non si riconosce in questi paesaggi perché non ha potuto partecipare alla loro trasformazione né avervi delle relazioni; dove si promuove l'attenzione alle immagini e alle rappresentazioni che identificano e connotano questi paesaggi, caratterizzandone la percezione.

Per riattivare il passato bisogna cambiare il presente: questo è un compito politico, ed è anche l'originalità e la necessità del lavoro del Museo Laboratorio della Mente e di Monica Lundy. Non rinunciare all'idea che la conoscenza storica è un atto rivoluzionario che non può essere confuso con la mera erudizione: articolare storicamente il passato significa *impossessarsi di un ricordo così come balena in un attimo di pericolo*, perché l'immagine del passato emerge dai conflitti del presente. Il lavoro di Monica Lundy deve quindi essere riconosciuto come quello di un'artista che lavora *adesso*, nel *tempo-ora*; in un particolare momento in cui il passato si scontra con il presente e irrompe in esso.

Ciò che resta degli ospedali psichiatrici in Italia ci appare oggi come una fonte complessa e stratificata

generators of identity, implies the correct use of specific interpretive categories and historiographic scenarios, such as placing collective events and processes within relations governed by a sense of responsibility toward our past; viewing the present as a ground for communication and debate; fighting against the risk of easy generalizations.

Today, over 40 years after the approval of Law 180, we have the duty to develop guidelines for a contemporary interpretation of "material and immaterial" data of asylum psychiatry, completing the historic map-making of institutional and anti-institutional practices, like a dual and ongoing dialectic process deconstructing the geography of spatial, physical, psychological, and social constraints, as well as constraints linked to the reconstruction of subjectivity when crossing the former asylum spaces and in the unexpected appearance of the stories recalled.

The Italian social psychiatry movement was a great catalyst of changes in our country, but today its message runs the risk of appearing, for all practical purposes, weakened.

Franco Basaglia claimed that the institutional regression caused by an individual's exclusion from his or her natural ambiance was a decisive factor in said individual's mental health. The mental institution was the clearest evidence of the inability to modulate interventions in regard to the subjects' needs.

Today, we should not pretend that all is well; various sectors in the mental health care system are giving new relevance to the exclusion phenomena we viewed as outdated, often leading to a disabling chronicization. The residential component shows a strong hypertrophy. We now know that housing, education, work, and inclusion are all elements that tend to ensure real opportunities of rehabilitation in the changed contemporary social fabric and a genuine social recovery.

Today, the resources available to mental health seem to force mental health services to resort to inappropriate prescriptions (like the practice of physical restraint), at the risk of becoming an obstacle to a healthy life.

Basaglia's school of thought must therefore be recontextualized in a new time and space in order for that great season of reform to be completed. The

di un tempo che ci precede, capace di agire sul nostro presente e sul nostro futuro in virtù della relazione che con esso stabiliamo. Le memorie trattenute e celebrate rappresentano in questo senso una ragnatela di sentieri che registrano nella trama – a vari livelli – le immagini e le assenze (e gli usi di cui sono state oggetto) più eloquenti della nostra storia.

A tal proposito, risultano eloquenti sia i vuoti che i pieni, sia le presenze che le mancanze. Ecco allora che attribuire alle memorie un potenziale, un valore formativo e orientativo, nonché considerarle come generatrici di identità, implica il corretto utilizzo di precise categorie interpretative e scenari storiografici: per esempio, collocare vicende ed elaborazioni collettive all'interno di relazioni governate dal senso di responsabilità verso il nostro passato; considerare il presente come terreno di dialogo e di confronto; combattere il rischio delle facili generalizzazioni.

Oggi, a più di quarant'anni dall'approvazione della Legge 180, abbiamo l'obbligo di sviluppare percorsi di lettura contemporanea di "dati materiali e immateriali" della psichiatria asilare, completando la cartografia storica delle prassi istituzionali e delle pratiche anti-istituzionali, come un doppio e continuo processo dialettico di decostruzione della geografia delle costrizioni spaziali, fisiche, psicologiche, sociali e di ricostruzione della soggettività nell'attraversamento degli ex spazi manicomiali e nell'apparire inatteso delle storie rievocate.

Il movimento della psichiatria sociale italiana è stato un grande catalizzatore di cambiamenti nel nostro paese, ma oggi il suo messaggio rischia di apparire, nella pratica, depotenziato.

Franco Basaglia affermava che la regressione istituzionale prodotta dall'esclusione dell'individuo dal proprio contesto naturale di vita giocava un ruolo determinante sulla salute psichica degli individui.

L'istituzione manicomiale costituiva l'espressione più evidente dell'incapacità di modulare gli interventi rispetto ai bisogni dei soggetti.

Oggi non dobbiamo far finta che vada tutto bene, poiché diversi settori del sistema di cure in salute mentale riattualizzano quei fenomeni di esclusione

World Health Organization says that "there is no health without mental health," and the word "dignity" echoes in the international conventions and treaties protecting human rights, which are still at risk. Today, working at the Museo Laboratorio della Mente, an operating unit of the Department of Mental Health of the ASL Roma 1, means working within the complex nature of the health system in order to fulfill health aims for the citizens and the community. The challenge is to fulfill these aims, establishing priorities within the defined resources, always in pursuit of an improvement in the effectiveness and enhancement of our workers. Never losing sight of Basaglia's teachings—ethics and values that place the human being at the heart of the system.

---

che ritenevamo superati, conducendo spesso a una cronicizzazione disabilitante.

C'è una fortissima ipertrofia della componente residenziale. Oggi sappiamo che l'abitare, l'educazione, il lavoro e l'inclusione sono tutti elementi che tendono a garantire reali possibilità di riabilitazione nel mutato tessuto sociale contemporaneo e un'autentica *recovery* sociale.

La risorse a disposizione della salute mentale sembrano oggi obbligare i servizi di salute mentale al ricorso a prescrizioni inappropriate, come la pratica del *restrain*, rischiando di divenire un ostacolo alla realizzazione di una vita in salute.

Dobbiamo ricontestualizzare il pensiero di Basaglia in un tempo e in uno spazio nuovi per portare a compimento quella grande stagione di riforma. L'Organizzazione Mondiale della Sanità afferma che "non c'è salute senza salute mentale". La parola dignità risuona oggi nelle convenzioni e nei trattati internazionali che proteggono i diritti umani che ancora sono a rischio. Oggi lavorare nel Museo Laboratorio della Mente, una Unità Operativa del Dipartimento di Salute Mentale della ASL Roma 1, significa star dentro la complessità dell'organizzazione sanitaria per realizzare obiettivi di salute per i cittadini e la comunità. La sfida è quella di rispondere a tali obiettivi, stabilendo priorità all'interno delle risorse definite, perseguendo sempre il miglioramento dell'efficacia e la valorizzazione del nostro personale. Tenendo sempre presenti gli insegnamenti di Basaglia: etiche e valori che pongono l'essere umano al centro del sistema.

References

UOS Centro Studi e Ricerche ASL Roma and Studio Azzurro, *Museo Laboratorio della Mente* (Cinisello Balsamo: Silvana Editoriale, 2010).
UOS Centro Studi e Ricerche ASL Roma and Studio Azzurro, *Museo Laboratorio della Mente. Portatori di storie. Da vicino nessuno è normale* (Cinisello Balsamo: Silvana Editoriale, 2012).
Santa Maria della Pietà 1914–2014 (Cinisello Balsamo: Silvana Editoriale, 2014).
John Foot, *The Man Who Closed the Asylums: Franco Basaglia and the Revolution in Mental Health Care* (New York: Verso Books, 2015).
Franco Basaglia, *Scritti 1953–1980* (Milan: il Saggiatore, 2017).
UOSD Museo Laboratorio della Mente, Dipartimento di Salute Mentale ASL Roma 1 and Studio Azzurro, *Museo Laboratorio della Mente* (Cinisello Balsamo: Silvana Editoriale, 2019).

Bibliografia

UOS Centro Studi e Ricerche ASL Roma e Studio Azzurro, *Museo Laboratorio della Mente*, Silvana Editoriale, Cinisello Balsamo 2010.
UOS Centro Studi e Ricerche ASL Roma e Studio Azzurro, *Museo Laboratorio della Mente. Portatori di storie. Da vicino nessuno è normale*, Silvana Editoriale, Cinisello Balsamo 2012.
Santa Maria della Pietà 1914-2014, Silvana Editoriale, Cinisello Balsamo 2014.
John Foot, *The Man Who Closed the Asylums: Franco Basaglia and the Revolution in Mental Health Care*, Verso Books, New York 2015.
Franco Basaglia, *Scritti 1953-1980*, il Saggiatore, Milano 2017.
UOSD Museo Laboratorio della Mente, Dipartimento di Salute Mentale ASL Roma 1 e Studio Azzurro, *Museo Laboratorio della Mente*, Silvana Editoriale, Cinisello Balsamo 2019.

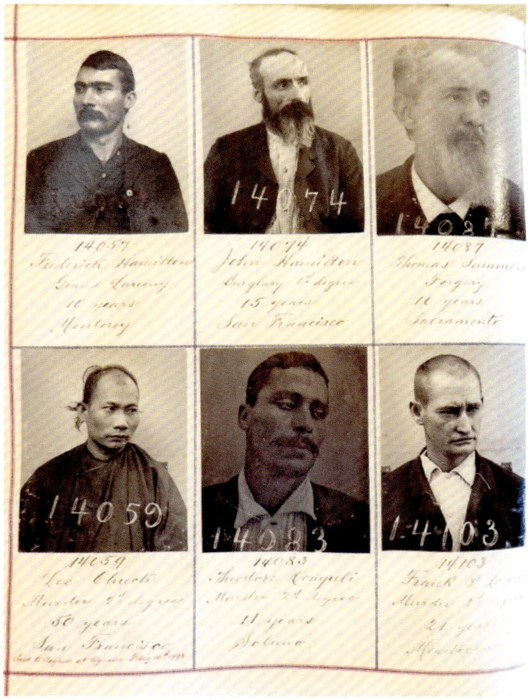

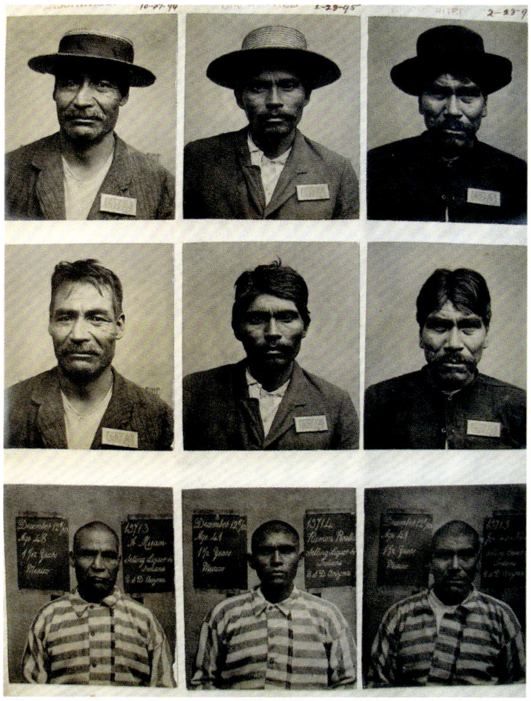

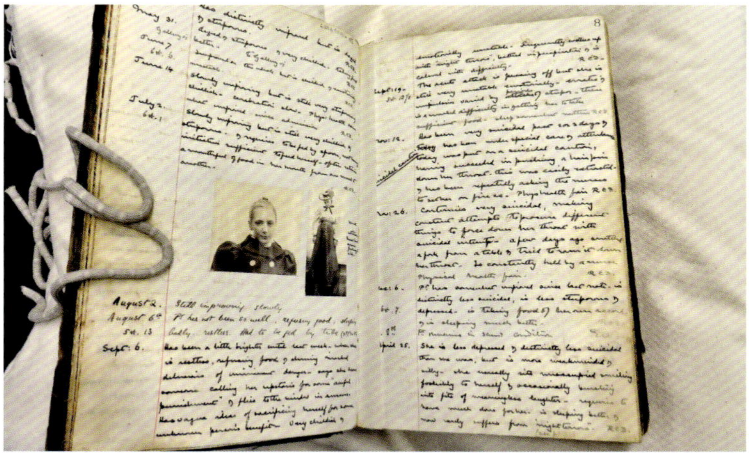

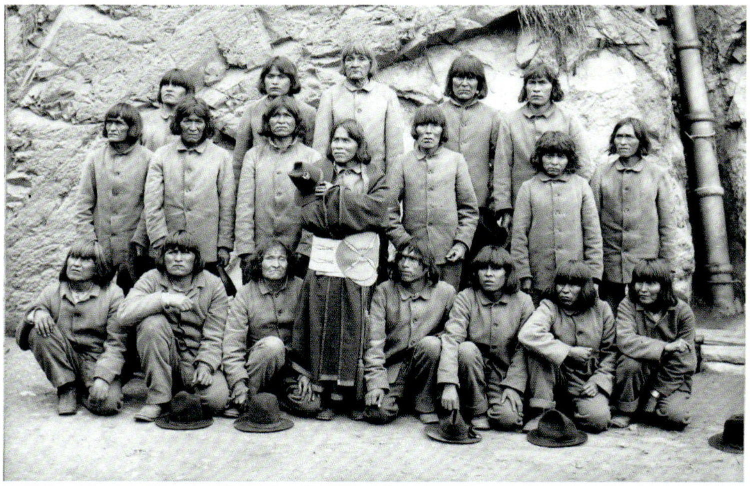

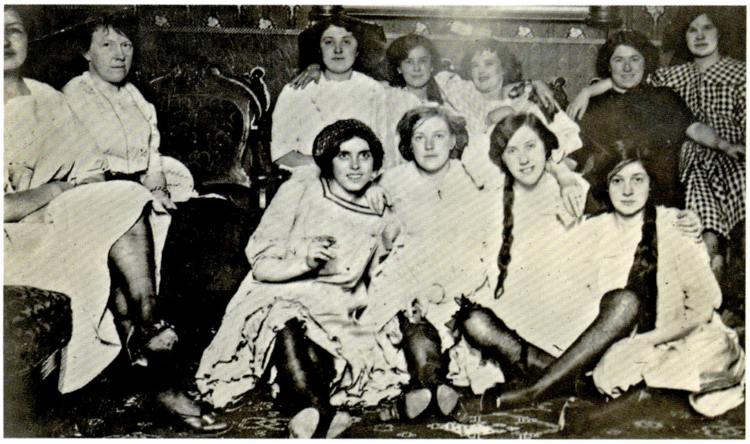

Inmate photograph album, San Quentin State Prison, 1892 (USA)

Inmate photograph album, San Quentin State Prison, 1895 (USA)

Female No. 11: Holloway Sanatorium Hospital for the Insane, 1898–1899 (UK)

Hopi Prisoners on Alcatraz, 1895 (USA)

Prostitutes from the Barbary Coast, San Francisco, 1890 (USA)

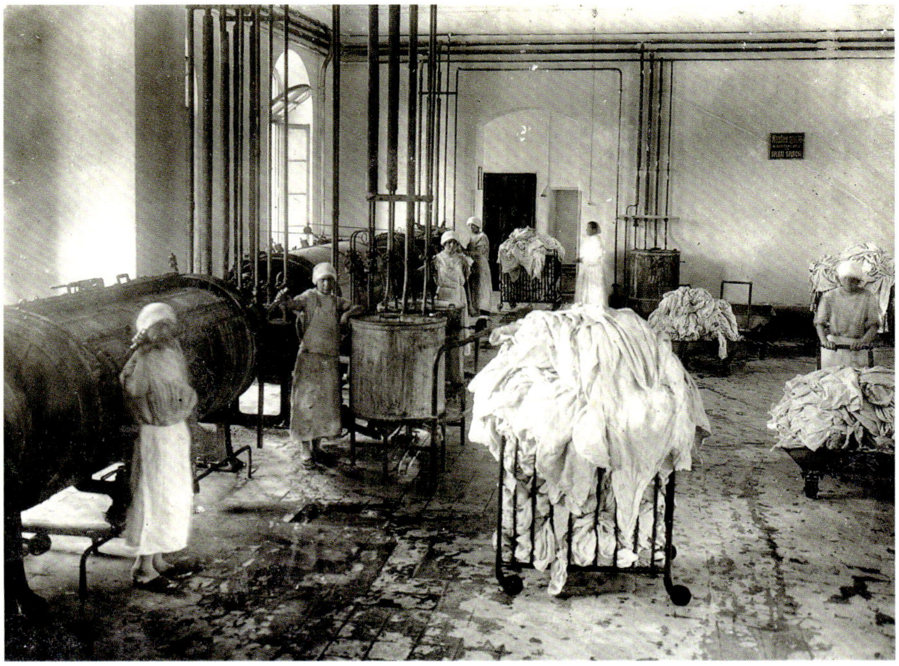

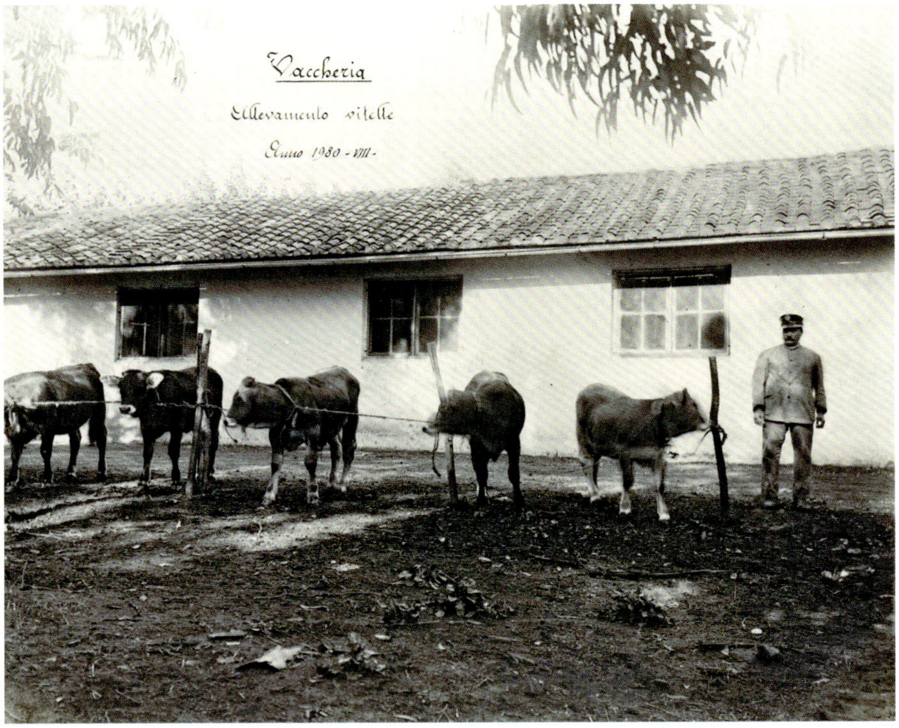

Lavanderia, Santa Maria della Pietà, 1930 (IT)

Vaccheria, Santa Maria della Pietà, 1930 (IT)

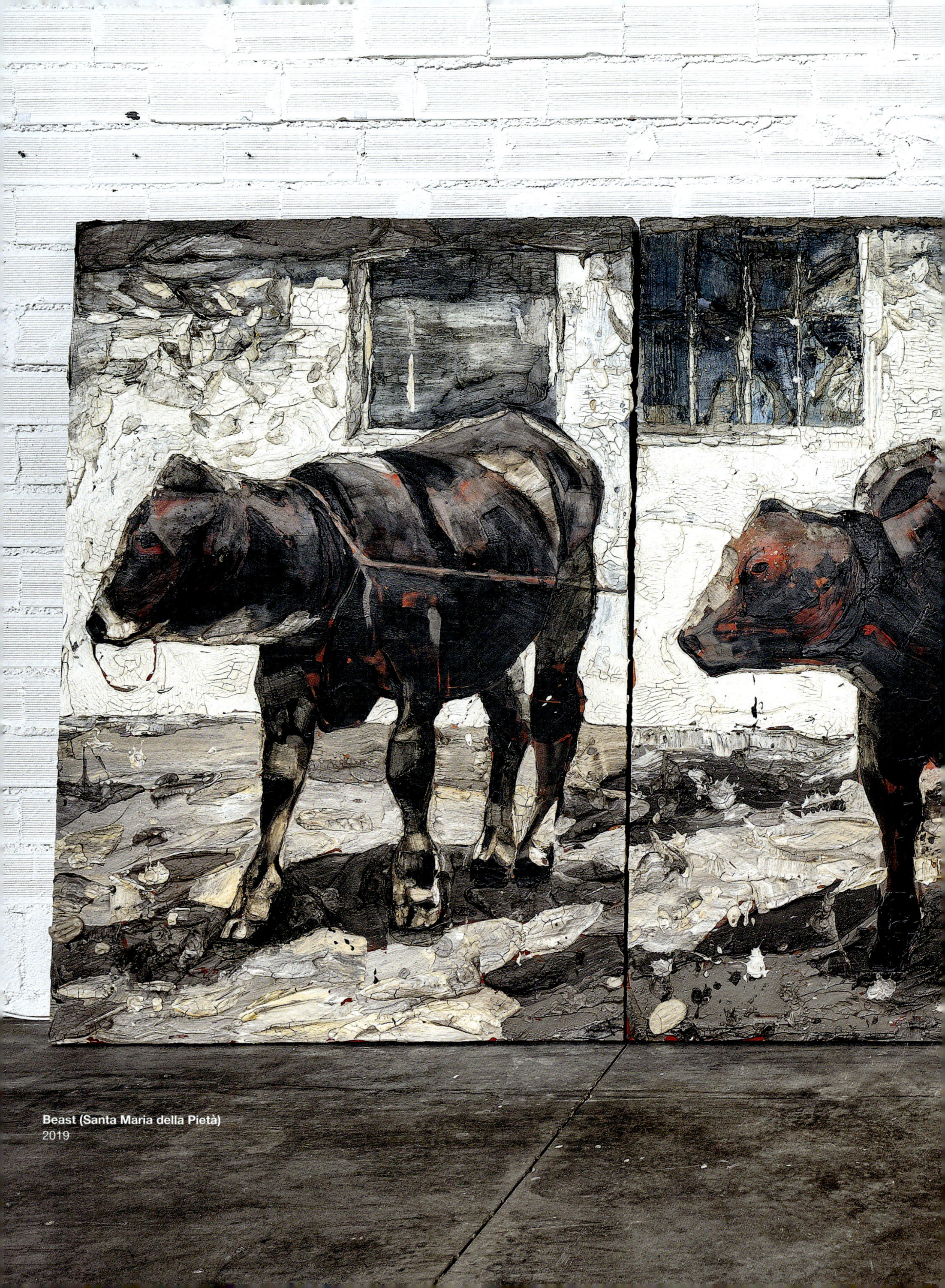

Beast (Santa Maria della Pietà)
2019

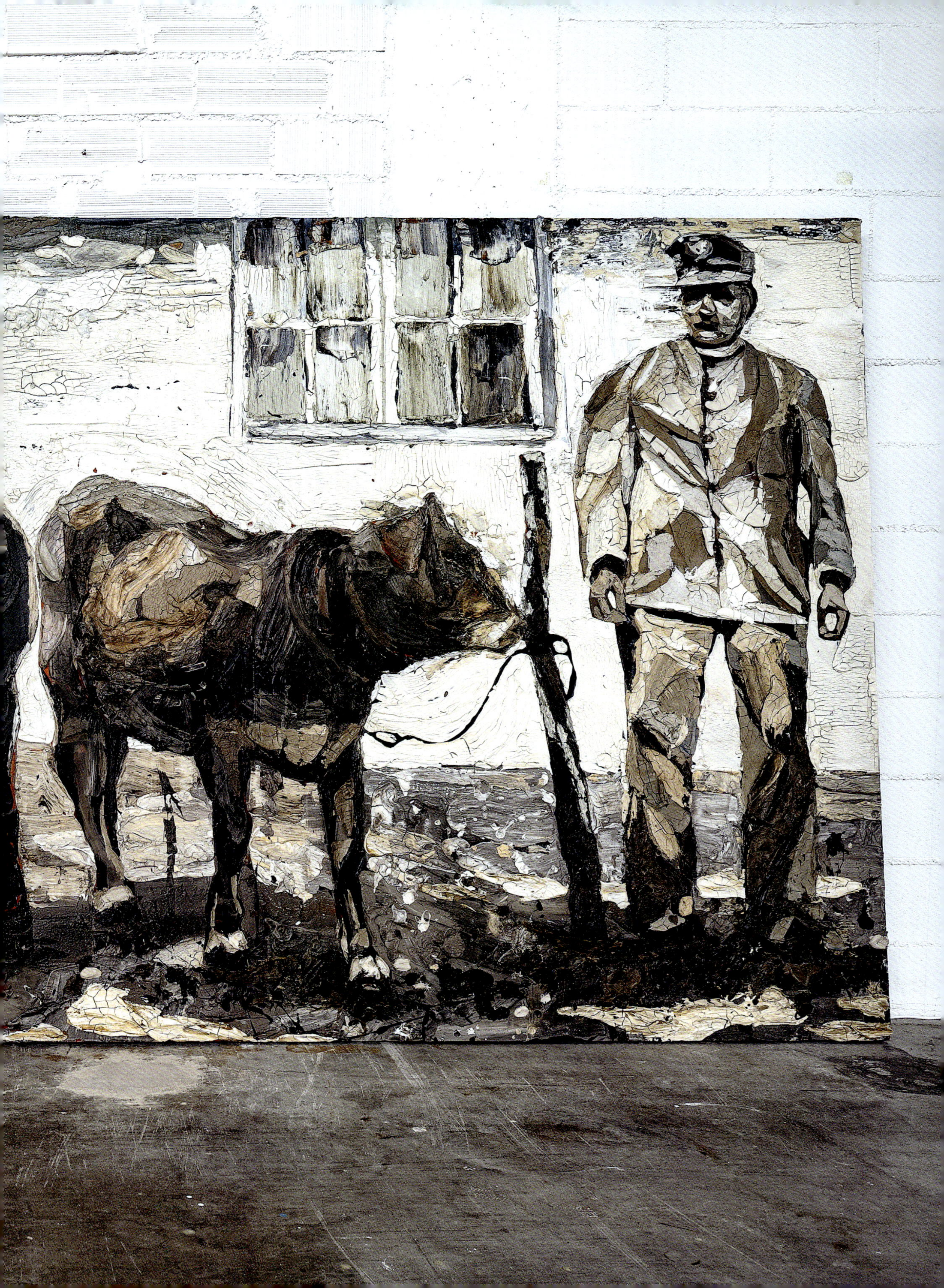

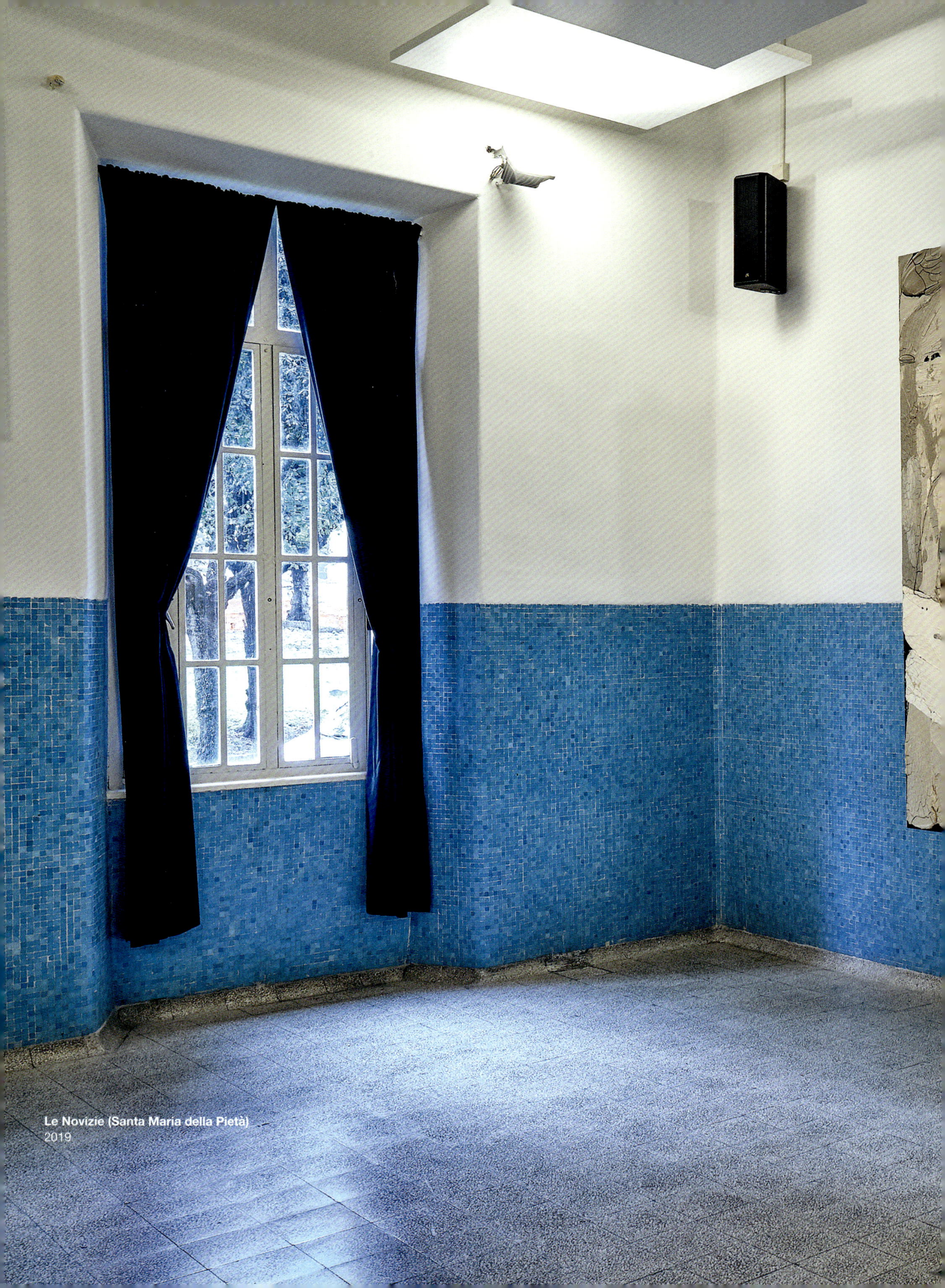

Le Novizie (Santa Maria della Pietà)
2019

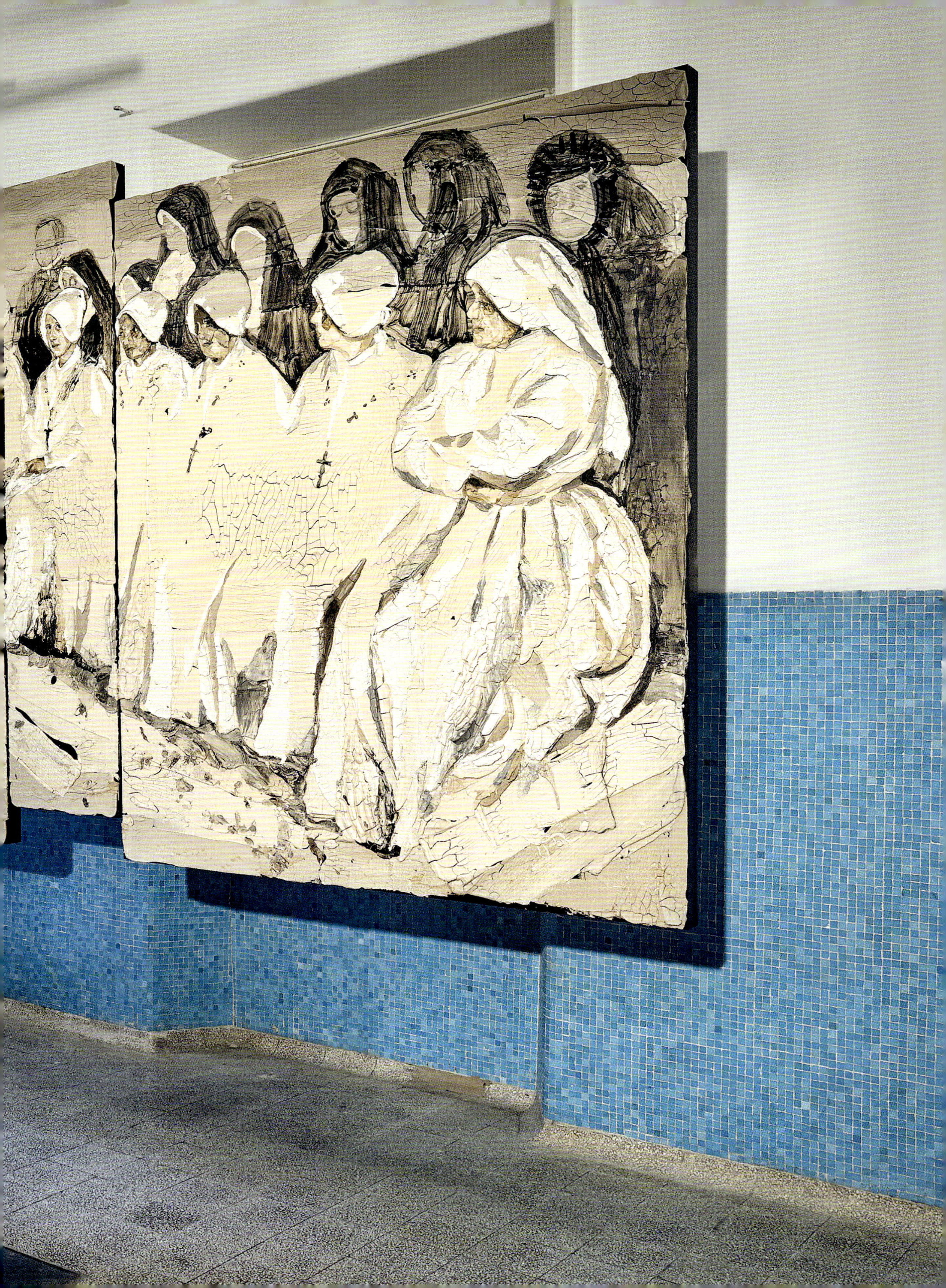

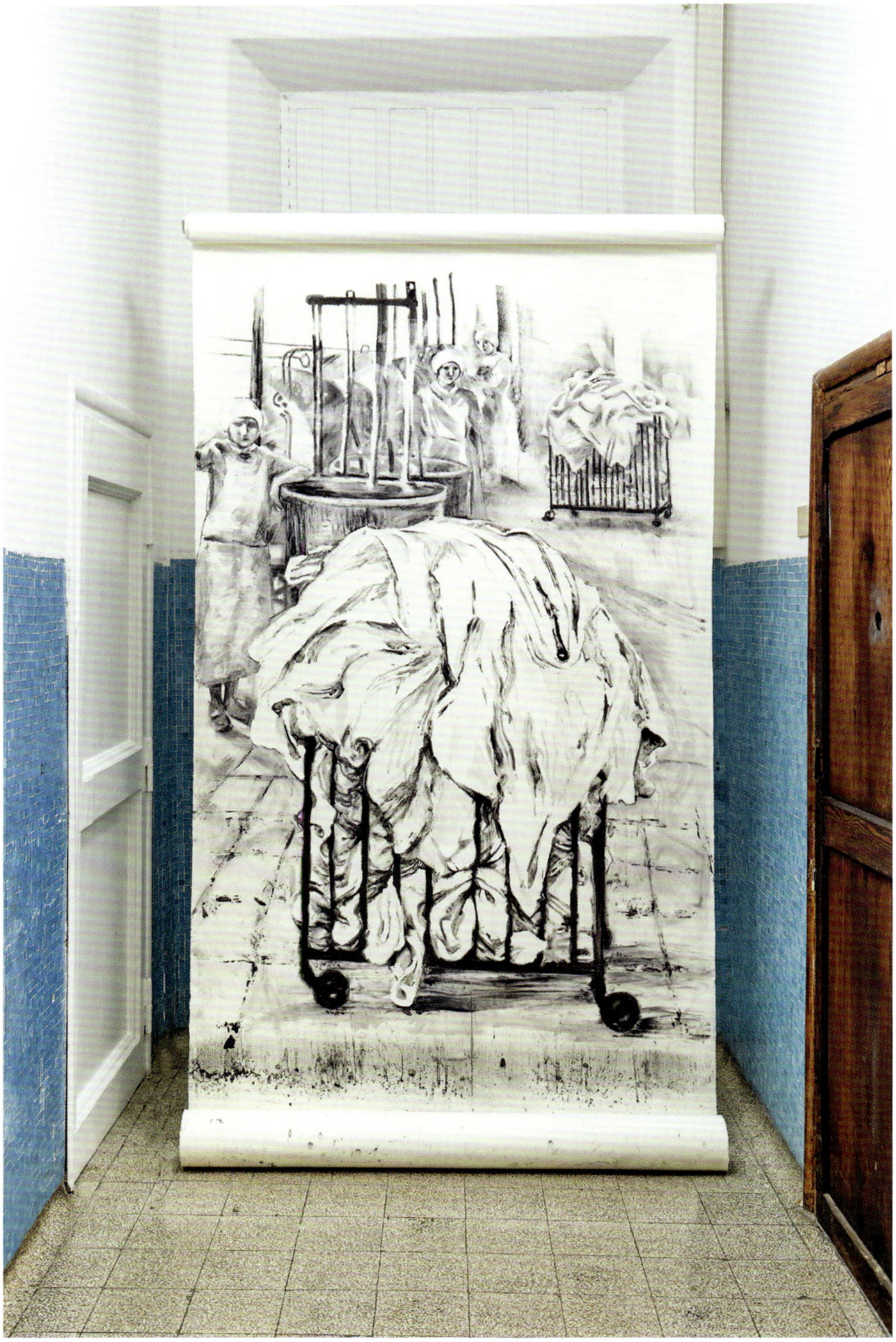

Hamper (Santa Maria della Pietà)
2019

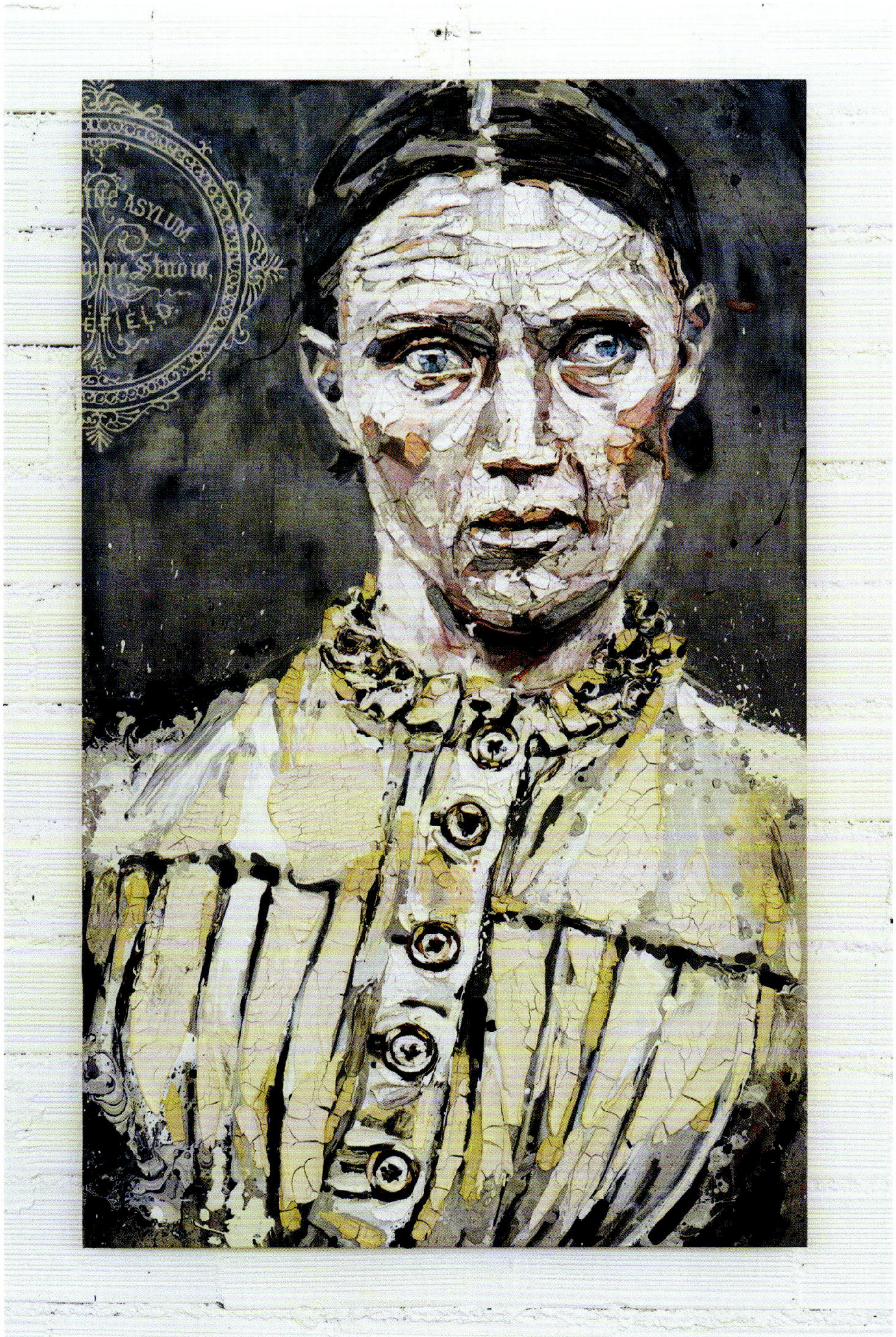

Elizabeth (West Riding Lunatic Asylum, U.K.)
2021

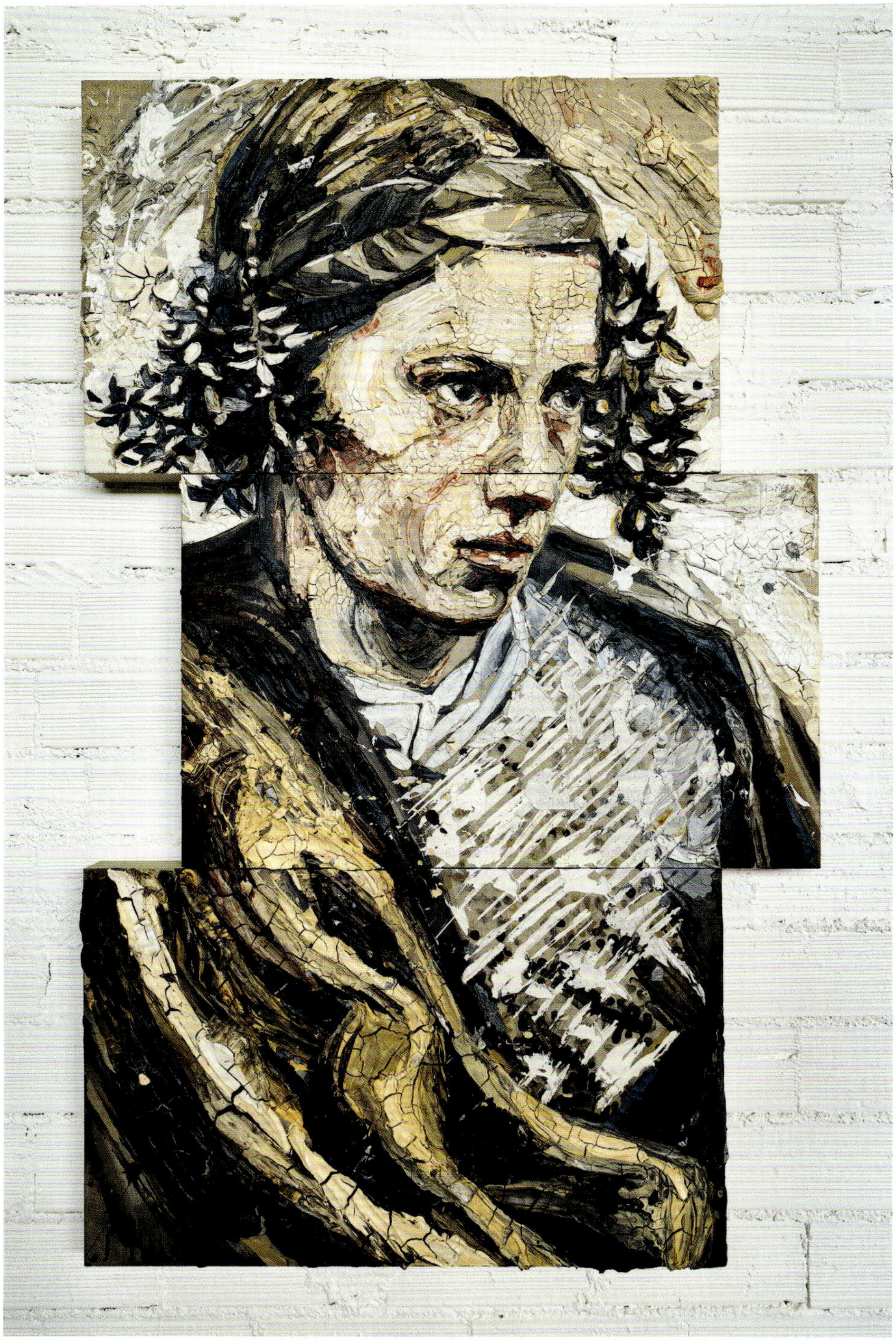

Patient with Leaves (Surrey County Lunatic Asylum, U.K.)
2021

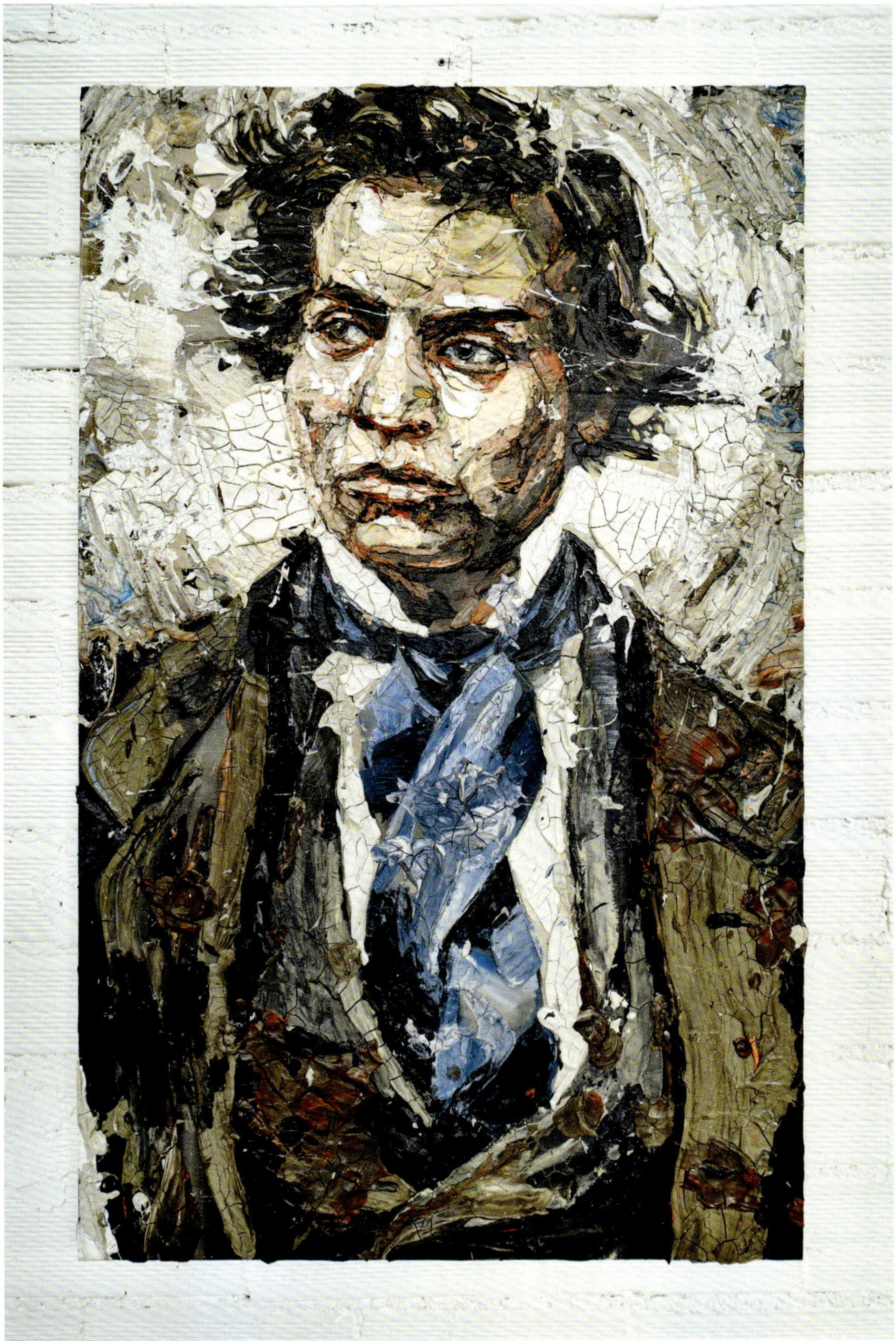

William II (Bethlem Royal Hospital, U.K.)
2021

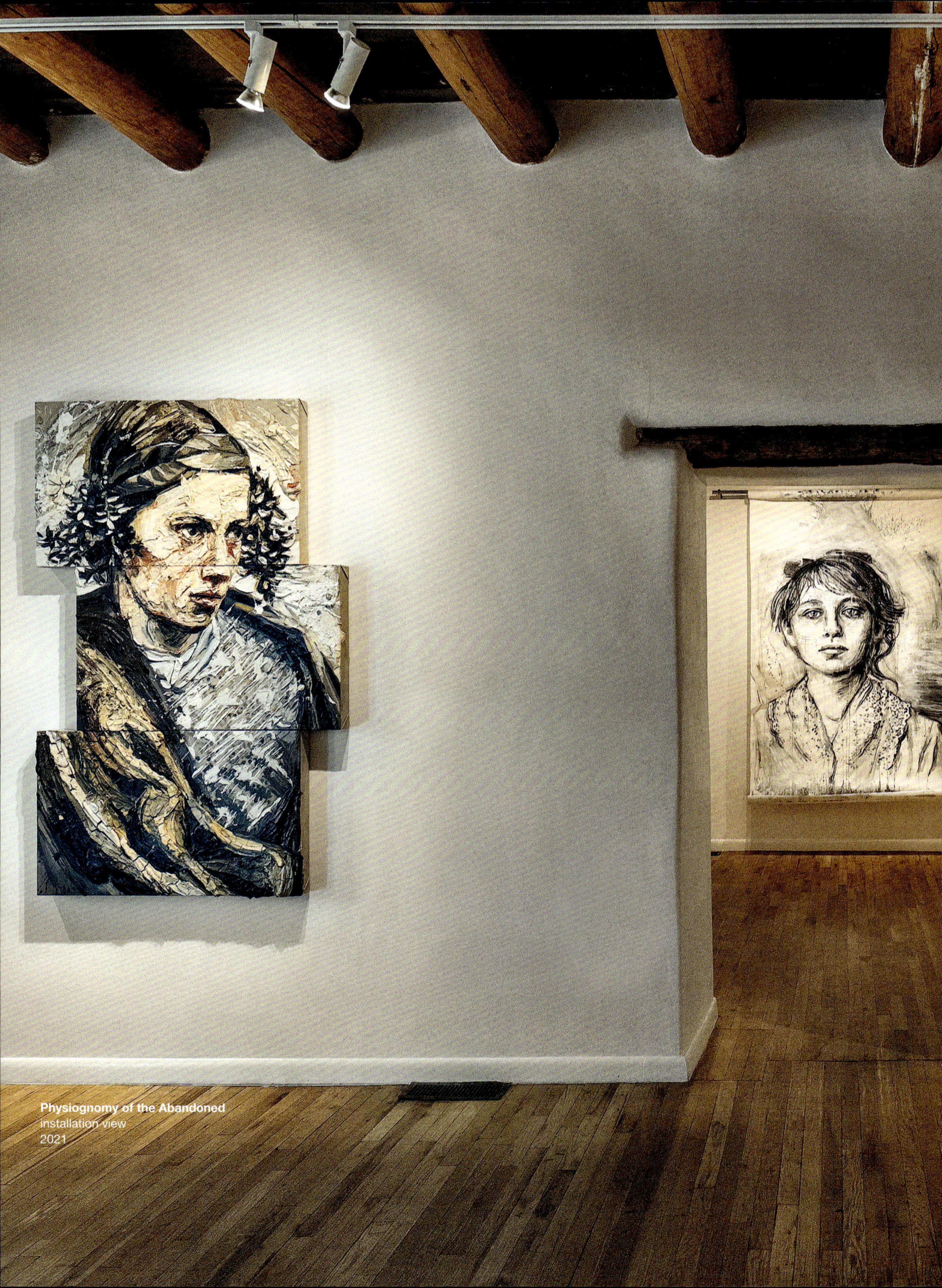

Physiognomy of the Abandoned
installation view
2021

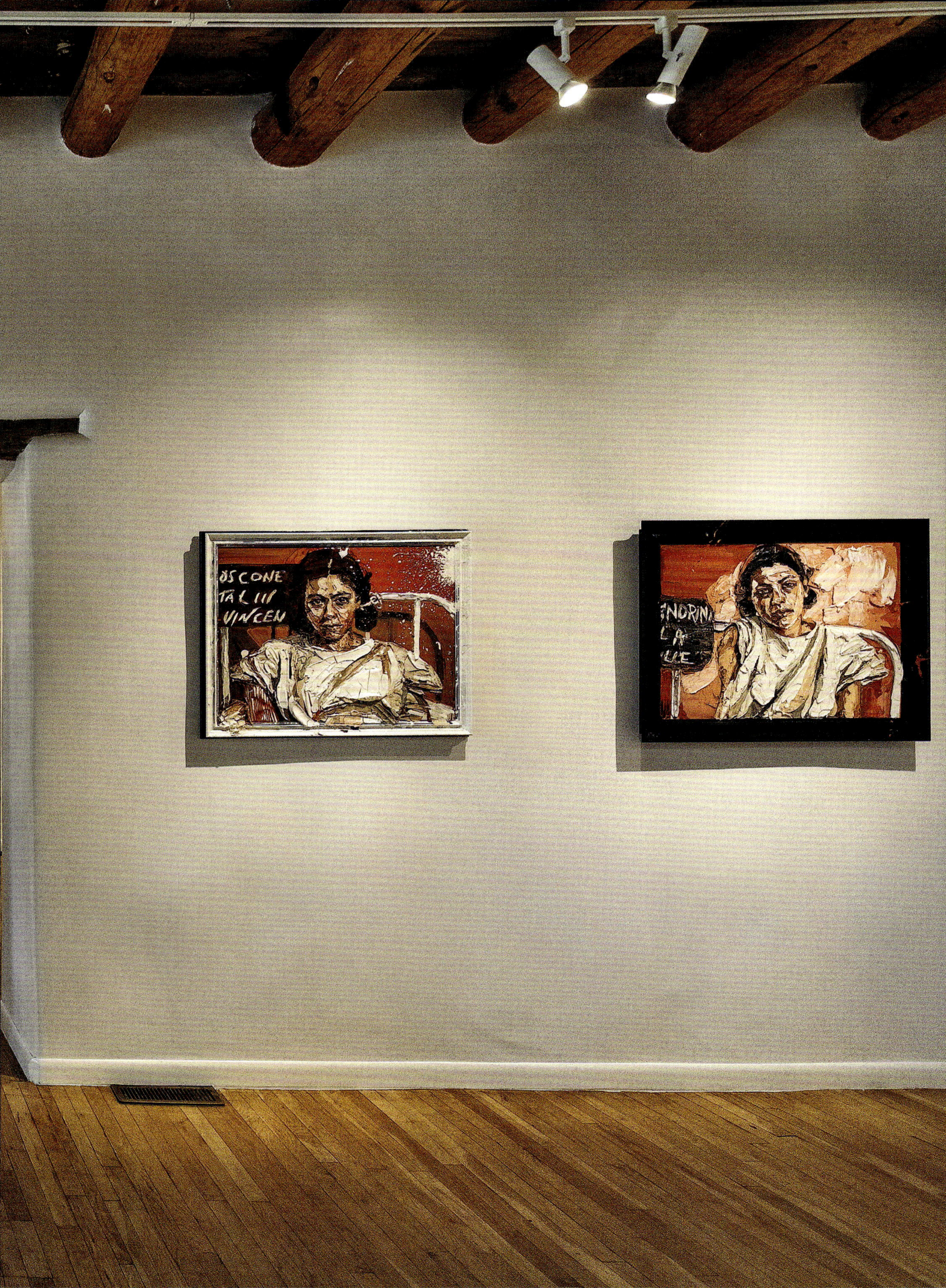
OS CONE
TAL III
VINCEN
ENDRIN

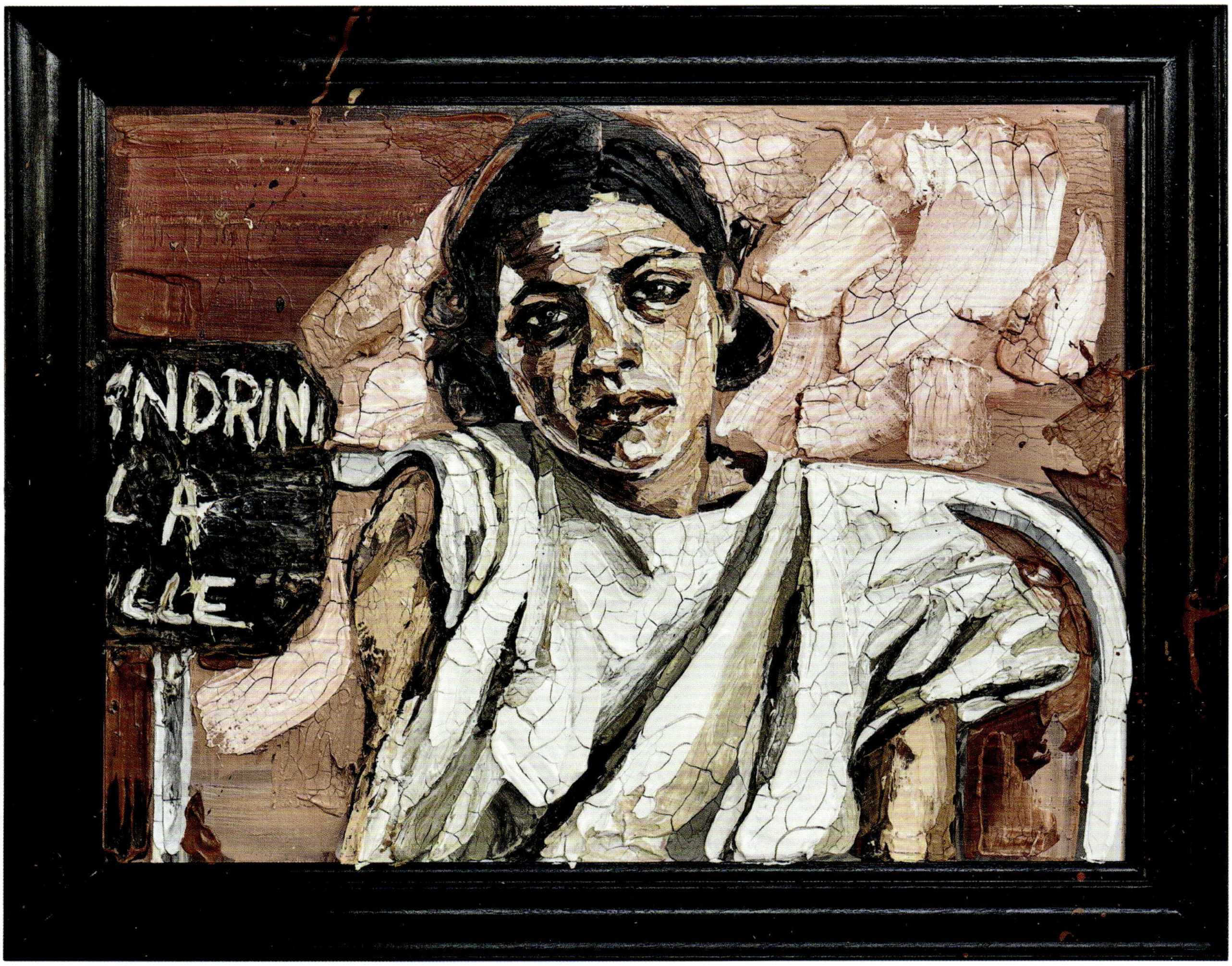

Angela (Santa Maria della Pietà, Rome)
2021

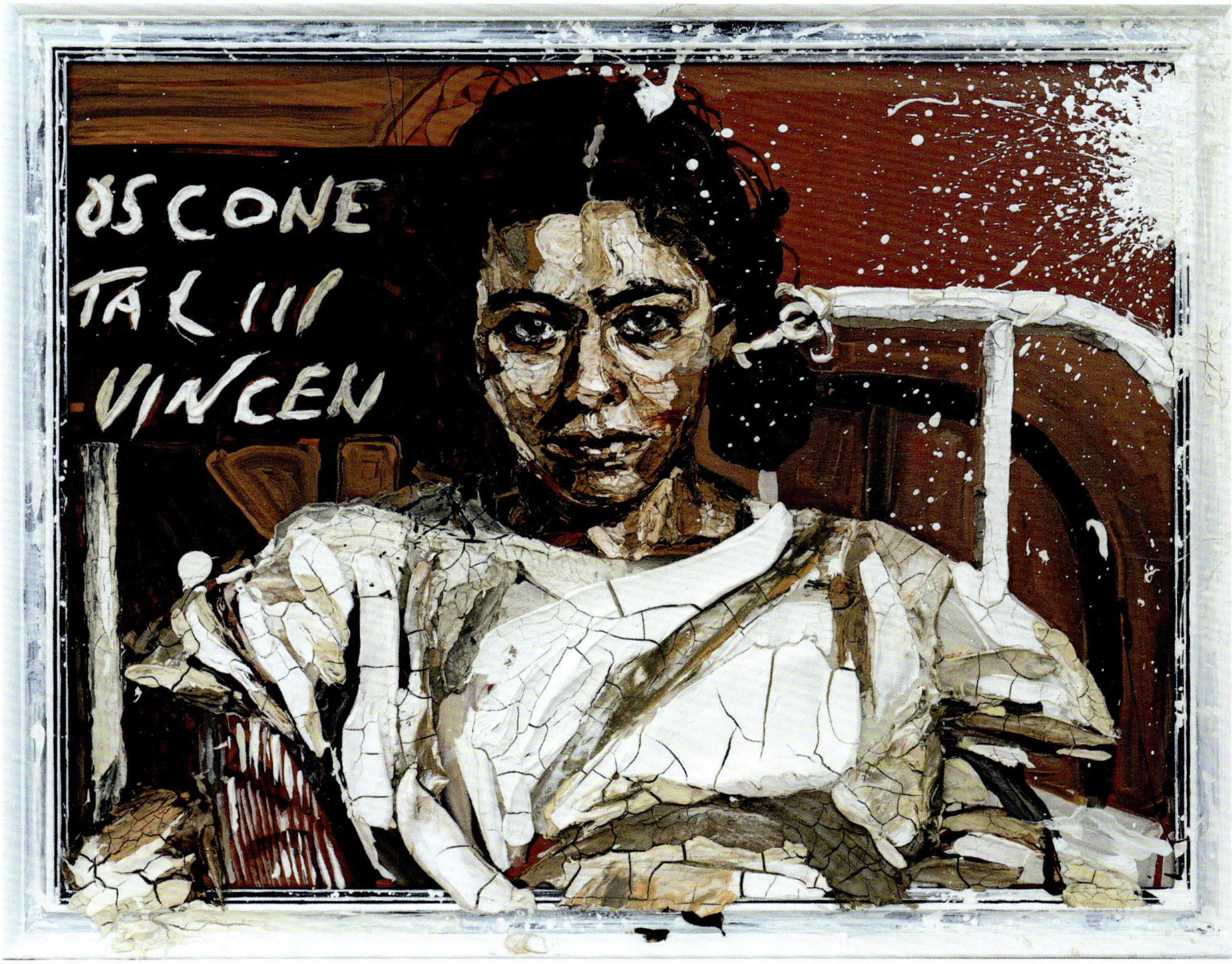

Natalina (Santa Maria della Pietà, Rome)
2021

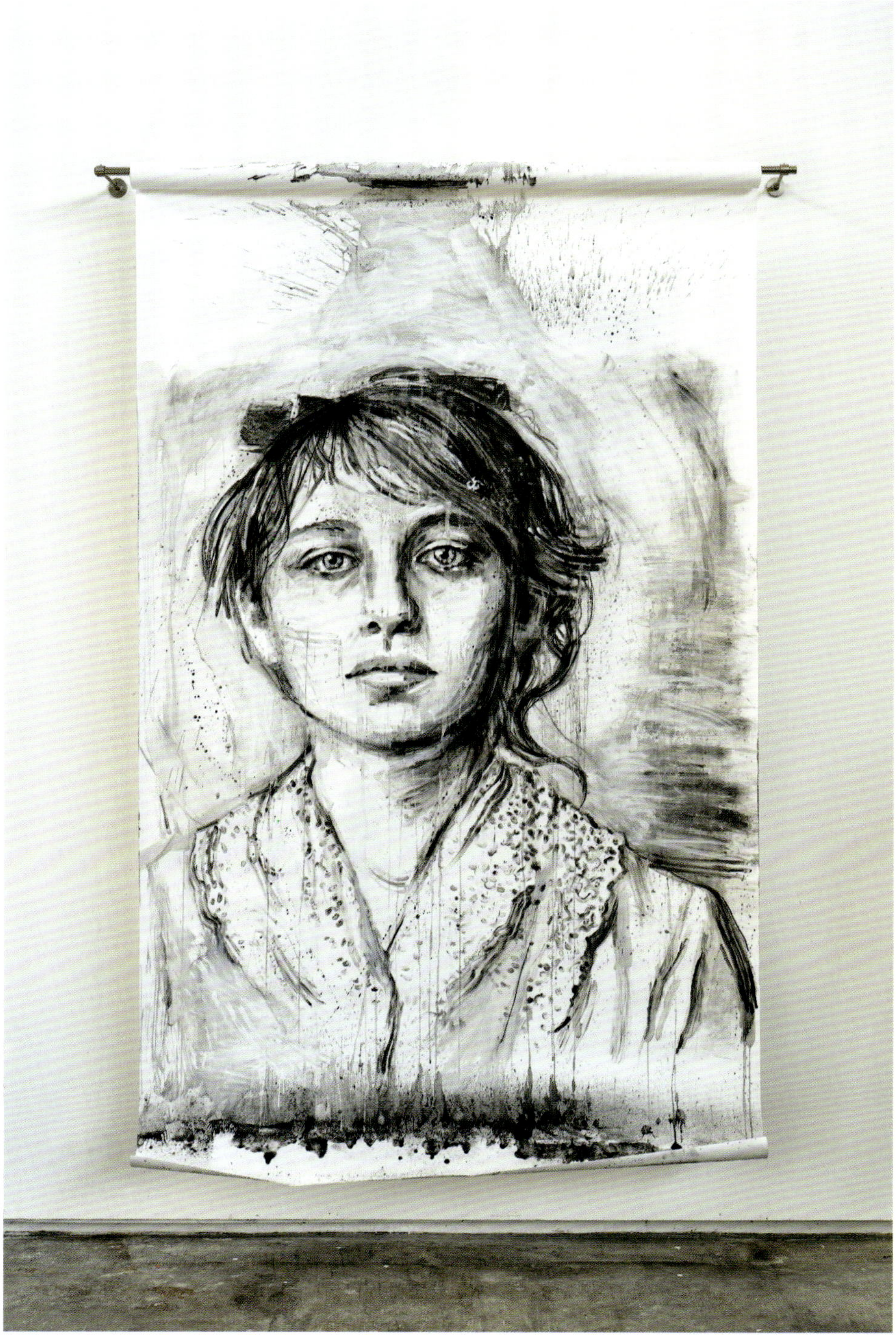

Camille
2021

Camille
detail / particolare
2021

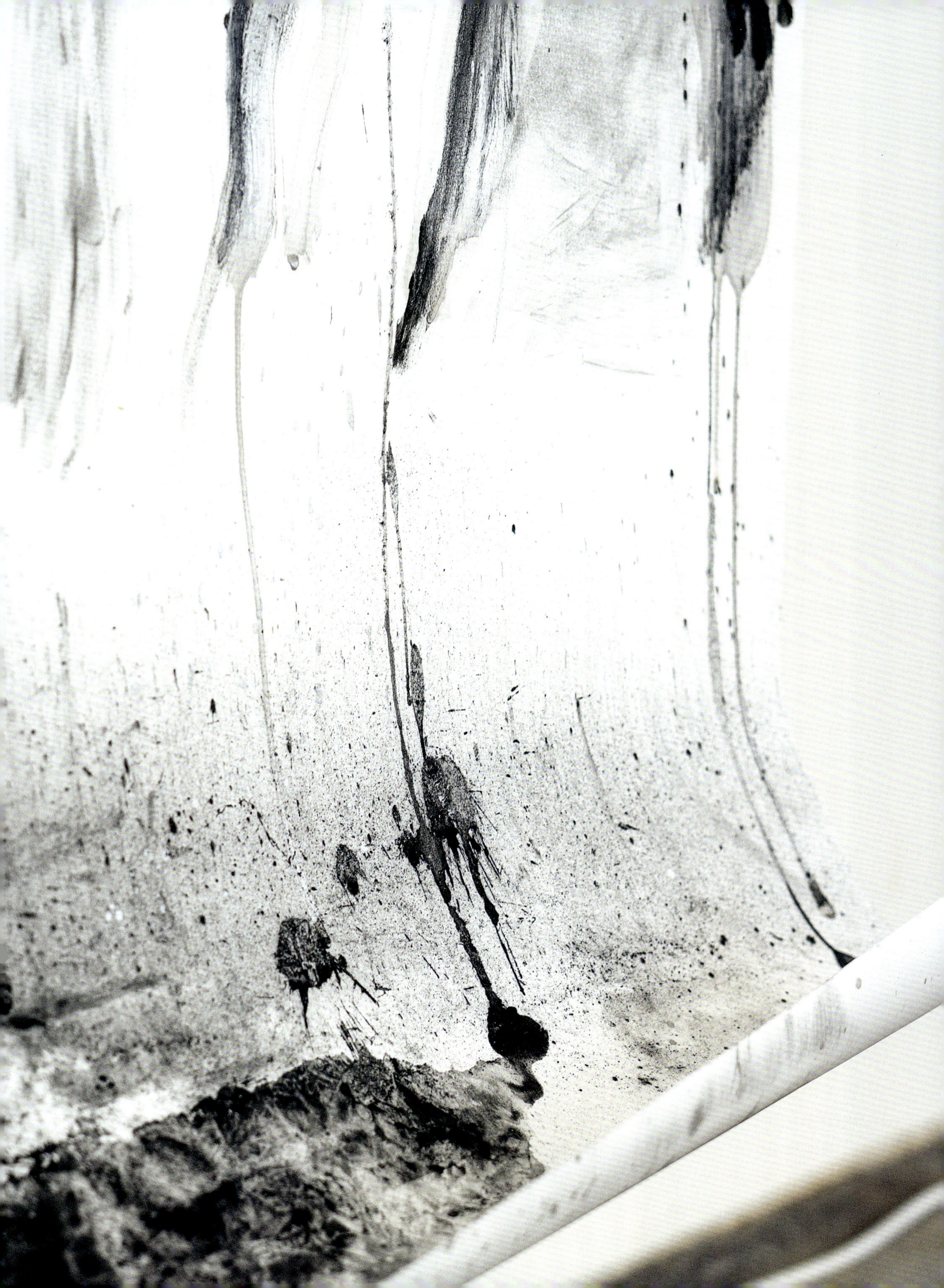

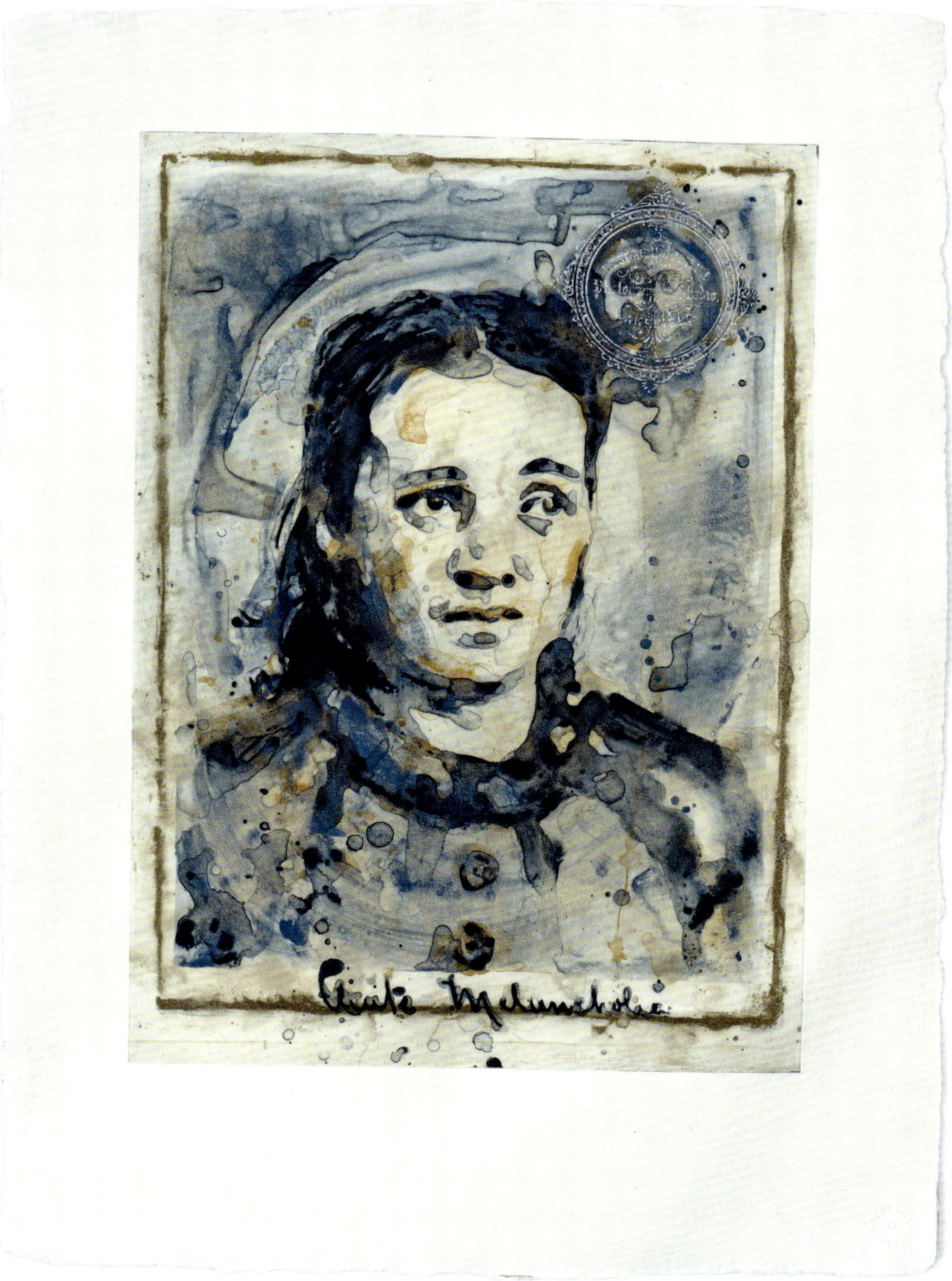

Acute Melancholia
2016

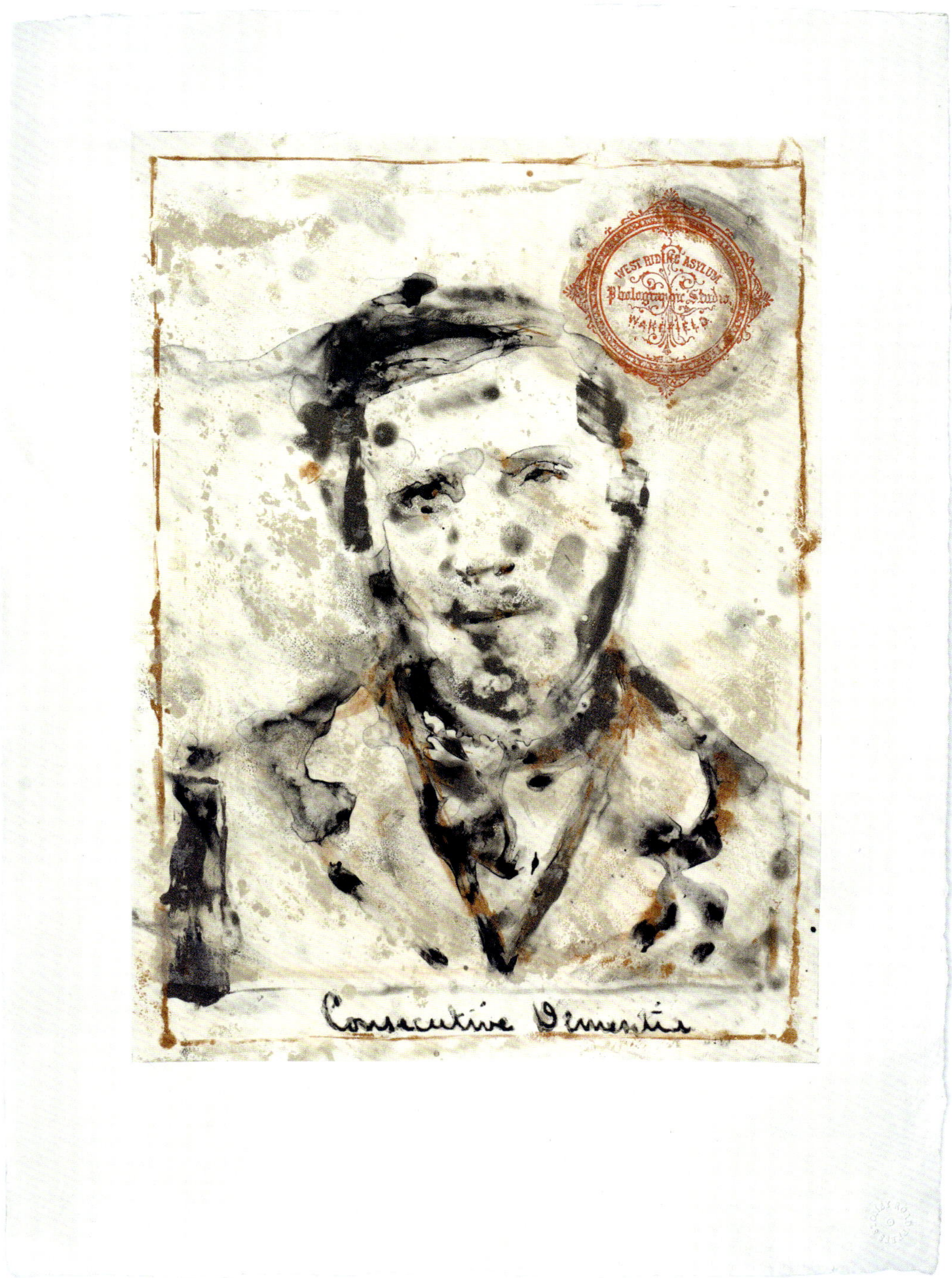

Consecutive Dementia
2016

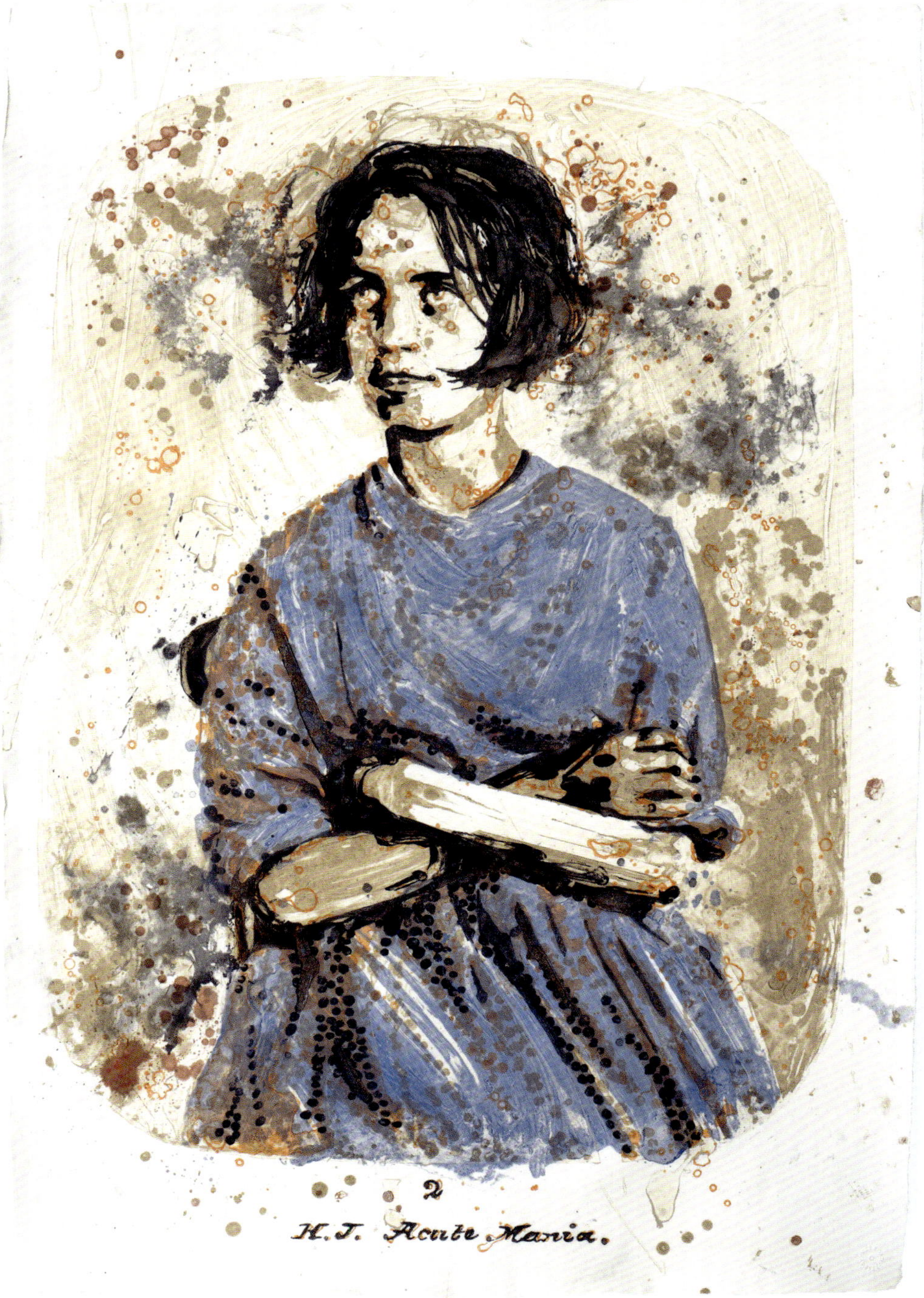

Harriet
2016

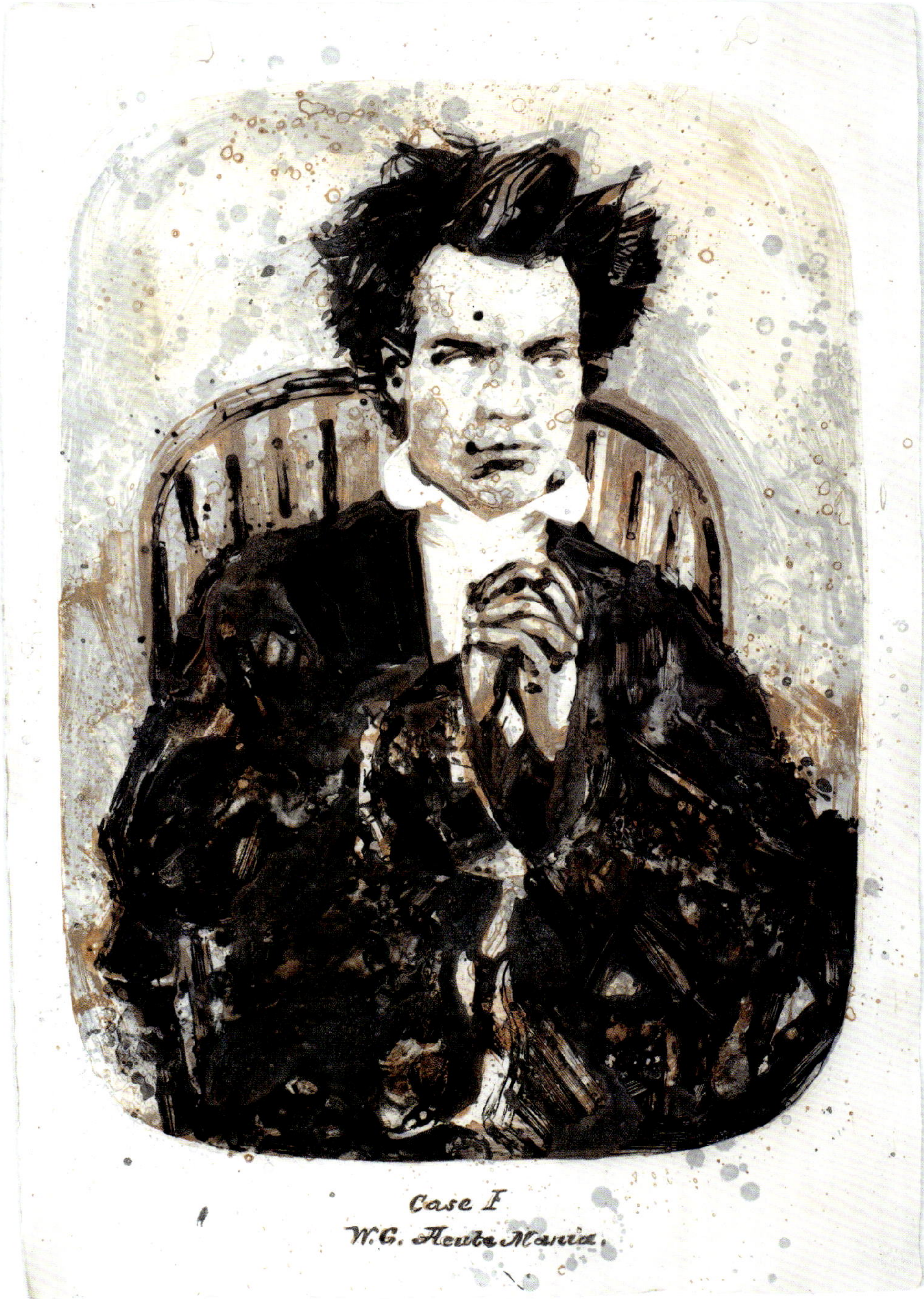

William
2016

A Conversation with Monica Lundy (2019)

Giuliana Benassi, Monica Lundy

Conversazione con Monica Lundy (2019)

GB As we speak, we are sitting here on a bench at Santa Maria della Pietà and you have a small box of papers with you. You've just shown me some of the burned drawings you have made; they are drawings of leaves from the garden and bottles of chemicals from the former psychiatric hospital pharmacy. This seems to me to be your most intimate work, a kind of visual diary that you construct in silence while implementing the use of materials you carry with you on site. How did this series of works come about and what does it mean to you?

ML It is a visual diary, as well as a form of meditation. I came upon this process in 2015 while in residence at Montalvo Arts Center in California; a beautiful place immersed in nature in the foothills of the Santa Cruz Mountains. There, I began doing one drawing a day as a kind of "visual meditation" and portrait of place. Each day I would select one object from nature to study—a leaf, a flower, a seed pod from a tree—and I would take it back to the studio to do a drawing of it on a small piece of Fabriano paper. In the beginning of this process, I was using coffee, which to me represents a universal, everyday material. I wanted these studies to honor the frequently overlooked aspects of daily life.

While working, I found myself reflecting upon how to better emphasize the ephemeral nature of these objects, and I realized I needed to implement the use of a medium that could express impermanence more effectively. So, instead of adding things to the paper, I thought that burning away the image—the act of eliminating material through carbonization—could be a more appropriate method to express the immaterial nature of time.

Since then, I have carried this process with me through life. I frequently do a "burned drawing" as a kind of visual journal of where I am at any given moment.

GB This is also a pictorial gesture, by subtraction. How did you encounter painting on your way?

ML My relationship with painting predates my earliest memories. Since I was a child I was surrounded

GB Mentre parliamo, siamo sedute qui su una panchina del Santa Maria della Pietà e tu hai con te una piccola scatola di fogli. Mi hai appena mostrato alcuni dei disegni bruciati che hai realizzato; sono disegni di foglie del giardino del Santa Maria della Pietà di Roma e di bottiglie di sostanze chimiche provenienti dalla farmacia dell'ex ospedale psichiatrico. Mi sembra che questo sia il tuo lavoro più intimo, una sorta di diario visivo che costruisci in silenzio utilizzando materiali che porti con te sul posto. Come è nata questa serie di opere e cosa significa per te?

ML È un diario visivo, oltre che una forma di meditazione. Mi sono imbattuta in questo processo nel 2015, durante una residenza al Montalvo Arts Center in California, un luogo bellissimo immerso nella natura ai piedi delle montagne di Santa Cruz. Lì ho iniziato a fare un disegno al giorno, una sorta di "meditazione visiva" e ritratto del luogo. Ogni giorno sceglievo un oggetto dalla natura da studiare – una foglia, un fiore, il baccello di un albero – e lo portavo in studio per disegnarlo su un piccolo pezzo di carta Fabriano. All'inizio di questo processo utilizzavo il caffè, che per me rappresenta un materiale universale e quotidiano. Volevo che questi studi onorassero gli aspetti spesso trascurati della vita quotidiana.

Nel corso del lavoro mi sono trovata a riflettere su come enfatizzare meglio la natura effimera di questi oggetti e ho capito che dovevo trovare un mezzo per esprimere meglio l'impermanenza. Invece di aggiungere supporti alla carta, ho pensato che bruciare l'immagine – l'atto di eliminare materia attraverso la carbonizzazione – potesse essere un metodo più appropriato per esprimere la natura immateriale del tempo.

Da allora ho portato questo processo con me nella vita e spesso faccio un "disegno bruciato" come una sorta di diario visivo del luogo in cui mi trovo, in un dato momento.

GB Anche questo è un gesto pittorico, per sottrazione. Come hai incontrato la pittura lungo la tua strada?

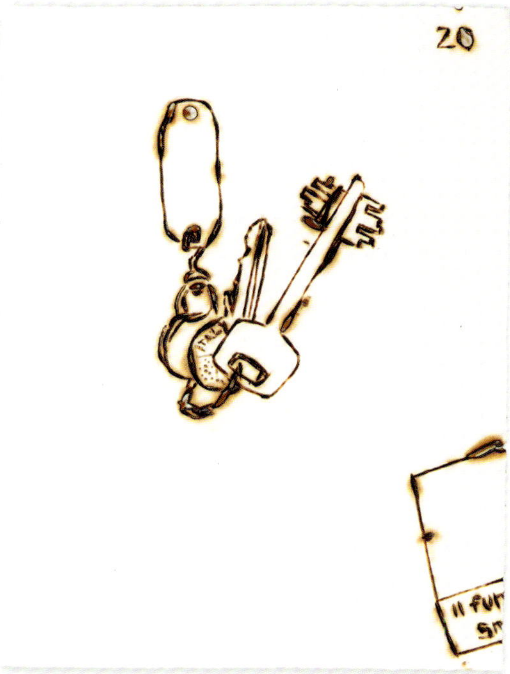

by the arts, and grew up spending my free time drawing. I was born into a family of artists and architects. My grandfather was an art collector and socialite; I have memories of sneaking into his salon to marvel at his collection (the room was off-limits to children and used to entertain important guests and dignitaries). It was filled with exquisite paintings and sculptures: de Chirico, Canaletto, Manet, Renoir, Pissaro, and many more. I was so inspired by the idea of beautiful paintings that I remember doing my first reproduction of a painting at the age of 5. It was a study of Van Gogh's "Irises." I still remember being mesmerized by his use of color and the gesture of the lines in the painting.

So, art has always been a part of my life experience.

However, I believe that for all artists comes a crucial moment in life in which their relationship with art becomes galvanized, and becomes an integral part of who one is. For me this happened when I was a child and became very sick. At that time, we were living in Saudi Arabia and I ended up staying two weeks in a strange hospital there, which was a shocking and

---

ML Il mio rapporto con la pittura è antecedente ai primissimi ricordi. Fin dall'infanzia sono stata circondata dall'arte e sono cresciuta disegnando nel tempo libero. Sono nata in una famiglia di artisti e architetti. Mio nonno era un collezionista d'arte con una vita sociale piuttosto dinamica: ricordo di quando mi intrufolavo nel salone per ammirare la sua collezione (quella stanza era off-limits per i bambini e serviva per intrattenere ospiti importanti e dignitari). Era pieno di dipinti e sculture importanti: de Chirico, Canaletto, Manet, Renoir, Pissarro e molti altri. Ero molto ispirata dalla bellezza di quei dipinti; ricordo di aver fatto la mia prima riproduzione di un quadro all'età di cinque anni. Era uno studio di "Iris" di Van Gogh. Ricordo ancora che ero rimasta ipnotizzata dall'uso del colore e dal gesto delle linee nel dipinto.

Quindi, l'arte ha sempre fatto parte della mia esperienza di vita. Tuttavia, credo che per tutti gli artisti arrivi un momento cruciale in cui il rapporto con l'arte si galvanizza e diventa parte integrante di ciò che uno è. A me è successo da bambina, in un periodo in cui ero molto malata. A quel tempo vivevamo in Arabia Saudita e fui ricoverata per due settimane in uno strano ospedale: un'esperienza scioccante e terrificante. Durante quei giorni, il processo di creazione ha iniziato a trasformarsi da qualcosa che mi piaceva fare in un linguaggio assolutamente necessario, attraverso il quale potevo elaborare ciò che stava accadendo nella mia vita ed esprimere emozioni che altrimenti sarebbero rimaste sepolte dentro di me.

Quello è stato il momento della metamorfosi. Da allora mi sono affidata alla creazione di opere d'arte per affrontare la vita, soprattutto i momenti difficili. È un modo per entrare in me e ritrovare immediatamente il mio centro, indipendentemente da dove sono o da ciò che mi accade intorno.

GB Il tuo lavoro è caratterizzato da una fase di ricerca legata all'archivio, in quanto i soggetti che ritrai sono sempre riferibili a storie e vicende umane del passato, storie scomode o nascoste. Come affronti questa ricerca e perché?

terrifying experience. At that point, the process of creating began its transformation from being something I had enjoyed doing into being a necessary language through which I could process what was happening in my life and express emotions that I otherwise could not.

That was the moment of metamorphosis. Ever since then, I have relied on making artwork to carry me through life, especially the difficult times. It's a way for me to reach inside myself and immediately find my center, no matter where I am or what is happening around me.

GB Your work is characterized by a phase of research in the archives, because the subjects you portray are always related to stories and human events of the past—uncomfortable or hidden stories. How do you approach this research and why?

ML There is a curious cerebral "spark" that ignites when I enter an archive and sit down with a file of historic photographs. In that moment, I have

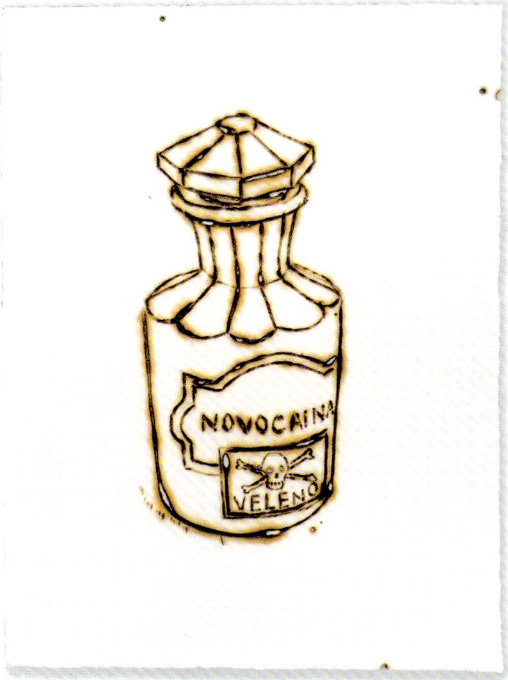

ML C'è una curiosa "scintilla" che mi si accende nel cervello quando entro in un archivio e mi siedo con un fascicolo di fotografie storiche. In quel momento, ho la sensazione di "incontrare qualcuno che non ho mai incontrato prima". Poiché lavoro con la storia, in particolare con persone che hanno subito un destino infausto e sono scomparse nel tempo, il legame più intimo che posso avere con i miei soggetti è quello di andarli a cercare nelle vecchie foto e nei documenti; oppure, quando possibile, visitare i luoghi in cui hanno risieduto (anzi, in cui spesso sono stati incarcerati). In questo modo, mi sembra di entrare in comunione con loro; mi avvicino il più possibile prima di iniziare a lavorare con la loro immagine e la loro storia nel mio studio. Per me questo passaggio iniziale di conoscenza dei miei soggetti e del materiale che li riguarda è fondamentale. Crea una connessione più intensa fra noi e, di conseguenza, un'opera d'arte più profonda.

GB Le tecniche che usi sono variegate, il medium pittorico include anche materiali che a volte sfidano

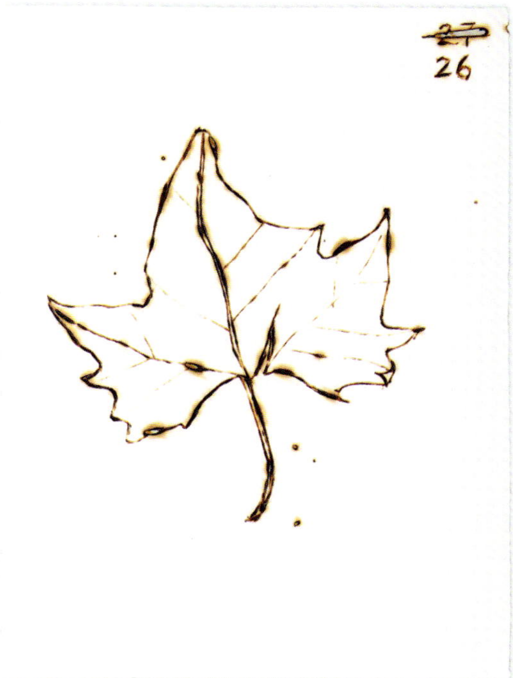

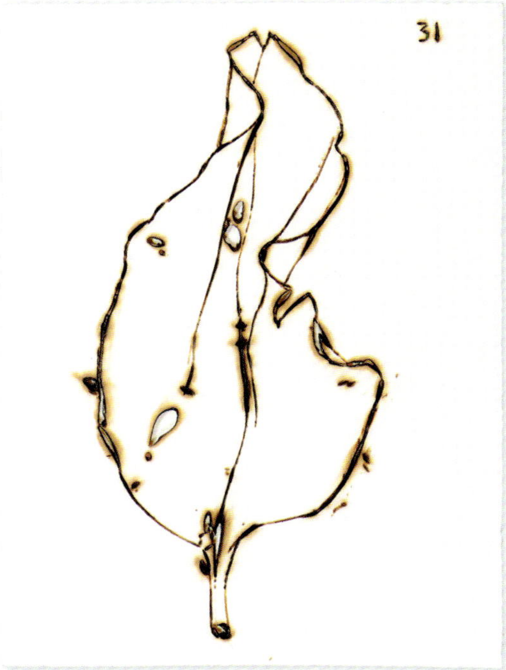

a heightened sensation that I am “about to meet someone I haven’t met before.” Because I work with history, specifically with people who have suffered ill fates and vanished in time, the most intimate connection I can have with my subject matter is to go look for them—in the form of old photos and documents and, whenever possible, visit the places where they resided (rather, where they were often incarcerated). In this way, I feel as if I’m communing with them; I’m getting as close to them as I possibly can before working with their image and story in the studio. For me, this initial step in acquainting myself with my subjects and source material is fundamental. It creates a deeper connection with my subject matter, and in turn, a more profound work of art.

GB The techniques you use are varied, the medium of painting also includes materials that sometimes result in three-dimensionality, such as terracotta on wall, liquid porcelain, rusted and cut steel. What is the significance to you of choosing certain materials and techniques?

la tridimensionalità, come la terracotta su parete, la porcellana liquida, l’acciaio arrugginito e tagliato. Che significato ha per te la scelta di certi materiali e di certe tecniche?

ML Mi affascinano le narrazioni taciute e mi ispirano i mezzi di comunicazione fisicamente impegnativi.

Ho bisogno che il mio processo – dalla fase iniziale di ricerca fino alla creazione fisica del lavoro – mi metta alla prova. Questo impegno attivo, sia nel concetto che nel processo, mi fa crescere. Per questo motivo i materiali che uso sono per lo più mezzi pittorici non tradizionali, che richiedono un *problem solving* per essere lavorati: porcellana liquida, terracotta, metallo arrugginito, carta bruciata e così via.

Inoltre, l’uso di questi materiali mi permette di stare a cavallo tra due regni che amo abitare, la pittura e la scultura. C’è anche una corrispondenza concettuale tra i materiali che uso e il soggetto, soprattutto quando realizzo installazioni *site-specific*. Per esempio, quando

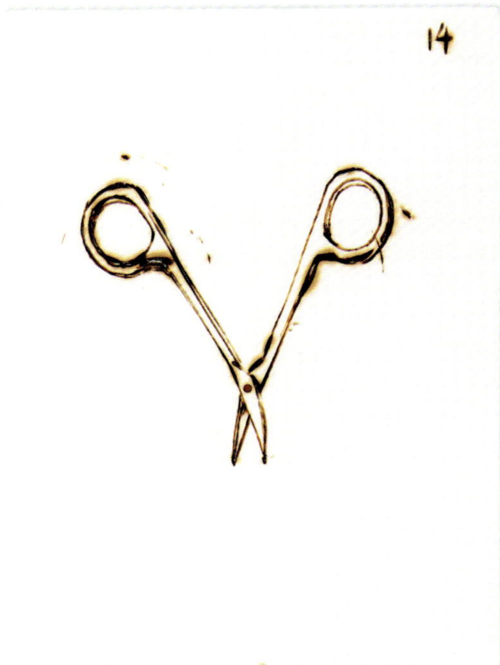

ML I am compelled by silenced narratives, and I'm inspired by physically challenging media. I need for my process—from the initial phase of research through to the physical creation of work—to challenge me. This active engagement in both concept and process keeps me growing. Therefore, the materials I use are mostly non-traditional painting media, which require "problem solving" in order to work with: liquid porcelain, terracotta clay, rusted metal, burned paper, and so on.

Additionally, using such materials allows me to straddle two realms I love to inhabit: painting and sculpture. There is also a conceptual correspondence between the materials I use and the subject matter, especially when I do site-specific installations. For example, when I was invited to exhibit on Alcatraz Island in San Francisco (2011), I considered both its long, multi-cultural history and its present-day decaying architecture, rife with eroding walls covered in peeling paint and rusty pipes and fixtures. Considering all of this, I chose to do a site-specific "rust painting" installation that incorporated one of the old prison complex's deteriorating walls. The subject of the piece was a group of Hopi prisoners who were incarcerated there in the nineteenth century for being considered "dissidents" (not wanting to conform to the white man's way of life). The "painting" was a three-dimensional installation made with a slab of cut, rusted steel. When leaned against the wall, the distressed, light-colored, peeling paint of the wall behind it mingled with the dark rust of the steel, and together they completed the image.

My first true "porcelain painting" was the result of a structural problem on site where I was invited to install a piece. I had previously been working with "terracotta clay paintings," a process in which I would slather wet terracotta clay on the wall then let it slowly dry, crack, and fall to the floor, leaving behind a stained image on the wall. In 2011, I was invited to participate in an exhibition at the Performance Art Institute in San Francisco, and was assigned a space where the drywall had been torn off the wall, exposing the blackened aggregate sub-wall beneath it. Instead of repairing the drywall (as was suggested), I thought it was a perfect opportunity to try a new technique: paint

sono stata invitata a esporre sull'isola di Alcatraz a San Francisco (2011), ho considerato sia la sua lunga storia multiculturale sia l'attuale architettura in decadenza, piena di muri erosi coperti di vernice scrostata, tubi e impianti arrugginiti. Considerando tutto questo, ho scelto di realizzare un'installazione *site-specific* di "pittura di ruggine" che incorporasse uno dei muri deteriorati del vecchio complesso carcerario. Il soggetto dell'opera era un gruppo di prigionieri Hopi che furono detenuti ad Alcatraz nel XIX secolo perché considerati "dissidenti" (non volevano conformarsi allo stile di vita dell'uomo bianco). Il "dipinto" era un'installazione tridimensionale realizzata con una lastra di acciaio tagliato e arrugginito appoggiata al muro: in questo modo la vernice chiara e scrostata della parete retrostante si mescolava alla ruggine scura dell'acciaio e insieme completavano l'immagine.

Il mio primo vero "quadro di porcellana" è scaturito da un problema strutturale in un luogo dove ero stata invitata a installare un'opera. In precedenza avevo lavorato con i "dipinti di terracotta", un processo in cui spalmavo la

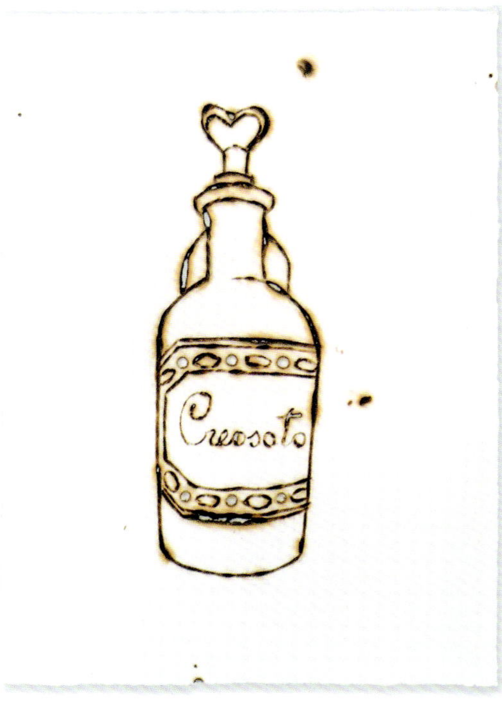

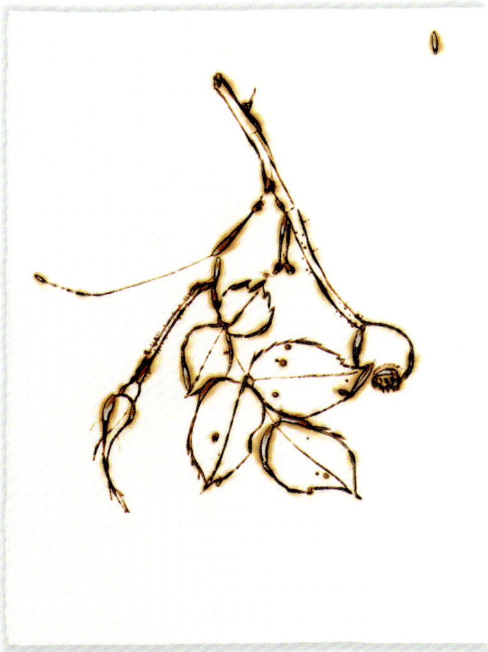

with pure liquid porcelain directly on the sub-wall, so that the black aggregate and the white porcelain would create an image. Thus *Women's Dept. San Quentin State Prison (1859)* was born, and a whole new process of painting began.

GB In the passage from the gaze to the pictorial gesture, which I like to call an operation of pictorial "transfiguration," what kind of relationship do you establish with the subjects that become part of your works?

ML I just have questions… When studying a historic photo, usually of individuals who had found themselves at a point of crisis in life, a myriad of questions arise. Who were they? Where did they come from? What was their life like, and most of all what were the events that led up to their arrival at such a desperate and tragic point in their lives that culminated in the mug shot or patient record photo that I had found myself sitting in front of? What became of these forsaken souls afterwards? I only have questions for my

terracotta bagnata sul muro e poi la lasciavo asciugare lentamente; una volta secca, si crepava e cadeva a terra. In questo modo, l'immagine che ottenevo alla fine somigliava a una macchia sul muro. Nel 2011 fui invitata a partecipare a una mostra presso il Performance Art Institute di San Francisco; mi venne assegnato uno spazio in cui il muro a secco era stato strappato, mostrando sotto la parete annerita. Anziché riparare il muro a secco (come mi era stato suggerito) ho pensato che fosse l'occasione perfetta per sperimentare una nuova tecnica: dipingere con porcellana liquida pura direttamente sul muro, in modo che l'aggregato nero e la porcellana bianca creassero un'immagine. Così è nato *Women's Dept. San Quentin State Prison (1859)* ed è iniziato un nuovo processo di pittura.

GB Nel passaggio dallo sguardo al gesto pittorico, che mi piace chiamare un'operazione di "trasfigurazione" pittorica, che tipo di relazione instauri di volta in volta con i soggetti che entrano a far parte dei tuoi lavori?

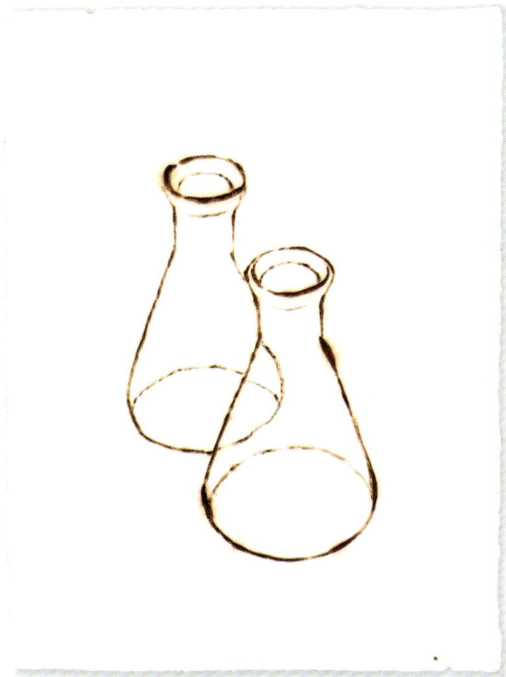

subjects, but I realize that these are questions that can never be answered.

GB Thank you Monica, we leave the reading of your works open so that it may perpetuate the questions you speak of.

ML Ho solo domande in merito… Quando studio una foto storica, di solito di individui che si sono trovati in un momento di crisi nella vita, sorgono una miriade di domande. Chi erano? Da dove venivano? Com'era la loro vita e, soprattutto, qual è stata la serie di eventi che li ha portati a un punto così disperato e tragico, culminato nella foto segnaletica o nella cartella clinica che mi trovo davanti? Che ne è stato poi di queste anime abbandonate? Ho solo domande per i miei soggetti, ma mi rendo conto che sono domande che non potranno mai avere una risposta.

GB Grazie Monica, lasciamo aperta la lettura delle tue opere affinché possa perpetuare le domande di cui parli.

Index of Works

Regesto delle opere

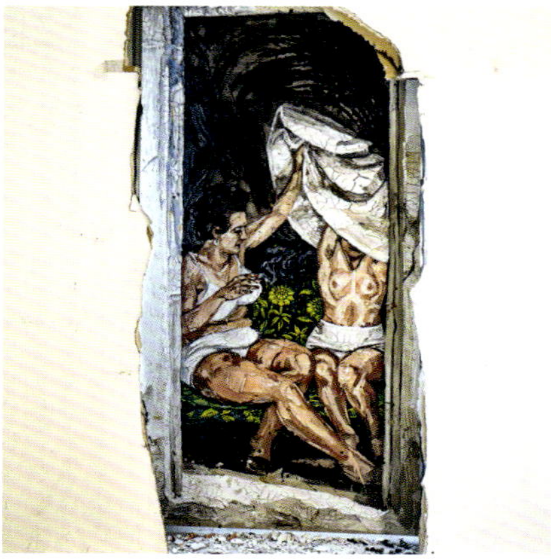

Two Prostitutes of Mandrione
2021
Mixed media with liquid porcelain on panel / Tecnica mista con porcellana liquida su pannello
Site-specific installation / installazione site-specific
Dimensions variable / Dimensioni variabili
"There Is No Place Like Home", Rome: installation view / veduta dell'installazione, Via del Mandrione 347, Roma
Photo credit: Daniele Puppi

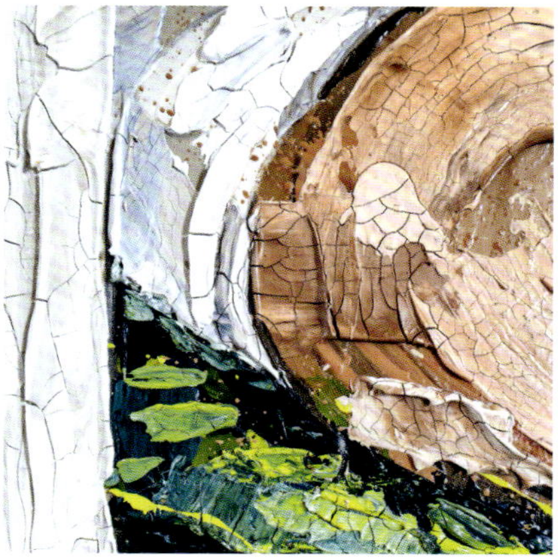

Two Prostitutes of Mandrione
2021
detail / particolare

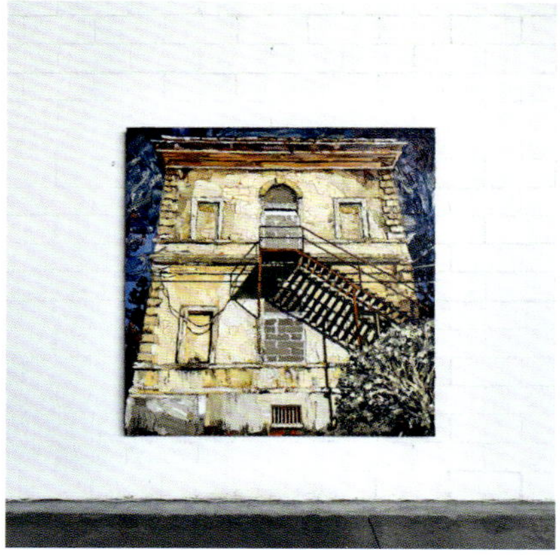

Padiglione IV (Santa Maria della Pietà, Rome)
2021
Series: *Santa Maria della Pietà*
Mixed media with liquid porcelain on panel / Tecnica mista con porcellana liquida su pannello
84 x 84 x 3 in / 214 x 214 x 8 cm
Private collection / Collezione privata
Sara and James McManis
Photo credit: Daniele Puppi

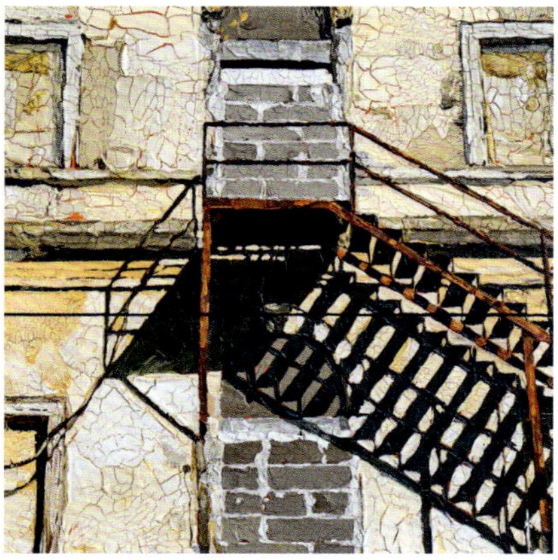

Padiglione IV (Santa Maria della Pietà, Rome)
2021
detail / particolare

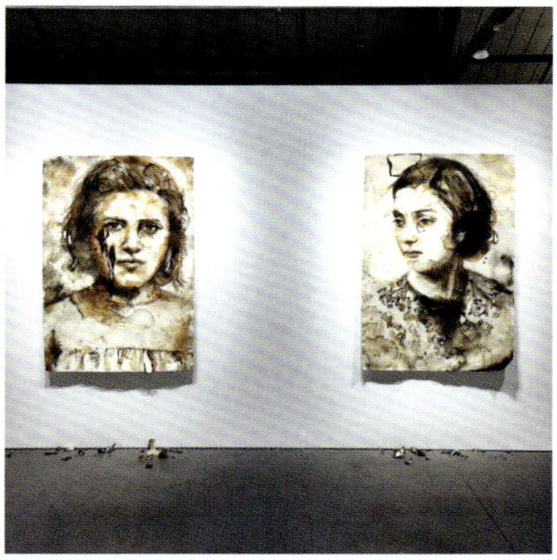

Giuditta and Donatella
2018
Mixed media with coffee, charcoal, and burned paper / Tecnica mista con caffè, carboncino e carta bruciata
63 x 43 x 3 in / 160 x 110 x 8 cm
Installation view / veduta dell'installazione, Nancy Toomey Fine Art, San Francisco, CA
Donatella: Private collection / Collezione privata
Madhu Rajendran and Mandy Ginsberg

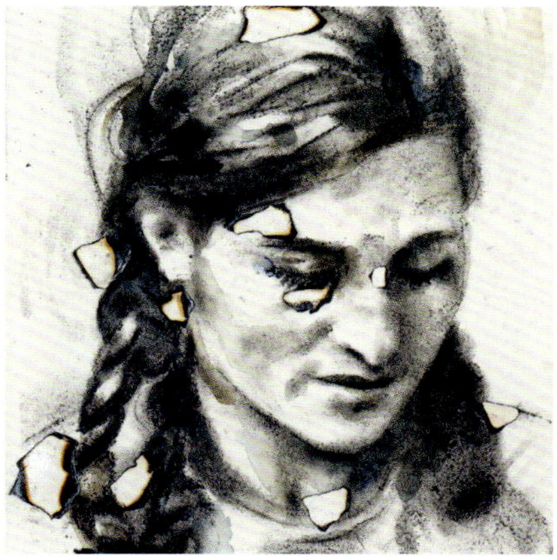

Assunta
2017
Series: *Deviance: Women in the Asylum During the Fascist Regime*
Mixed media with gouache, burned paper, and charcoal on Khadi paper / Tecnica mista con gouache, carta bruciata e carboncino su carta Khadi
30 x 22 x 2 in / 76 x 56 x 5 cm
Private collection / Collezione privata
Gilbert Vendryes
Photo credit: Roberto Apa

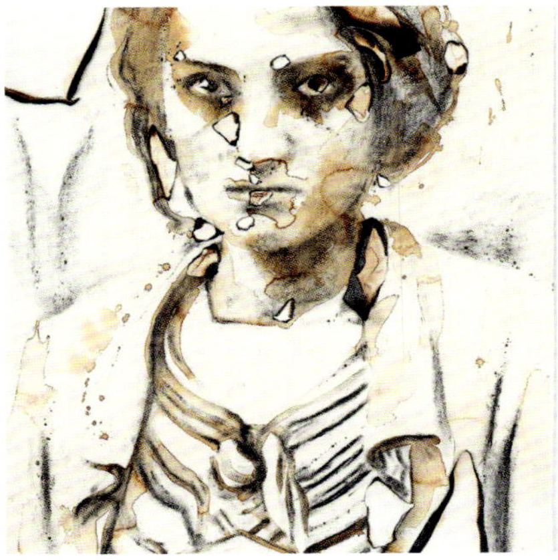

Aurora
2017
Series: *Deviance: Women in the Asylum During the Fascist Regime*
Mixed media with coffee, burned paper, and charcoal on Khadi paper / Tecnica mista con caffè, carta bruciata e carboncino su carta Khadi
55 x 38 x 4 in / 140 x 96 x 10 cm
Photo credit: Roberto Apa

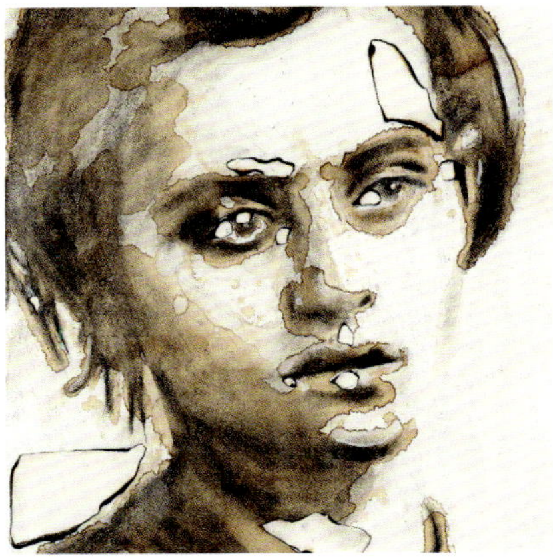

Anonymous Girl
2017
Series: *Deviance: Women in the Asylum During the Fascist Regime*
Mixed media with coffee, burned paper, and charcoal on Khadi paper / Tecnica mista con caffè, carta bruciata e carboncino su carta Khadi
30 x 21 x 1 in / 77 x 55 x 2 cm
Private collection / Collezione privata Deborah Bishop and Michael Lieberman
Photo credit: Roberto Apa

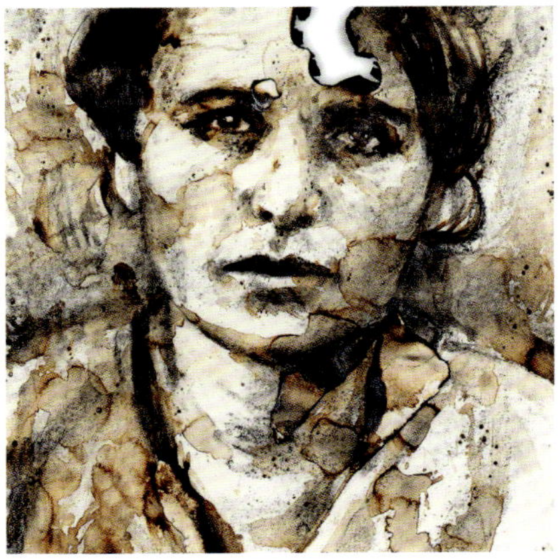

Allegra
2017
Series: *Deviance: Women in the Asylum During the Fascist Regime*
Mixed media with coffee, burned paper, and charcoal on Khadi paper / Tecnica mista con caffè, carta bruciata e carboncino su carta Khadi
55 x 38 x 4 in / 140 x 96 x 10 cm
Photo credit: Roberto Apa

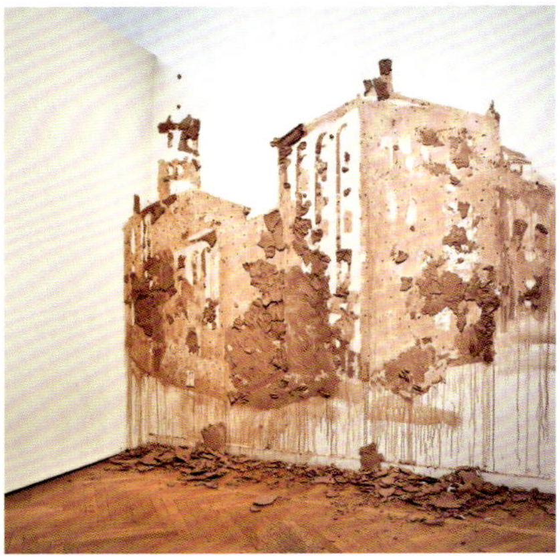

Stockton Asylum
2010
Series: *Stockton Asylum*
Terracotta
Site-specific, ephemeral installation / installazione effimera
108 x 120 x 12 in / 274 x 305 x 30 cm
Between You and Me, installation view / veduta dell'installazione, Mills College Art Museum, Oakland, CA
Photo credit: Randy Dodson

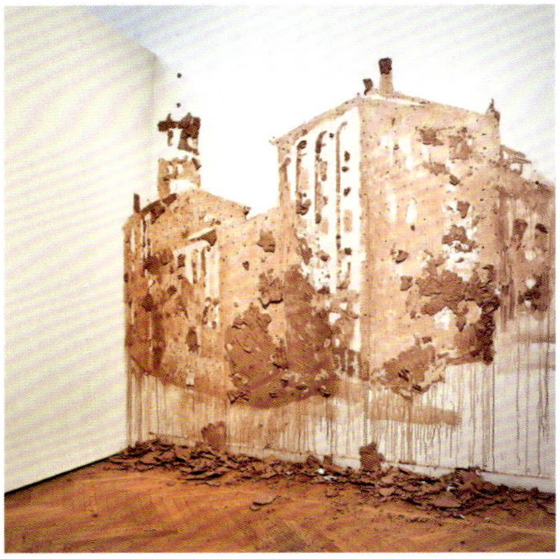

Stockton Asylum
2010
Series: *Stockton Asylum*
Terracotta
Site-specific, ephemeral installation / installazione effimera
108 x 120 x 12 in / 274 x 305 x 30 cm
Between You and Me, installation view / veduta dell'installazione, Mills College Art Museum, Oakland, CA
Photo credit: Randy Dodson

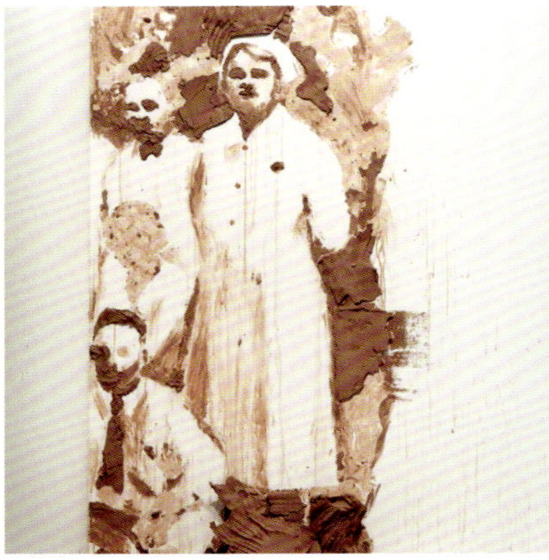

Asylum Nurse
2009
Series: *Stockton Asylum*
Terracotta
Site-specific, ephemeral installation / installazione effimera
Dimensions variable / Dimensioni variabili
Photo credit: Randy Dodson

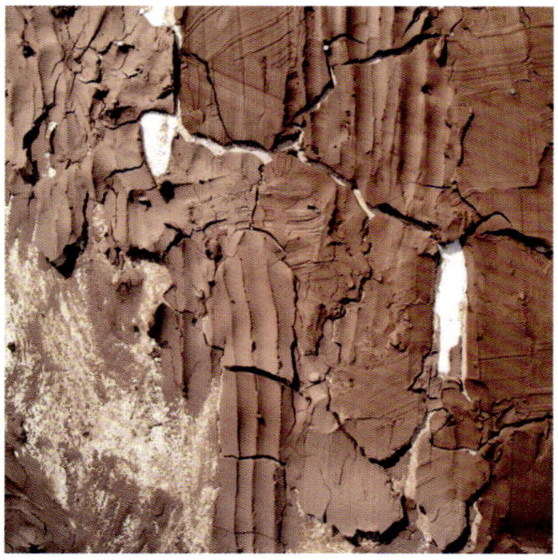

Stockton Asylum
2010
detail / particolare

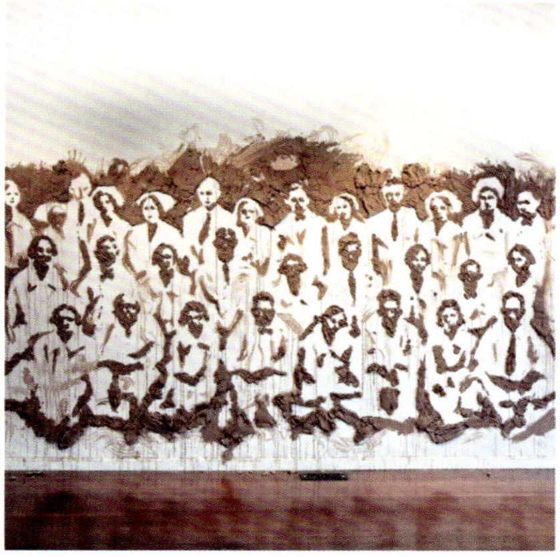

Department of Mental Hygiene (1943)
2010
Series: *Stockton Asylum*
Terracotta
Site-specific, ephemeral installation / installazione effimera
96 x 192 x 10 in / 244 x 487 x 25 cm
Obscure Histories, installation view / veduta dell'installazione, Ogle Gallery, Portland, OR
Photo credit: Bill Bacchuber

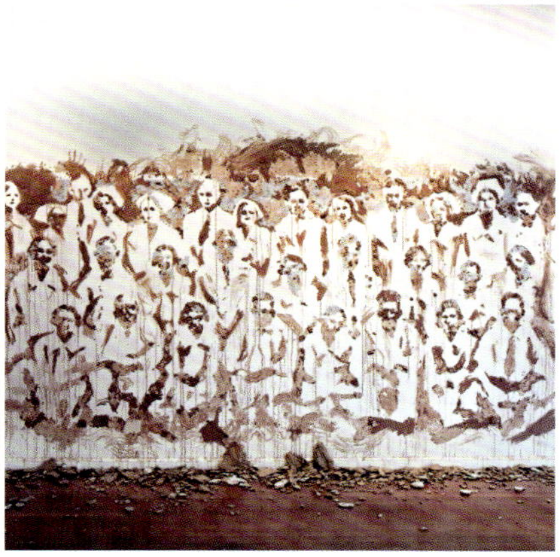

Department of Mental Hygiene (1943)
2010
Series: *Stockton Asylum*
Terracotta
Site-specific, ephemeral installation / installazione effimera
96 x 192 x 10 in / 244 x 487 x 25 cm
Obscure Histories, installation view / veduta dell'installazione, Ogle Gallery, Portland, OR
Photo credit: Bill Bacchuber

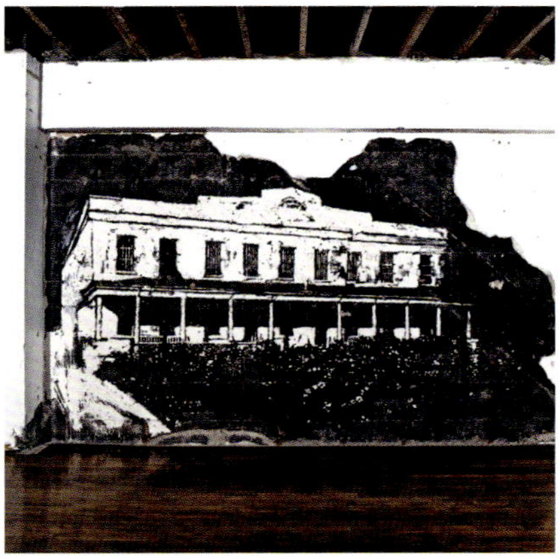

Women's Dept. San Quentin State Prison (1859)
2011
Series: *Women of San Quentin*
Liquid porcelain / Porcellana liquida
Site-specific, ephemeral installation / installazione effimera
Dimensions variable / Dimensioni variabili
Cream from the Top, installation view / veduta dell'installazione, The Performance Art Institute, San Francisco, CA
Photo credit: Randy Dodson

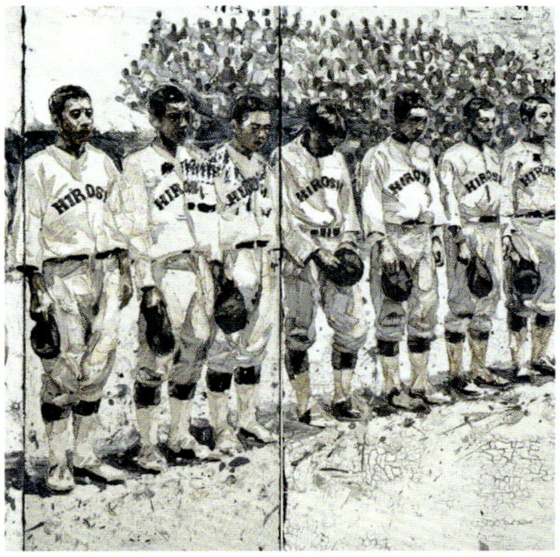

Visiting Team in San Francisco
2016
Series: *Untethered: Stories of the Fillmore District*
Mixed media with liquid porcelain and clay on panel / Tecnica mista con porcellana liquida e argilla su pannello
85 x 161 x 10 in / 216 x 408 x 25 cm
Photo credit: Randy Dodson

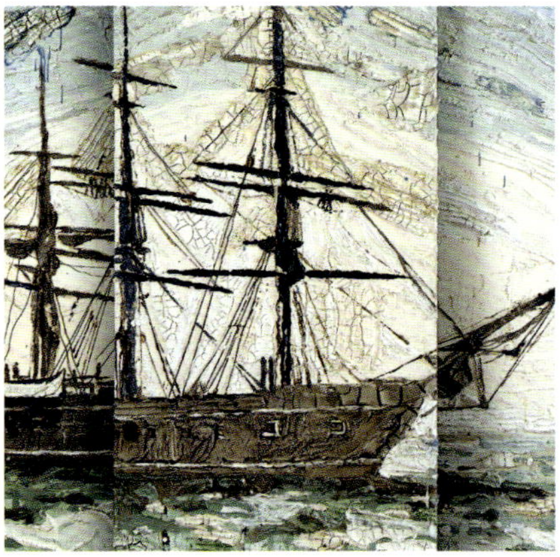

USS Portsmouth
2014
Mixed media with liquid porcelain and clay on panel / Tecnica mista con porcellana liquida e argilla su pannello
Site-specific installation / installazione site-specific
76 x 90 x 20 in / 193 x 228 x 50 cm
The Battery, San Francisco, CA
Photo credit: Randy Dodson

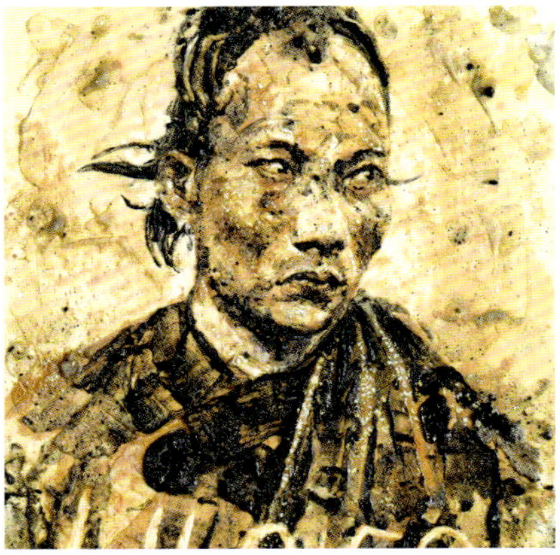

Lee Chuck
2014
Mixed media with 22 kt gold, 16 kt gold, 12 kt white gold, Numi's Gunpowder Green Tea, gouache, pulverized charcoal, and mica flake on Arches paper mounted on panel / Tecnica mista con oro 22 kt, oro 16 kt, oro bianco 12 kt, tè verde Gunpowder di Numi, gouache, carboncino polverizzato e fiocchi di mica su carta Arches montata su pannello
61 x 41 x 2 in / 155 x 104 x 5 cm
Private collection / Collezione privata Dayna Goldfine and Dan Geller
Photo credit: Randy Dodson

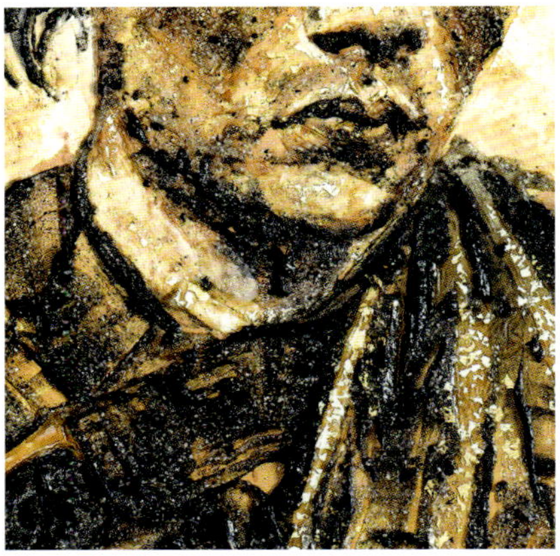

Lee Chuck
2014
detail / particolare

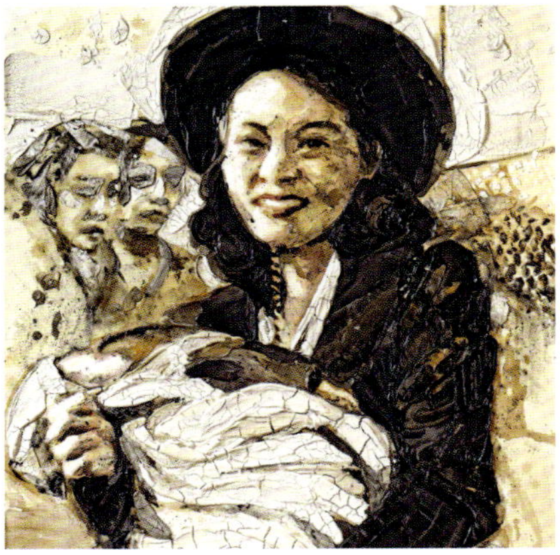

Mother and Child Tagged for Internment
2016
Series: *Untethered: Stories of the Fillmore District*
Mixed media with 22 kt gold, 16 kt gold, 12 kt white gold, coffee, pulverized charcoal, mica flake, gouache, and liquid porcelain on Arches paper mounted on panel / Tecnica mista con oro 22 kt, oro 16 kt, oro bianco 12 kt, caffè, carbone polverizzato, fiocchi di mica, gouache e porcellana liquida su carta Arches montata su pannello
61 x 41 x 2 in / 155 x 104 x 5 cm
Private collection / Collezione privata Janice and Steve Chaffin
Photo credit: Randy Dodson

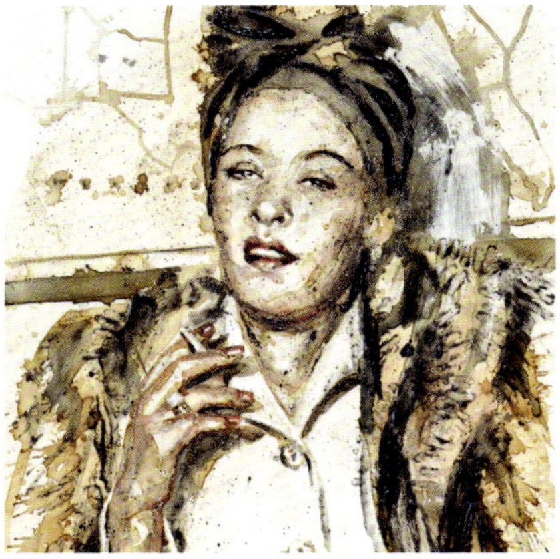

Billie Awaiting Arraignment
2016
Series: *Untethered: Stories of the Fillmore District*
Mixed media with 22 kt gold, 16 kt gold, 12 kt white gold, coffee, pulverized charcoal, mica flake, and gouache on Arches paper mounted on panel / Tecnica mista con oro 22 kt, oro 16 kt, oro bianco 12 kt, caffè, carbone polverizzato, fiocchi di mica, gouache e porcellana liquida su carta Arches montata su pannello
61 x 41 x 2 in / 155 x 104 x 5 cm
Private collection / Collezione privata Megan and Todd Lewis
Photo credit: Randy Dodson

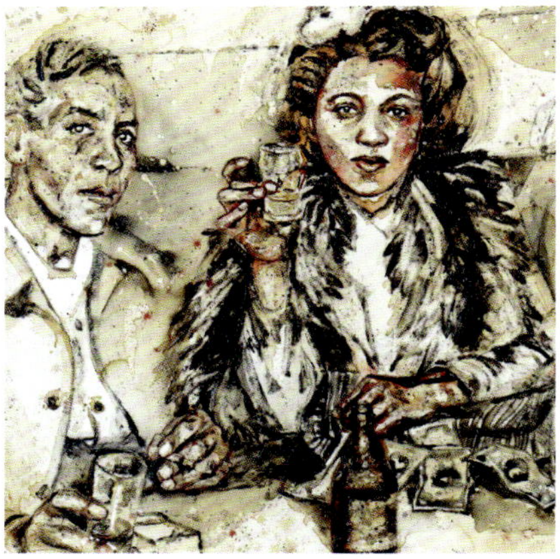

Jack's Tavern
2016
Series: *Untethered: Stories of the Fillmore District*
Mixed media with 22 kt gold, 16 kt gold, 12 kt white gold, coffee, pulverized charcoal, mica flake, and gouache on Arches paper mounted on panel / Tecnica mista con oro 22 kt, oro 16 kt, oro bianco 12 kt, caffè, carbone polverizzato, fiocchi di mica, gouache e porcellana liquida su carta Arches montata su pannello
41 x 61 x 2 in / 104 x 155 x 5 cm
Private collection / Collezione privata
Photo credit: Randy Dodson

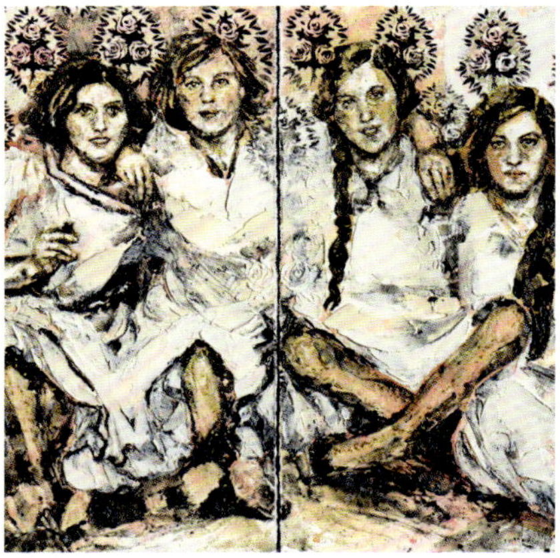

Ladies of the Barbary Coast
2014
Mixed media with 22 kt gold, 16 kt gold, 12 kt white gold, coffee, gouache, pulverized charcoal, mica flake, and acrylic on Arches paper mounted on panel / Tecnica mista con oro 22 kt, oro 16 kt, oro bianco 12 kt, caffè, carbone polverizzato, fiocchi di mica, gouache e porcellana liquida su carta Arches montata su pannello
Site-specific installation / installazione site-specific
61 x 82 x 2 in / 155 x 208 x 5 cm
The Battery, San Francisco, CA
Private collection / Collezione privata
Photo credit: Randy Dodson

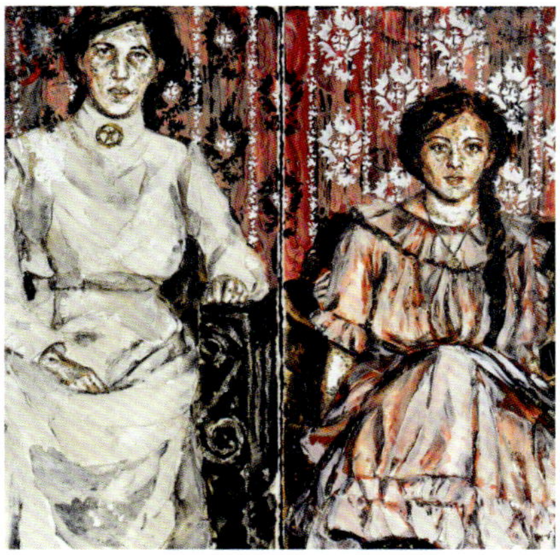

Ladies of the Barbary Coast II
2015
Mixed media with 22 kt gold, 16 kt gold, 12 kt white gold, coffee, gouache, pulverized charcoal, mica flake, and acrylic on Arches paper mounted on panel / Tecnica mista con oro 22 kt, oro 16 kt, oro bianco 12 kt, caffè, carbone polverizzato, fiocchi di mica, gouache e porcellana liquida su carta Arches montata su pannello
Site-specific installation / installazione site-specific
61 x 82 x 2 in / 155 x 208 x 5 cm
de Saisset Museum, Santa Clara, CA
Photo credit: Randy Dodson

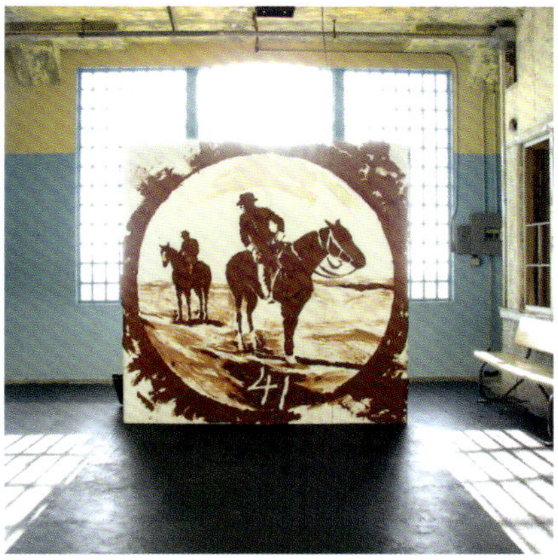

Arresting Officer (1894)
2011
Series: *Alcatraz*
Terracotta
Site-specific, ephemeral installation / installazione effimera
96 x 96 x 2 in / 243 x 243 x 5 cm
Alcatraz Symposium on Justice and Freedom, installation view / veduta dell'installazione, Alcatraz Island, San Francisco, CA
Photo credit: Randy Dodson

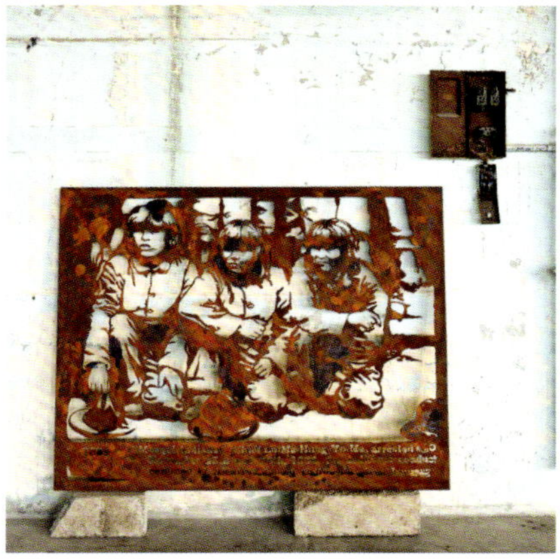

Hopi Inmates (1895)
2011
Series: *Alcatraz*
Cut, rusted steel / Ferro tagliato e arrugginito
Site-specific installation / installazione site-specific
48 x 66 x 2 in / 121 x 167 x 5 cm
Alcatraz Symposium on Justice and Freedom, installation view / veduta dell'installazione, Alcatraz Island, San Francisco, CA.
Photo credit: Randy Dodson

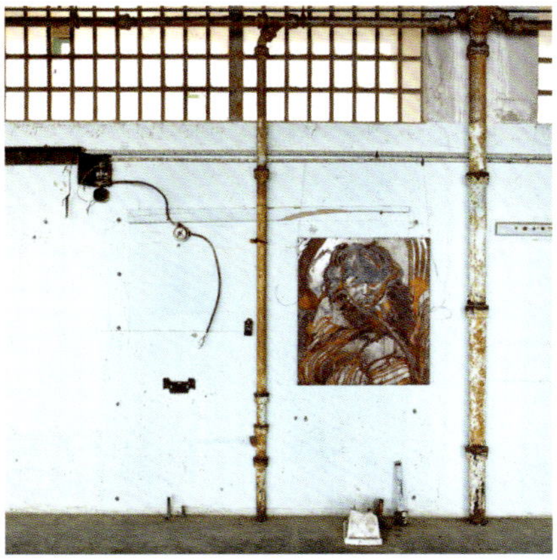

Hopi Inmate (1895)
2011
Series: *Alcatraz*
Cut, rusted steel / Ferro tagliato e arrugginito
Site-specific installation / installazione site-specific
36 x 36 in / 91 x 91 cm
Alcatraz Symposium on Justice and Freedom, installation view / veduta dell'installazione, Alcatraz Island, San Francisco, CA
Photo credit: Randy Dodson

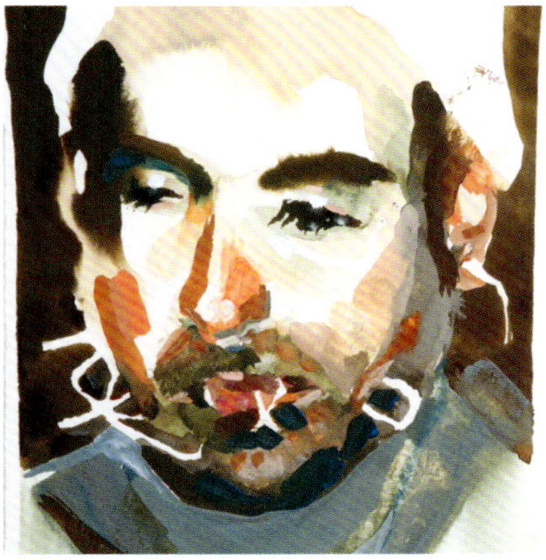

Guantanamo Bay Detainee
2009
Series: *The Empire Studies*
Gouache on Fabriano paper / Gouache su carta Fabriano
8 x 6 in / 20 x 15 cm
Photo credit: Randy Dodson

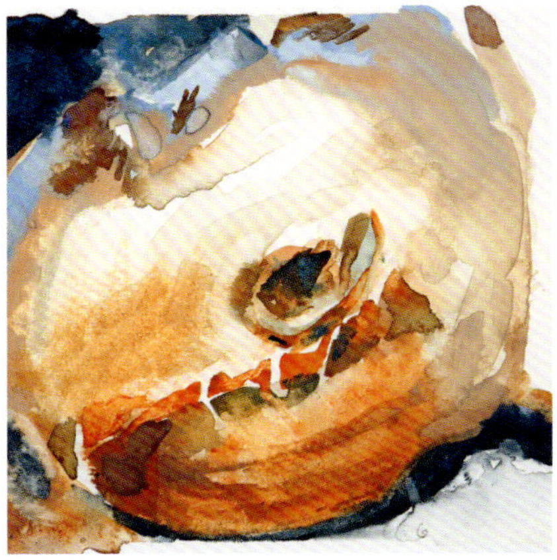

Guantanamo Bay Detainee II
2009
Series: *The Empire Studies*
Gouache on Fabriano paper / Gouache su carta Fabriano
6 x 8 in / 15 x 20 cm
Photo credit: Randy Dodson

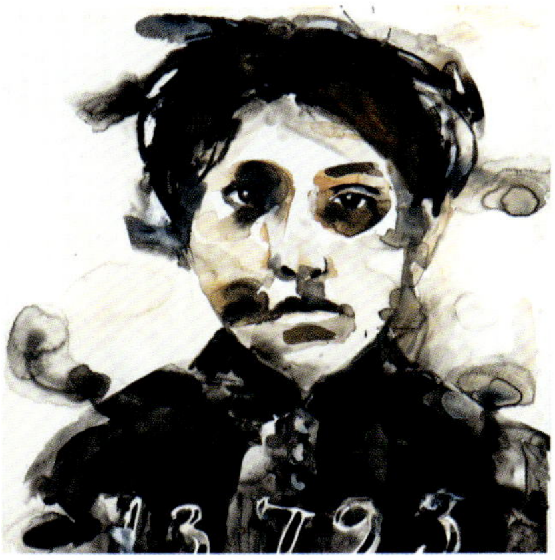

13793
2010
Series: *Women of San Quentin*
Gouache on Fabriano paper / Gouache su carta Fabriano
30 x 22 in / 76 x 56 cm
Private collection / Collezione privata
Marcy Schwartz
Photo credit: Randy Dodson

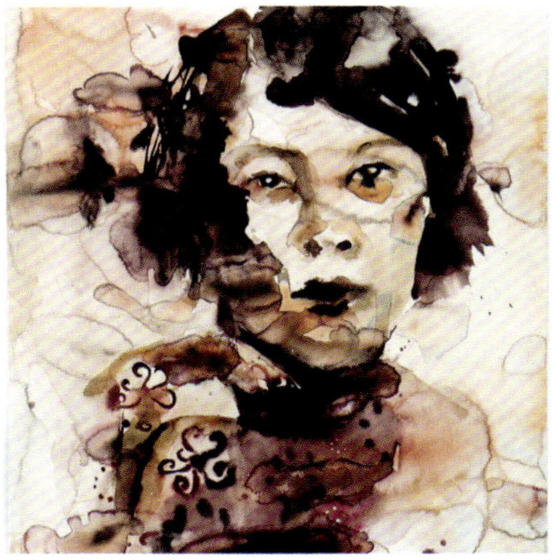

3600
2009
Series: *Women of San Quentin*
Gouache on Fabriano paper / Gouache su carta Fabriano
30 x 22 in / 76 x 56 cm
Photo credit: Randy Dodson

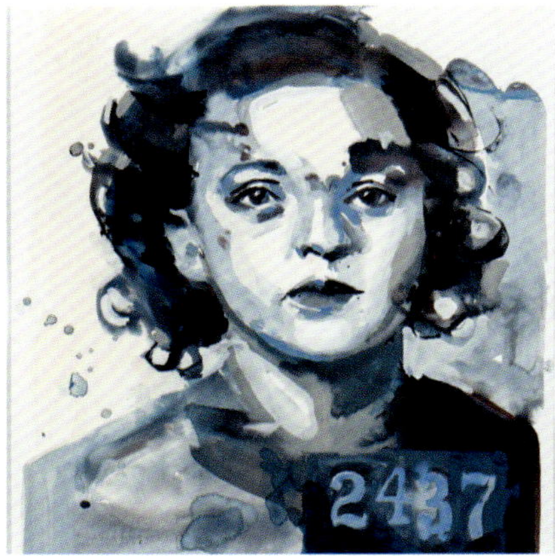

2437
2010
Series: *Women of San Quentin*
Gouache on Fabriano paper / Gouache su carta Fabriano
30 x 22 in / 76 x 56 cm
Private collection / Collezione privata
Kevin Powell and Melanie Goldfeld
Photo credit: Randy Dodson

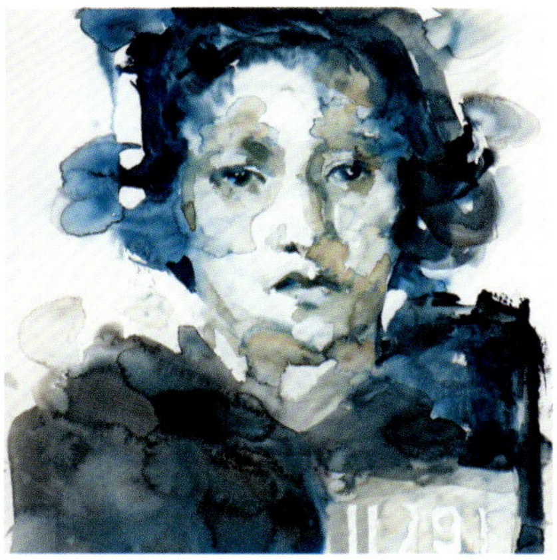

11791
2009
Series: *Women of San Quentin*
Gouache on Fabriano paper / Gouache su carta Fabriano
30 x 22 in / 76 x 56 cm
Private collection / Collezione privata
Marika Davis
Photo credit: Randy Dodson

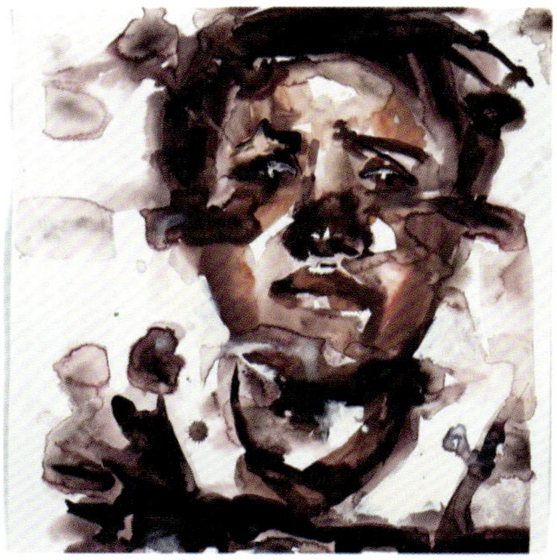

31298
2010
Series: *Women of San Quentin*
Gouache on Fabriano paper / Gouache su carta Fabriano
30 x 22 in / 76 x 56 cm
Private collection / Collezione privata
Marcy Schwartz
Photo credit: Randy Dodson

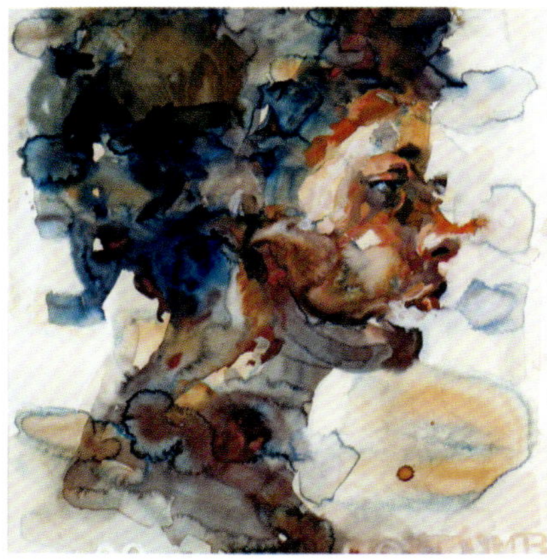

120
2010
Series: *Women of San Quentin*
Gouache on Fabriano paper / Gouache su carta Fabriano
30 x 22 in / 76 x 56 cm
Photo credit: Randy Dodson

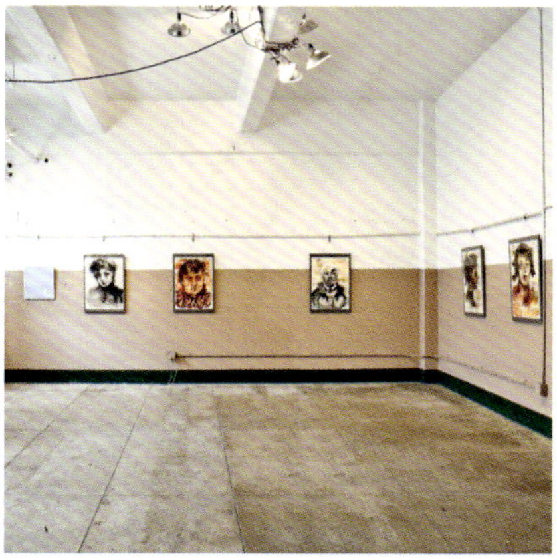

Alcatraz
2010
In Visible Categories: Invisible People, installation view / veduta dell'installazione, Alcatraz Island, San Francisco, CA
Photo credit: Randy Dodson

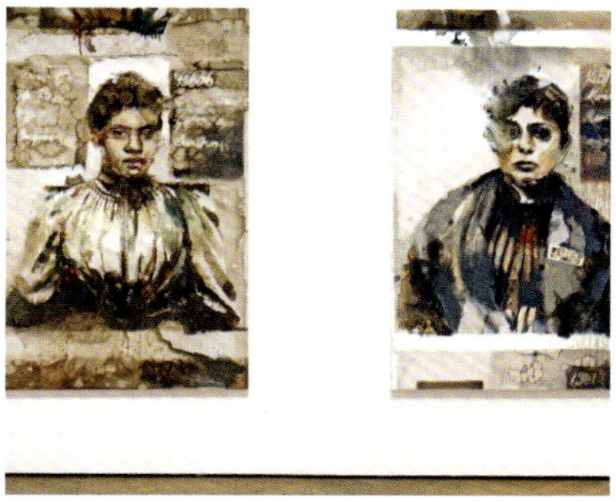

Women of San Quentin
2010
Oil on linen / Olio su lino
72 x 48 in / 183 x 123 cm
Between You and Me, installation view / veduta dell'installazione, Mills College Art Museum, Oakland, CA
Photo credit: Randy Dodson

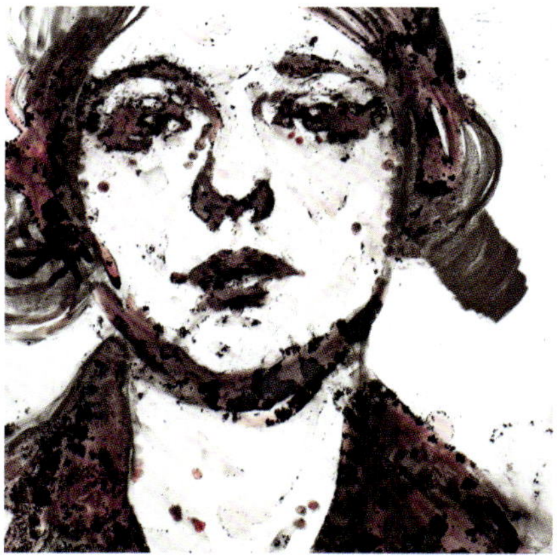

0135
2013
Series: *House of the Strange Women*
Mixed media with powdered charcoal, gouache, and mica flake on Fabriano paper / Tecnica mista con carboncino in polvere, gouache e fiocchi di mica su carta Fabriano
46.5 x 35 in / 118 x 89 cm
Private collection / Collezione privata
Photo credit: Randy Dodson

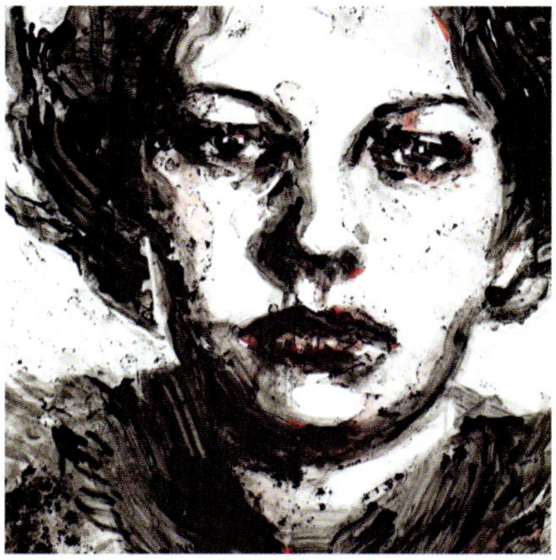

0-639
2013
Series: *House of the Strange Women*
Mixed media with powdered charcoal, gouache, and mica flake on Fabriano paper / Tecnica mista con carboncino in polvere, gouache e fiocchi di mica su carta Fabriano
46.5 x 35 in / 118 x 89 cm
Private collection / Collezione privata
Photo credit: Randy Dodson

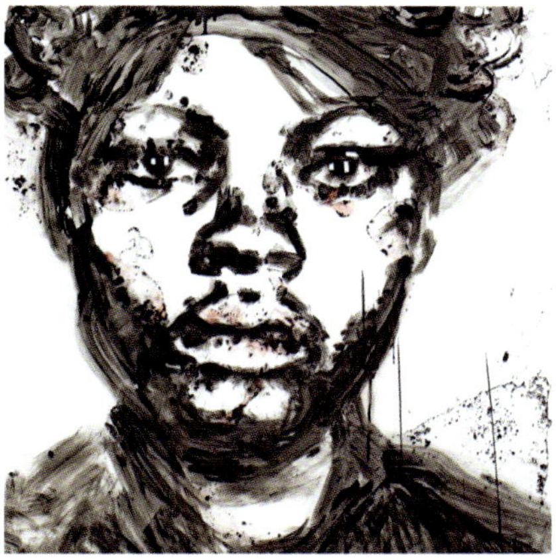

0-724
2013
Series: *House of the Strange Women*
Mixed media with powdered charcoal, gouache, and mica flake on Fabriano paper / Tecnica mista con carboncino in polvere, gouache e fiocchi di mica su carta Fabriano
46.5 x 35 in / 118 x 89 cm
Private collection / Collezione privata
Elizabeth Seymour & Joby Talbot
Photo credit: Randy Dodson

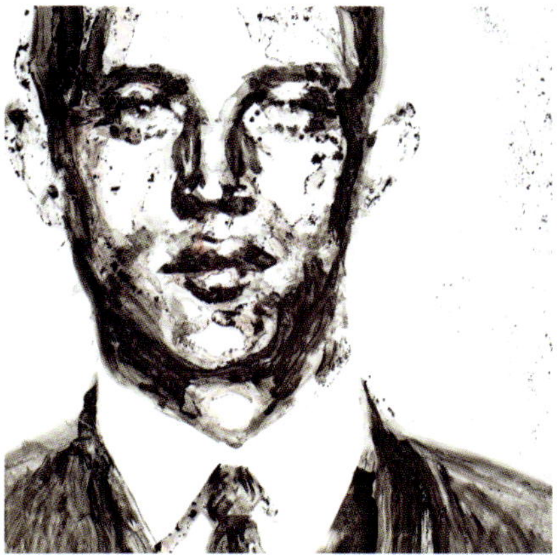

0-108
2013
Series: *House of the Strange Women*
Mixed media with powdered charcoal, gouache, and mica flake on Fabriano paper / Tecnica mista con carboncino in polvere, gouache e fiocchi di mica su carta Fabriano
46.5 x 35 in / 118 x 89 cm
Private collection / Collezione privata
Mark Guthrie
Photo credit: Randy Dodson

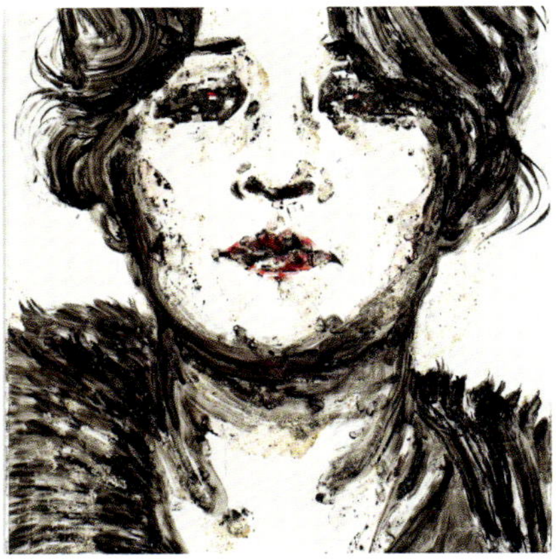

0122
2013
Series: *House of the Strange Women*
Mixed media with powdered charcoal, gouache, and mica flake on Fabriano paper / Tecnica mista con carboncino in polvere, gouache e fiocchi di mica su carta Fabriano
46.5 x 35 in / 118 x 89 cm
Private collection / Collezione privata
Photo credit: Randy Dodson

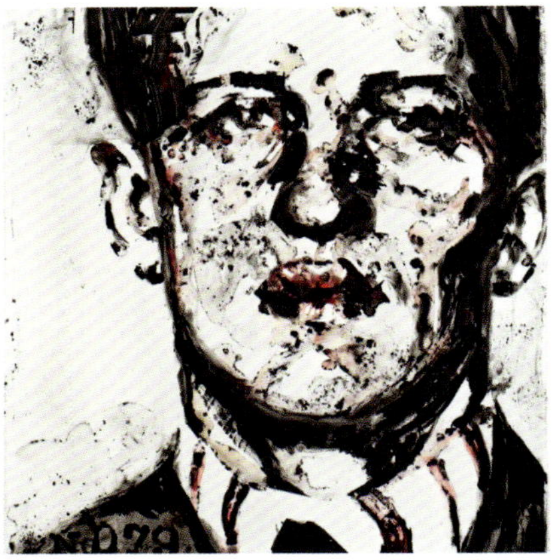

079
2013
Series: *House of the Strange Women*
Mixed media with powdered charcoal, gouache, and mica flake on Fabriano paper / Tecnica mista con carboncino in polvere, gouache e fiocchi di mica su carta Fabriano
46.5 x 35 in / 118 x 89 cm
Private collection / Collezione privata
Photo credit: Randy Dodson

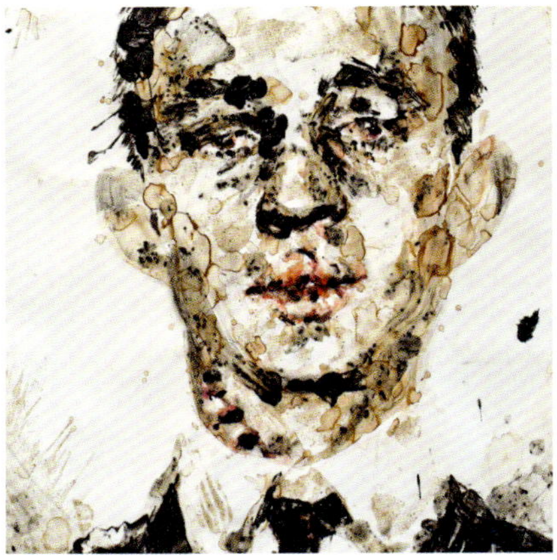

Vio. Sec 12
2013
Series: *House of the Strange Women*
Mixed media with coffee, mica flake, pulverized charcoal, gouache, ink, and acrylic on Fabriano paper / Tecnica mista con caffè, fiocchi di mica, carbone polverizzato, gouache, inchiostro e acrilico su carta Fabriano
80 x 59 x 1 in / 203 x 150 x 2 cm
Private collection / Collezione privata
Photo credit: Randy Dodson

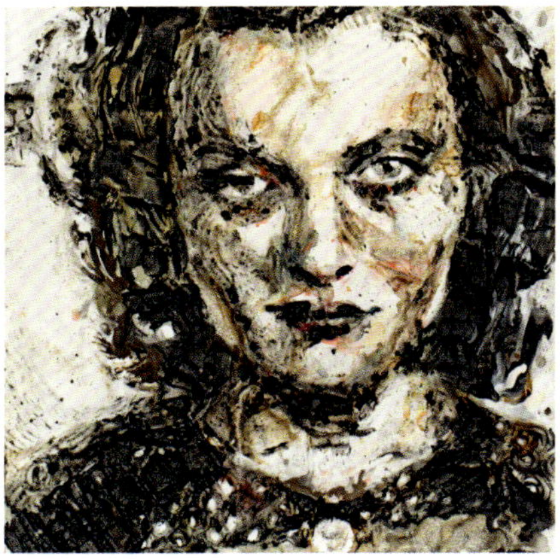

0-3640
2012
Series: *House of the Strange Women*
Mixed media with coffee, mica flake, pulverized charcoal, gouache, ink, and acrylic on Fabriano paper / Tecnica mista con caffè, fiocchi di mica, carbone polverizzato, gouache, inchiostro e acrilico su carta Fabriano
80 x 59 x 1 in / 203 x 150 x 2 cm
Private collection / Collezione privata
Photo credit: Randy Dodson

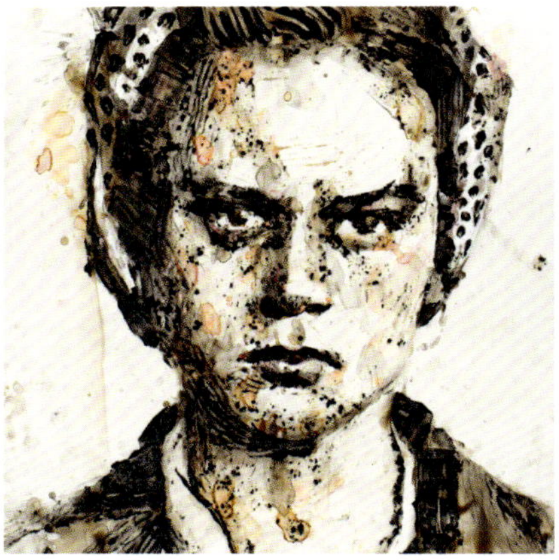

0-3486
2013
Series: *House of the Strange Women*
Mixed media with coffee, mica flake, pulverized charcoal, gouache, ink, and acrylic on Fabriano paper / Tecnica mista con caffè, fiocchi di mica, carbone polverizzato, gouache, inchiostro e acrilico su carta Fabriano
80 x 59 x 1 in / 203 x 150 x 2 cm
Private collection / Collezione privata
Photo credit: Randy Dodson

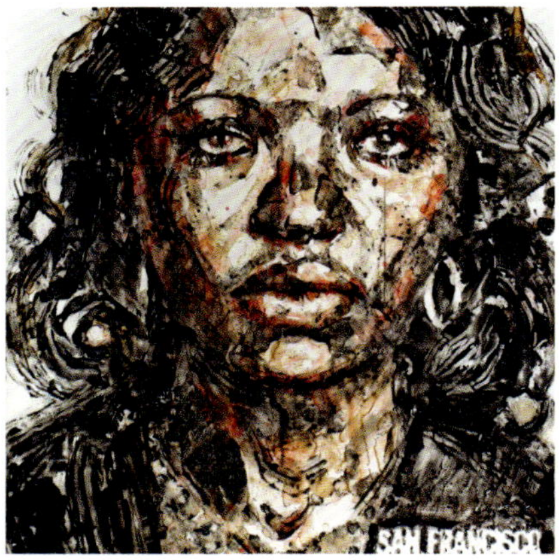

0-301
2013
Series: *House of the Strange Women*
Mixed media with coffee, mica flake, pulverized charcoal, gouache, ink, and acrylic on Fabriano paper / Tecnica mista con caffè, fiocchi di mica, carbone polverizzato, gouache, inchiostro e acrilico su carta Fabriano
80 x 59 x 1 in / 203 x 150 x 2 cm
Private collection / Collezione privata
Photo credit: Randy Dodson

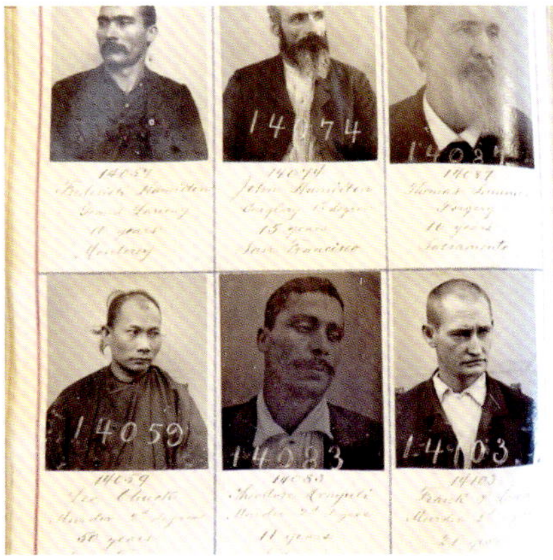

Inmate photograph album, San Quentin State Prison, 1892 (USA)
California State Archives

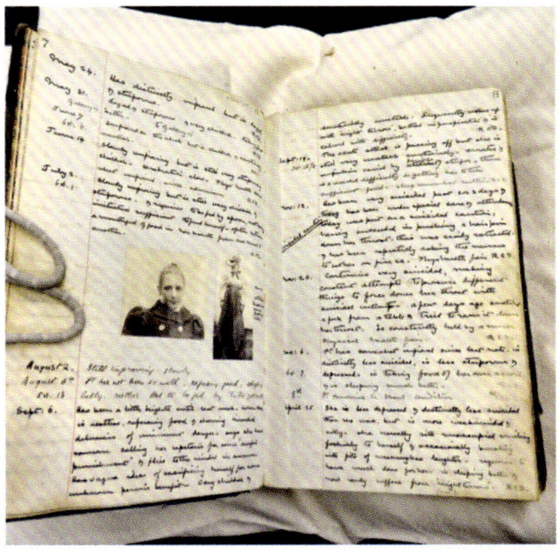

Female No. 11: Holloway Sanatorium Hospital for the Insane, 1898–1899 (UK)
Female. No. 11: Certified female patients admitted May 1898 – May 1899, Holloway Sanatorium Hospital for the Insane (Surrey)
Wellcome Collection, London

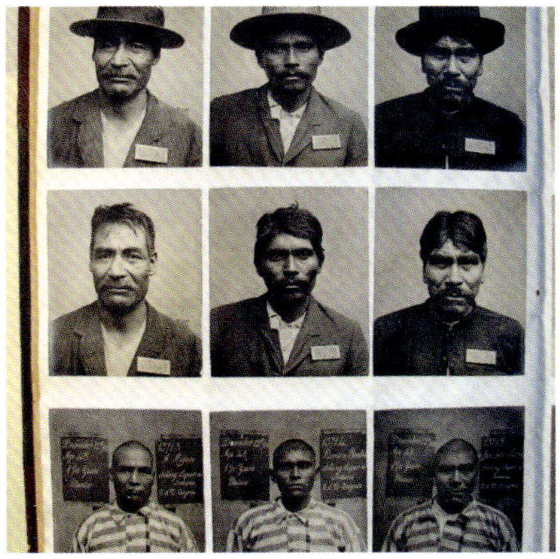

Inmate photograph album, San Quentin State Prison, 1895 (USA)
California State Archives

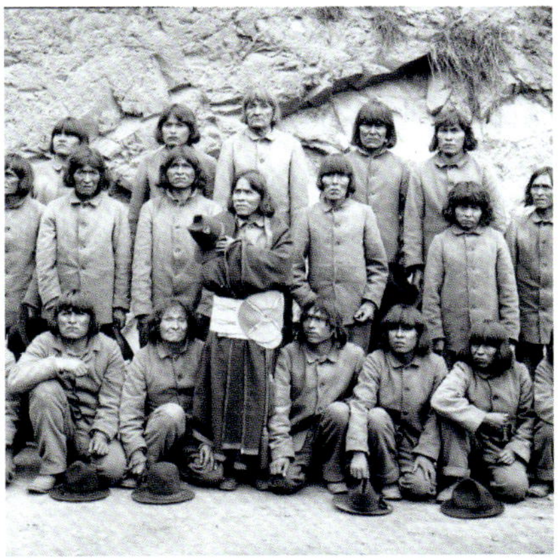

Hopi Prisoners on Alcatraz, 1895 (USA)
Back row (left to right): unidentified; Polingyawma; Heevi'ima; Masatiwa; unidentified.
Middle row: Qötsventiwa; Piphongva; unidentified; Lomahongewma; unidentified; Lomayestiwa; Yukiwma.
Front row: Tuvehoyiwma; unidentified; Patupha; Qötsyawma; unidentified
Mennonite Library and Archives, Bethel College, North Newton, Kansas (USA)

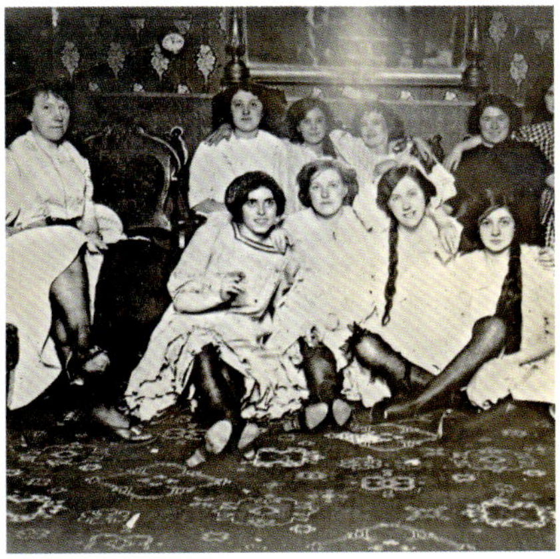

Prostitutes from the Barbary Coast, San Francisco, 1890 (USA)
San Francisco History Center, San Francisco Public Library, California
Photo credit: Martin Behrman

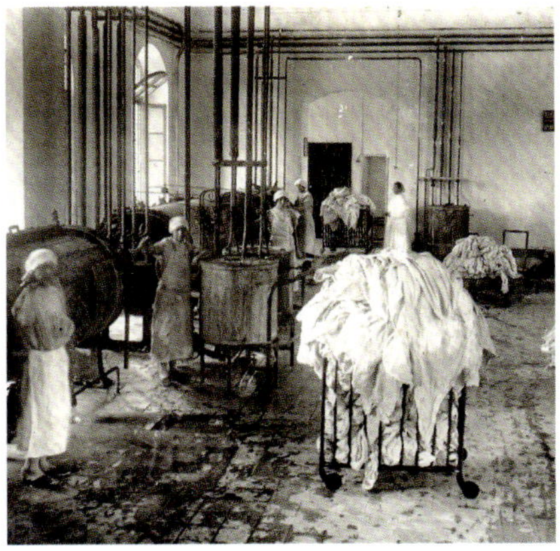

Lavanderia, Santa Maria della Pietà, Roma, 1930 (IT)
Archivio storico Santa Maria della Pietà, ASL Roma 1, Roma

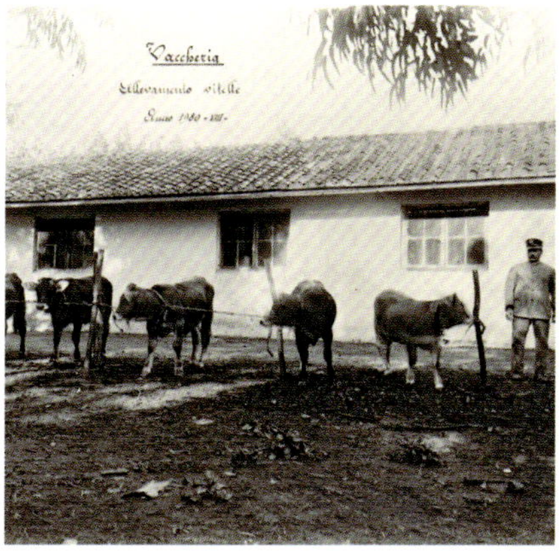

Vaccheria, Santa Maria della Pietà, Roma, 1930 (IT)
Archivio storico Santa Maria della Pietà, ASL Roma 1, Roma

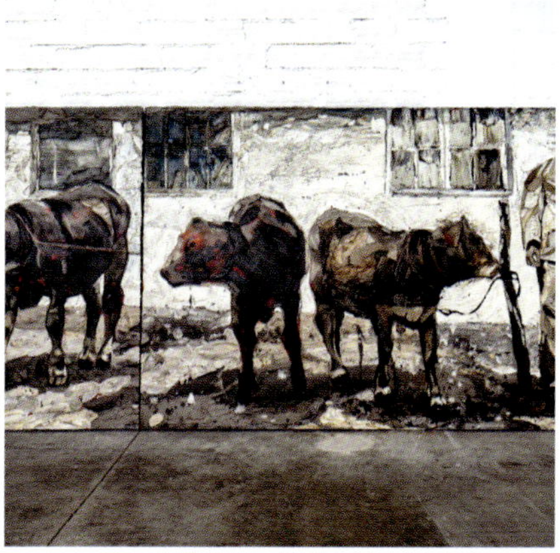

Beast (Santa Maria della Pietà)
2019
Series: *Santa Maria della Pietà*
Mixed media with liquid porcelain on panel / Tecnica mista con porcellana liquida su pannello
Site-specific installation / Installazione site-specific
75 x 166 x 4 in / 190 x 422 x 10 cm
Photo credit: Daniele Puppi

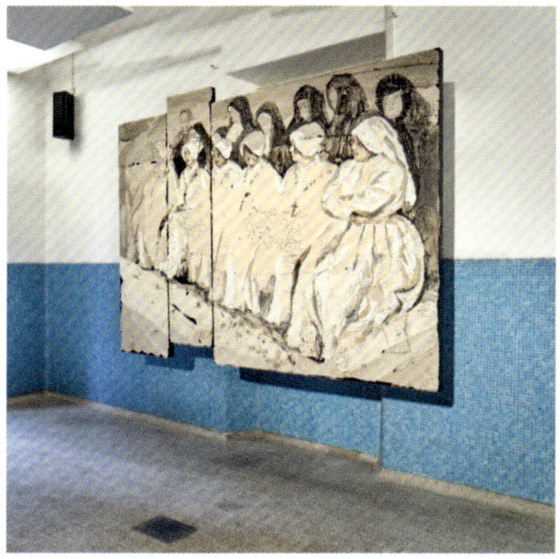

Le Novizie (Santa Maria della Pietà)
2019
Series: *Santa Maria della Pietà*
Mixed media with liquid porcelain on panel / Tecnica mista con porcellana liquida su pannello
Site specific installation / Installazione site-specific
87 x 109 x 4 in / 220 x 277 x 10 cm
La Perdita del Futuro: Vite nel Santa Maria della Pietà, installation view / veduta dell'installazione, Museo Laboratorio della Mente, Roma
Photo credit: Simon d'Exea

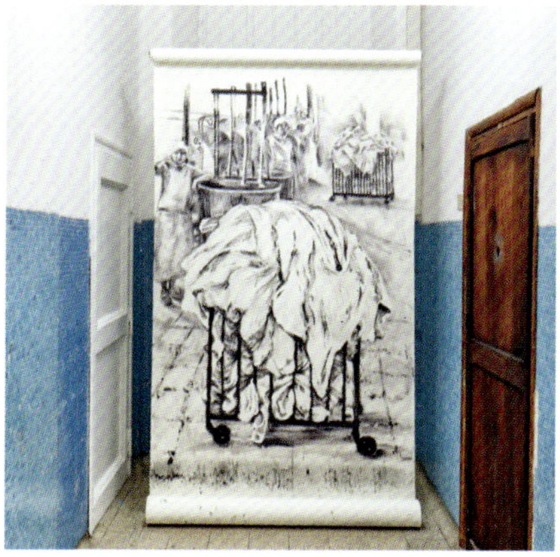

Hamper (Santa Maria della Pietà)
2019
Series: *Santa Maria della Pietà*
Gouache and charcoal on Fabriano paper / Gouache e carboncino su carta Fabriano
Site specific installation / Installazione site-specific
87 x 55 x 6 in / 220 x 140 x 15 cm
La Perdita del Futuro: Vite nel Santa Maria della Pietà, installation view / veduta dell'installazione, Museo Laboratorio della Mente, Roma
Photo credit: Simon d'Exea

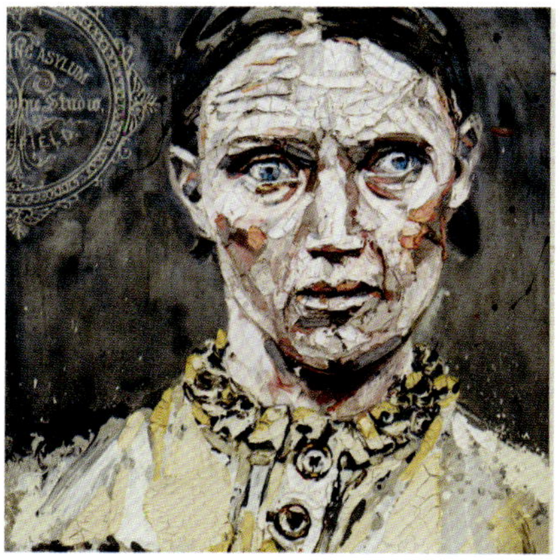

Elizabeth (West Riding Lunatic Asylum, UK)
2021
Mixed media with liquid porcelain on linen / Tecnica mista con porcellana liquida su lino
50 x 31 x 3 in / 127 x 79 x 8 cm
Photo credit: Daniele Puppi

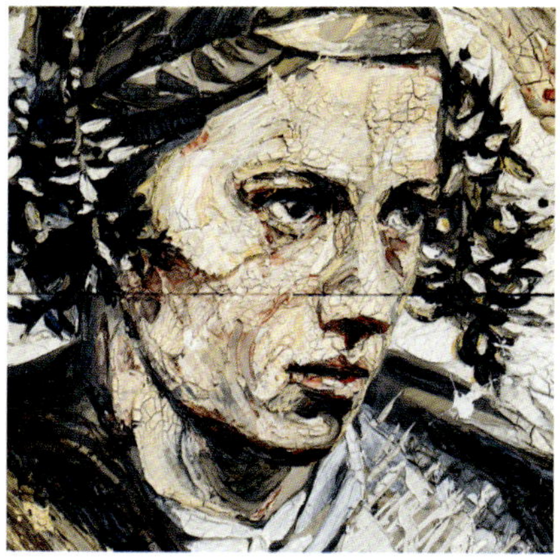

Patient with Leaves (Surrey County Lunatic Asylum, UK)
2021
Mixed media with liquid porcelain on linen / Tecnica mista con porcellana liquida su lino
66 x 42 x 3 in / 168 x 106 x 8 cm
Private collection / Collezione privata
Heidi and David Smith
Photo credit: Daniele Puppi

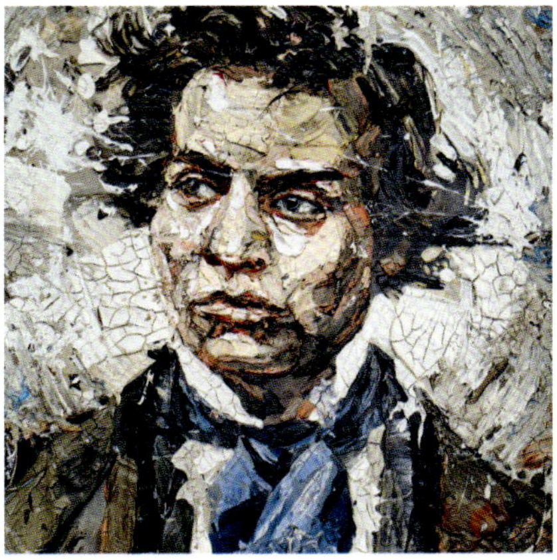

William II (Bethlem Royal Hospital, UK)
2021
Mixed media with liquid porcelain on linen /
Tecnica mista con porcellana liquida su lino
50 x 31 x 3 in / 127 x 79 x 8 cm
Private collection / Collezione privata
John and Meredith Stilwell
Photo credit: Daniele Puppi

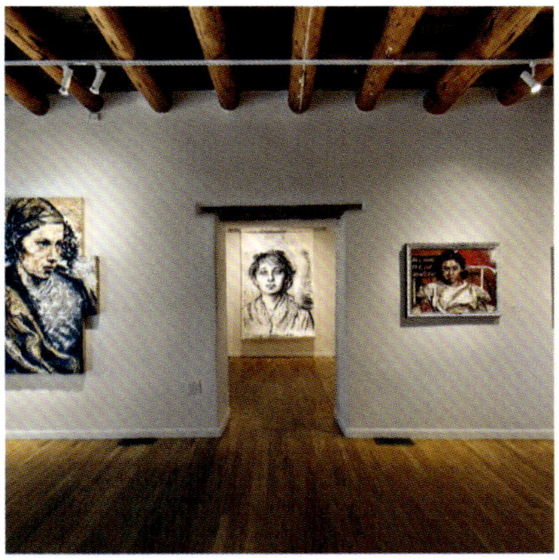

Physiognomy of the Abandoned
2021
Physiognomy of the Abandoned, installation view / veduta dell'installazione, Turner Carroll Gallery, Santa Fe, NM
Photo credit: Daniele Puppi

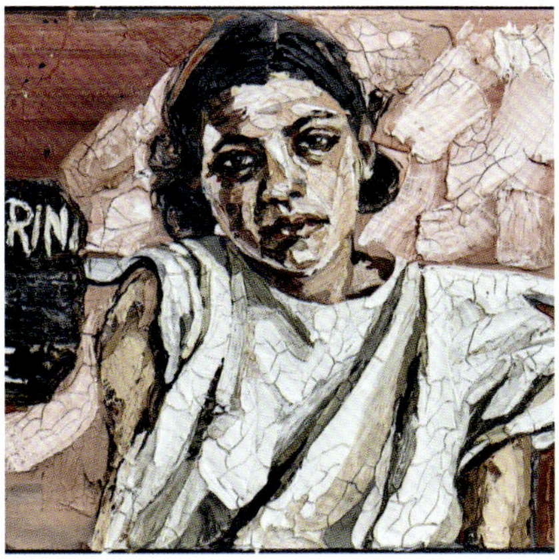

Angela (Santa Maria della Pietà, Rome)
2021
Series: *Santa Maria della Pietà*
Mixed media with liquid porcelain on panel /
Tecnica mista con porcellana liquida su pannello
29 x 37 x 2 in / 73 x 94 x 5 cm
Photo credit: Daniele Puppi

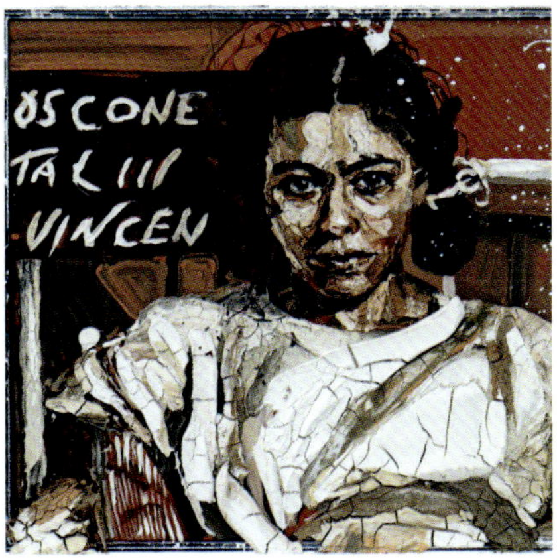

Natalina (Santa Maria della Pietà, Rome)
2021
Series: *Santa Maria della Pietà*
Mixed media with liquid porcelain on panel /
Tecnica mista con porcellana liquida su pannello
28 x 35 x 2 in / 70 x 90 x 5 cm
Photo credit: Gioele Pol

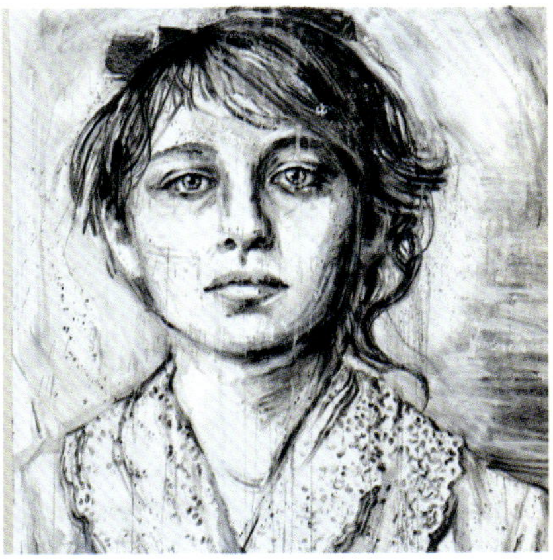

Camille
2021
Charcoal and gouache on paper / Carboncino e gouache su carta
86 x 59 x 15 in / 220 x 150 x 38 cm
Photo credit: Gioele Pol

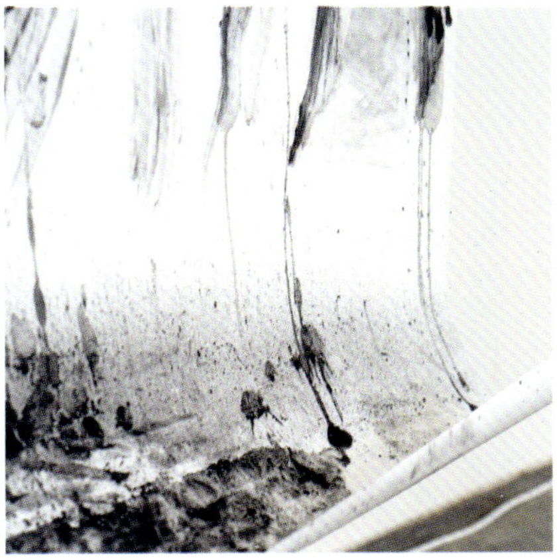

Camille
2021
detail / particolare

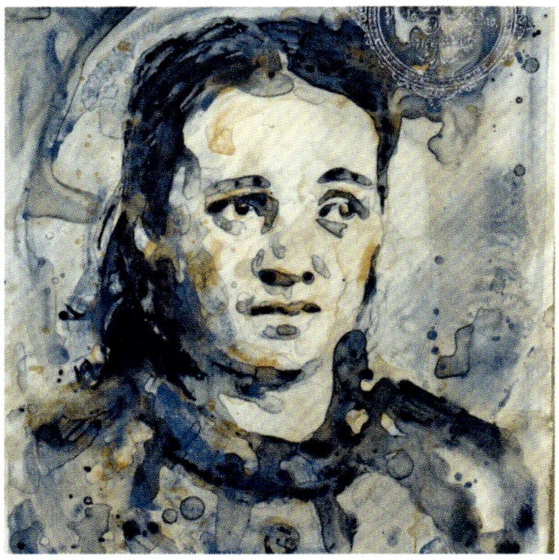

Acute Melancholia
2016
Intaglio
30 x 22 in / 76 x 56 cm
Edition of / Edizione di 25
Courtesy of Stoney Road Press

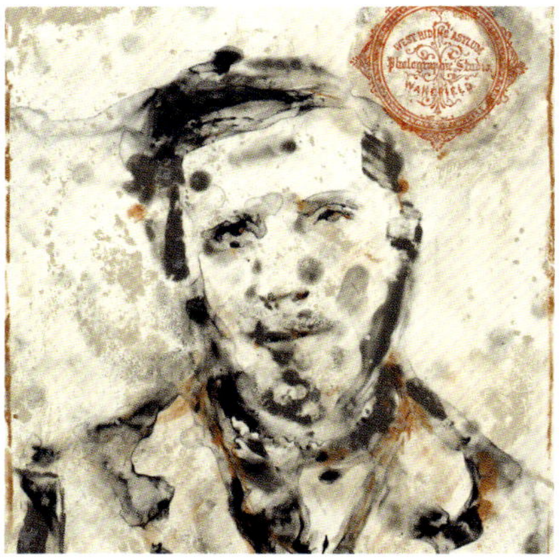

Consecutive Dementia
2016
Intaglio
30 x 22 in / 76 x 56 cm
Edition of / Edizione di 25
Courtesy of Stoney Road Press

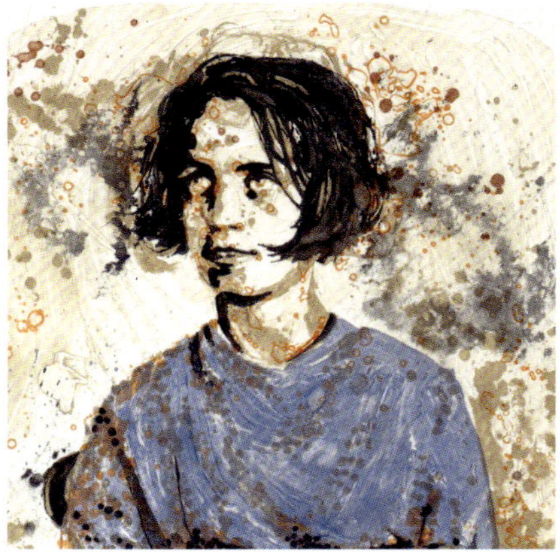

Harriet
2016
Carborundum and gesso print /
Stampa carborundum e gesso
54 x 37 in / 137 x 94 cm
Edition of / Edizione di 25
Courtesy of Stoney Road Press

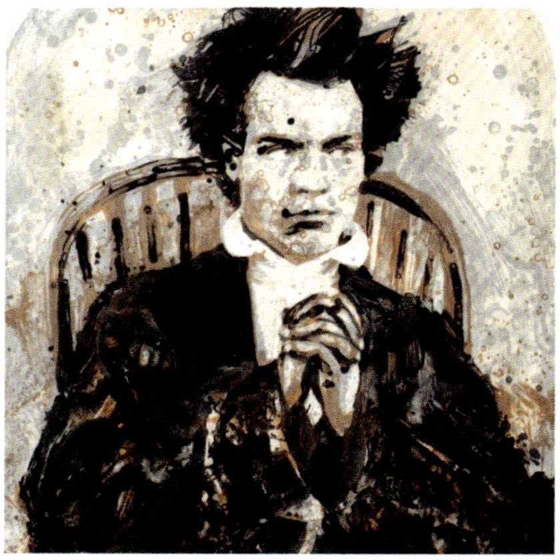

William
2016
Carborundum and gesso print /
Stampa carborundum e gesso
54 x 37 in / 137 x 94 cm
Edition of / Edizione di 25
Courtesy of Stoney Road Press

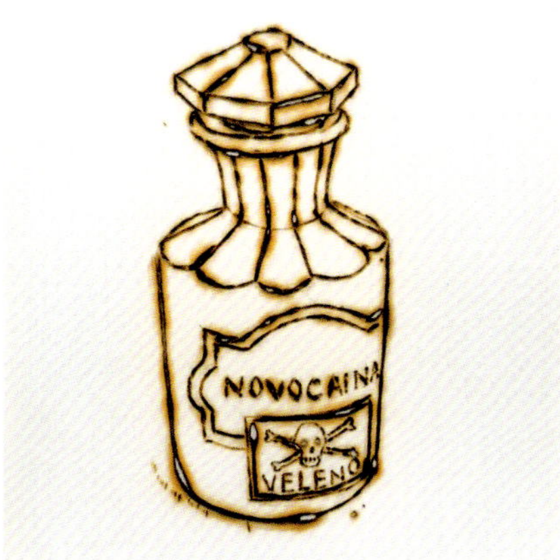

Novocaina (Novocaine), from the Hospital Pharmacy of Santa Maria della Pietà
2019
Burned drawing on Fabriano paper /
Disegno bruciato su carta Fabriano
8 x 6 in / 20 x 15 cm
Private collection / Collezione privata
Photo credit: Daniele Puppi

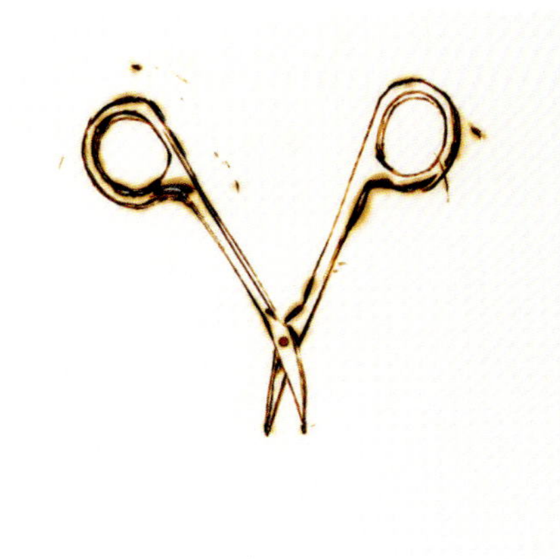

Jan. 14, 2018 – Viterbo: Forbici, Selection by Daniele Puppi
Burned drawing on Fabriano paper /
Disegno bruciato su carta Fabriano
8 x 6 in / 20 x 15 cm
Private collection / Collezione privata
Photo credit: Daniele Puppi

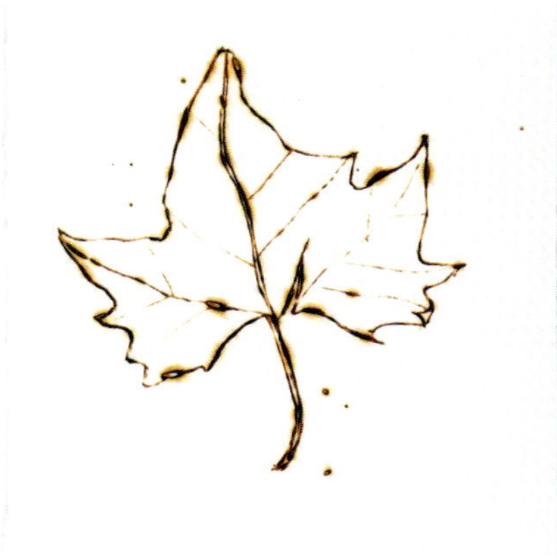

Jan. 26, 2018 – Rome: Leaf found on sidewalk near Lungotevere
2018
Burned drawing on Fabriano paper /
Disegno bruciato su carta Fabriano
8 x 6 in / 20 x 15 cm
Private collection / Collezione privata
Gilbert Vendryes
Photo credit: Daniele Puppi

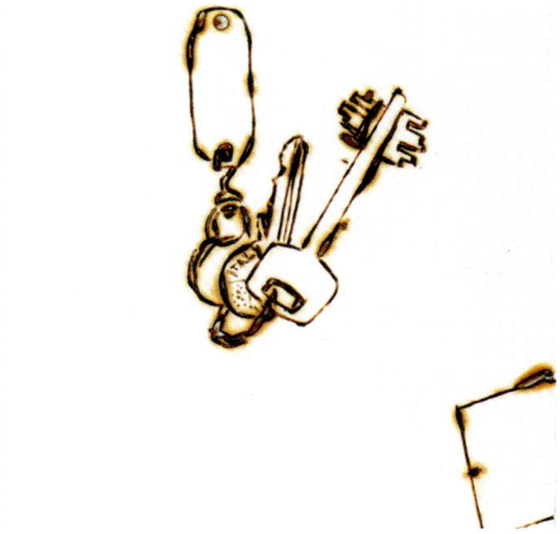

Feb. 20, 2018 – Rome: Studio keys
2018
Burned drawing on Fabriano paper /
Disegno bruciato su carta Fabriano
8 x 6 in / 20 x 15 cm
Private collection / Collezione privata
Adrienne Johns and Jim Whiteley
Photo credit: Daniele Puppi

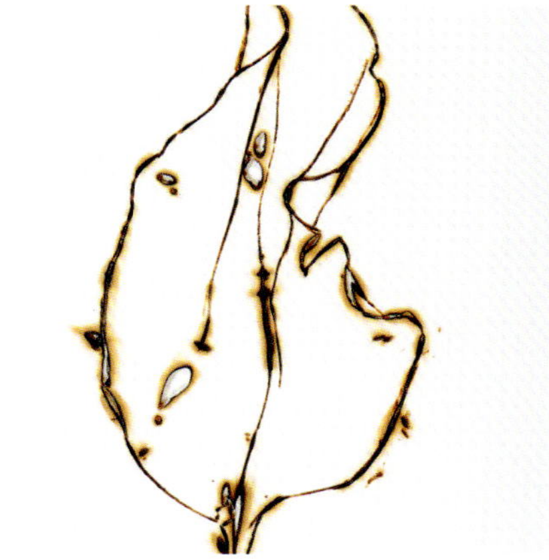

Dec. 31, 2017 – Cordenons: Capodanno with Daniele Puppi
Burned drawing on Fabriano paper /
Disegno bruciato su carta Fabriano
8 x 6 in / 20 x 15 cm
Private collection / Collezione privata
Photo credit: Daniele Puppi

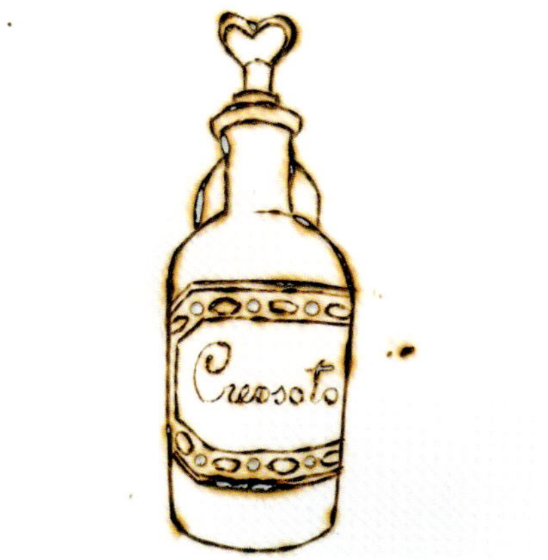

Creosoto, from the Hospital Pharmacy of Santa Maria della Pietà
2019
Burned drawing on Fabriano paper /
Disegno bruciato su carta Fabriano
8 x 6 in / 20 x 15 cm
Private collection / Collezione privata Modesto Covarrubias and Dennis Markham
Photo credit: Daniele Puppi

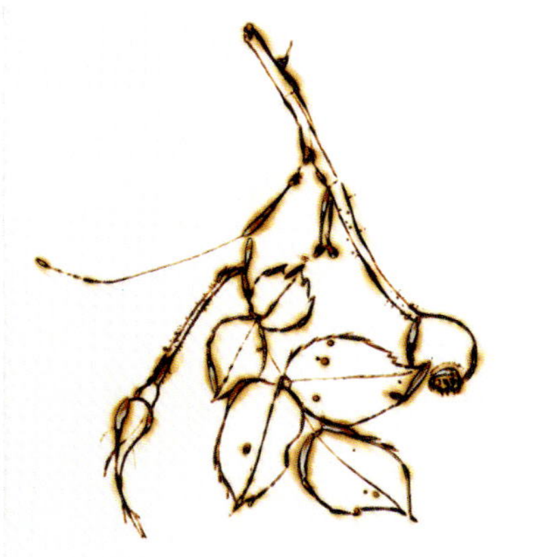

Mon. Jan. 1, 2018 — Cordenons, Italy
2018
Burned drawing on Fabriano paper /
Disegno bruciato su carta Fabriano
8 x 6 in / 20 x 15 cm
Private collection / Collezione privata Modesto Covarrubias and Dennis Markham
Photo credit: Daniele Puppi

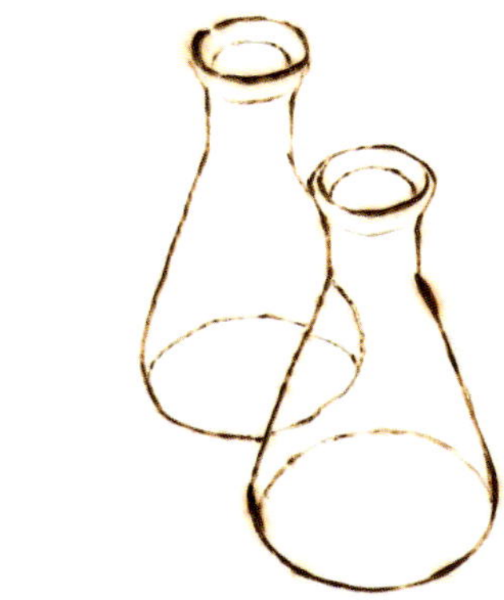

Glass Flasks, from the Hospital Pharmacy of Santa Maria della Pietà
2019
Burned drawing on Fabriano paper /
Carta bruciata su carta Fabriano
8 x 6 in / 20 x 15 cm
Photo credit: Daniele Puppi

Monica Lundy

edited by / a cura di
Giuliana Benassi

texts by / testi di
Giuliana Benassi (Independent curator / Curatrice indipendente)
Pompeo Martelli (Director / Direttore Museo Laboratorio della Mente – Mental Health Department / Dipartimento Salute Mentale ASL Roma 1)
Dorothy Moss (Curator / Curatrice National Portrait Gallery, Smithsonian Institution)
Richard Speer (Art critic, curator, author / Critico d'arte, curatore, autore)

image post production / post-produzione delle immagini
Gioele Pol

A special thank you to Turner Carroll Gallery for your support with the production of this book, as well as to the patrons, friends, and family members whose generous contributions made this publication possible / Un ringraziamento speciale alla Turner Carroll Gallery per il sostegno nella realizzazione di questo libro, nonché ai mecenati, agli amici e ai familiari che con il loro generoso contributo hanno reso possibile la pubblicazione:

Kristin Bertrand
Ms. Karen Bowden
Modesto Covarrubias and Dennis Markham
Maura Di Bartolo
Toquaiah Jackson
Adrienne Johns and Jim Whiteley
Theodore Lundy
Daniele Puppi
Nancy Toomey and Nancy Toomey Fine Art
Gilvert Vendryes

Thank you to the following patrons and colleagues for your ongoing support / Grazie ai seguenti mecenati e colleghi per il loro continuo sostegno:

Glen and Penny Alpert
Valentina Barroso Graziano
Deborah Bishop and Michael Lieberman
Sauro Bocchi
Janice and Steve Chaffin
Marika Davis
Randy Dodson
Rodney Ewing
Giovanna Felluga
Mandy Ginsberg and Madhu Rajendran
Melanie Goldfeld and Kevin Powell
Dayna Goldfine and Dan Geller
Mark Guthrie
Jennifer Jonak
Jeff Kelley
Megan and Todd Lewis
Sara and James McManis
Marie McTeague and Dannie Cavanaugh
Aaron Nagel
Marcy Schwartz
Elizabeth Seymour and Joby Talbot
Jonathan Sher
Heidi and David Smith
John and Meredith Stilwell
Annacarla Valeriano
Sara and Christopher Vandendriessche
Sofia Vigliar

Thank you to the following institutions for your support in facilitating the creative process through research and the production of work / Si ringraziano le seguenti istituzioni per il loro sostegno nel facilitare il processo creativo attraverso la ricerca e la produzione del lavoro:

American Academy in Rome
Archivio di Stato di Teramo
Archivio Storico Santa Maria della Pietà
Bethlem Museum of the Mind
California State Archives
Captive Spark
Golden Gate Park Archives
Lucas Artist Residency Program
and Montalvo Arts Center
Maritime Research Center of San Francisco
Museo Laboratorio della Mente
San Francisco History Center
San Francisco Public Library
Stoney Road Press
There Is No Place Like Home
U.S. National Park Service
Wellcome Collection

In copertina / Cover
120
2010
Series: Women of San Quentin

Silvana Editoriale

Direzione / Direction
Michele Pizzi

Art Director
Giacomo Merli

Coordinamento editoriale / Editorial Coordinator
Sergio Di Stefano

Redazione / Copy Editor
Emanuela Di Lallo

Impaginazione / Layout
Alice Guarnieri

Coordinamento di produzione / Production Coordinator
Antonio Micelli

Segreteria di redazione / Editorial Assistant
Giulia Mercanti

Ufficio iconografico / Photo Editor
Silvia Sala

Ufficio stampa / Press Office
Alessandra Olivari, press@silvanaeditoriale.it

Silvana Editoriale S.p.A.
via dei Lavoratori, 78
20092 Cinisello Balsamo, Milano
tel. 02 453 951 01
www.silvanaeditoriale.it

Le riproduzioni, la stampa e la rilegatura
sono state eseguite in Italia
Reproductions, printing and binding in Italy
Pazzini S.r.l., Villa Verucchio (Rimini)
Finito di stampare nel mese di dicembre 2022
Printed December 2022

FSC
www.fsc.org
MIX
Paper | Supporting responsible forestry
FSC™ C107156